中国近现代稀见史料丛刊【第四辑】

张剑 徐雁平 彭国忠 主编

粟奉之日记

粟奉之 著

江潮 高明祥 整理

本辑执行主编 张剑

凤凰出版社

图书在版编目（CIP）数据

粟奉之日记 / 粟奉之著 ; 江潮, 高明祥整理. --
南京 : 凤凰出版社, 2017.6
（中国近现代稀见史料丛刊. 第四辑）
ISBN 978-7-5506-2593-8

Ⅰ. ①粟… Ⅱ. ①粟… ②江… ③高… Ⅲ. ①粟奉之
—日记 Ⅳ. ①K825.4

中国版本图书馆CIP数据核字(2017)第099246号

书　　名	粟奉之日记
著　　者	粟奉之 著　江潮　高明祥 整理
责任编辑	樊　昕
出版发行	凤凰出版社(原江苏古籍出版社) 发行部电话025-83223462
出版社地址	南京市中央路165号,邮编:210009
出版社网址	http://www.fhcbs.com
照　　排	南京凯建图文制作有限公司
印　　刷	江苏凤凰通达印刷有限公司 南京市六合区冶山镇,邮编:211523
开　　本	880×1230毫米　1/32
印　　张	8.375
字　　数	218千字
版　　次	2017年6月第1版　2017年6月第1次印刷
标准书号	ISBN 978-7-5506-2593-8
定　　价	42.00元 (本书凡印装错误可向承印厂调换,电话:025-57572508)

袁行霈先生题辞

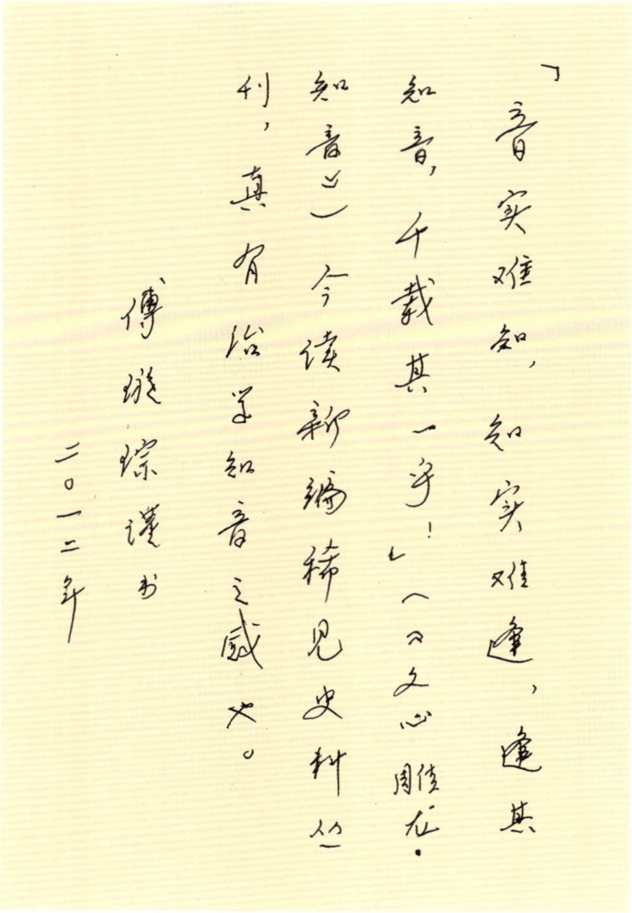
「音实难知，知实难逢，逢其
知音，千载其一乎！」（《文心雕龙·
知音》）今读新编稀见史料丛
刊，真有治学知音之感矣。
傅璇琮谨书
二〇一二年

傅璇琮先生题辞

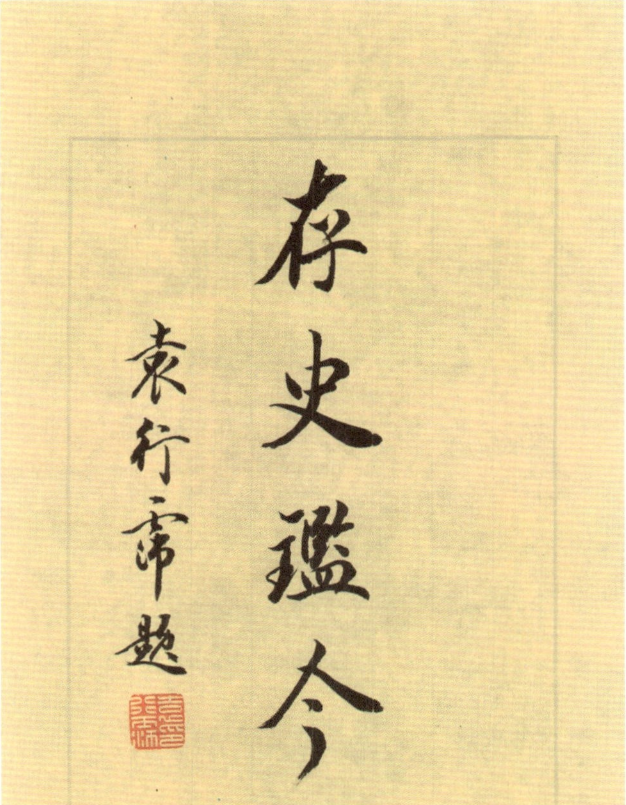

袁行霈先生题辞

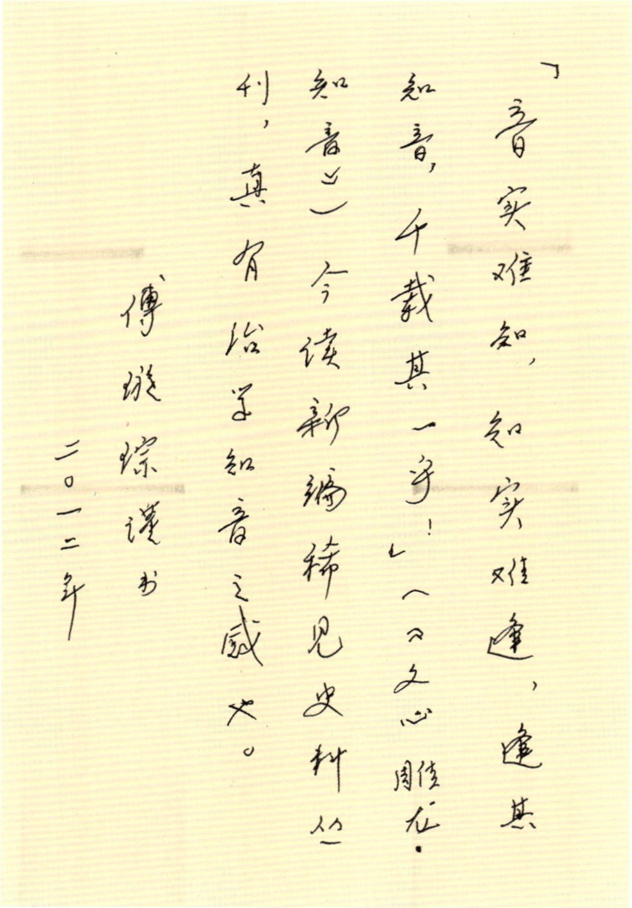
「音实难知，知实难逢，逢其知音，千载其一乎！」（《文心雕龙·知音》）今读新编稀见史料丛刊，真有治学知音之感矣。

傅璇琮谨书

二〇一二年

傅璇琮先生题辞

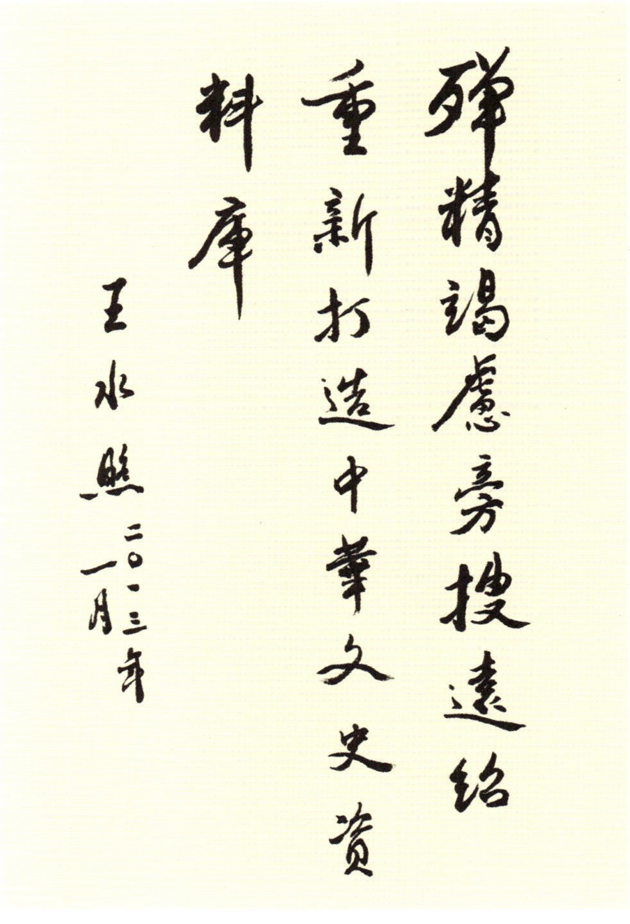

王水照先生题辞

《中国近现代稀见史料丛刊》总序

在世界所有的文明中，中华文明也许可说是“唯一从古代存留至今的文明”（罗素《中国问题》）。她绵延不绝、永葆生机的秘诀何在？袁行霈先生做过很好的总结：“和平、和谐、包容、开明、革新、开放，就是回顾中华文明史所得到的主要启示。凡是大体上处于这种状况的时候，文明就繁荣发展，而当与之背离的时候，文明就会减慢发展的速度甚至停滞不前。”（《中华文明的历史启示》，《北京大学学报》2007 年第 1 期）

但我们也要清醒看到，数千年的中华文明带给我们的并不全是积极遗产，其长时段积累而成的生活方式与价值观具有强大的稳定性，使她在应对挑战时所做的必要革新与转变，相比他者往往显得迟缓和沉重。即使是面对佛教这种柔性的文化进入，也是历经数百年之久才使之彻底完成中国化，成为中华文明的一部分；更不用说遭逢“数千年来未有之变局”、“数千年未有之强敌”（李鸿章《筹议海防折》），“数千年未有之巨劫奇变”（陈寅恪《王观堂先生挽词序》）的中国近现代。晚清至今虽历一百六十余年，但是，足以应对当今世界全方位挑战的新型中华文明还没能最终形成，变动和融合仍在进行。1998 年 6 月 17 日，美国三位前总统（布什、卡特、福特）和二十四位前国务卿、前财政部长、前国防部长、前国家安全顾问致信国会称：“中国注定要在 21 世纪中成为一个伟大的经济和政治强国。”（徐中约著《中国近代史》上册第六版英文版序，香港中文大学 2002 年版）即便如此，我们也不能盲目乐观，认为中华文明已经转型成功，相反，中华文明今天面对的挑战更为复杂和严峻。新型的中华文明到底会怎样呈现，又怎样具体表现或作用于政治、经济、文化等层面，人们还在不断探索。这个问题，我们这一代恐怕无法给出答案。但我们坚信，在历史上曾经灿烂辉煌的中华文明必将凤凰浴火，涅槃重生。这既是数千年已经存在的中华文明发展史告诉我们的经验事实，也是所有为中国文化所化之人应有的信念和责任。

不过，对于近现代这一涉及当代中国合法性的重要历史阶段，我们了解得还过于粗线条。她所遗存下来的史料范围广阔，内容复杂，且有数量庞大且富有价值的稀见史料未被发掘和利用，这不仅会影响到我们对这段历史的全面了解和规律性认识，也会影响到今天中国新型文明和现代化建设对它的科学借鉴。有一则印度谚语如是说："骑在树枝上锯树枝的时候，千万不要锯自己骑着的那一根。"那么，就让我们用自己的专业知识与能力，为承载和养育我们的中华文明做一点有益的事情——这是我们编纂这套《中国近现代稀见史料丛刊》的初衷。

书名中的"近现代"，主要指1840—1949年这一时段，但上限并非以一标志性的事件一刀切割，可以适当向前延展，然与所指较为宽泛的包含整个清朝的"近代中国"、"晚期中华帝国"又有所区分。将近现代连为一体，并有意淡化起始的界限，是想表达一种历史的整体观。我们观看社会发展变革的波澜，当然要回看波澜如何生，风从何处来；也要看波澜如何扩散，或为涟漪，或为浪涛。个人的生活记录，与大历史相比，更多地显现出生活的连续。变局中的个体，经历的可能是渐变。《丛刊》期望通过整合多种稀见史料，以个体陈述的方式，从生活、文化、风习、人情等多个层面，重现具有连续性的近现代中国社会。

书名中的"稀见"，只是相对而言。因为随着时代与科技的进步，越来越多的珍本秘籍经影印或数字化方式处理后，真身虽仍"稀见"，化身却成为"可见"。但是，高昂的定价、难辨的字迹、未经标点的文本，仍使其处于专业研究的小众阅读状态。况且尚有大量未被影印或数字化的文献，或流传较少，或未被整合，也造成阅读和利用的不便。因此，《丛刊》侧重选择未被纳入电子数据库的文献，尤欢迎整理那些辨识困难、断句费力、裒合不易或是其他具有难度和挑战性的文献，也欢迎整理那些确有价值但被人们习见思维与眼光所遮蔽的文献，在我们看来，这些文献都可属于"稀见"。

书名中的"史料"，不局限于严格意义上的历史学范畴，举凡日记、书信、奏牍、笔记、诗文集、诗话、词话乃至序跋汇编等，只要是某方面能够反映时代政治、经济、文化特色以及人物生平、思想、性情的文献，都在考虑之列。我们的目的，是想以切实的工作，促进处于秘藏、边缘、零散等状态的史料转化为新型的文献，通过一辑、二辑、三辑……这样的累积性整理，自然地呈现出一种规模与气象，与其他已经整理出版的文献相互关联，形成一个丰茂的文献群，从而揭示在宏大的中国近现代叙事背后，还有很多未被打量过的局部、日常与细节；在主流周边或更远处，还有富于变化的细小溪流；甚至在主流中，还有漩涡，在边缘，还有静止之水。近现代中国是大变革、大痛苦的时代，身处变局中的个体接物处事的伸屈、所思所想的起落，藉纸墨得以留存，这是一个时代的个人记录。此中有文学、文化、生活；也时有动乱、战争、革命。我们整理史料，是提供一种俯首细看的方式，或者一种贴近近现代社会和文化的文本。当然，对这些个人印记明显的史料，也要客观地看待其价值，需要与其他史料联系和比照阅读，减少因个人视角、立场或叙述体裁带来的偏差。

知识皆有其价值和魅力，知识分子也应具有价值关怀和理想追求。清人舒位诗云"名士十年无赖贼"（《金谷园故址》），我们警惕袖手空谈，傲慢指点江山；鲁迅先生诗云"我以我血荐轩辕"（《自题小像》），我们愿意埋头苦干，逐步趋近理想。我们没有奢望这套《丛刊》产生宏大的效果，只是盼望所做的一切，能融合于前贤时彦所做的贡献之中，共同为中华文明的成功转型，适当"缩短和减轻分娩的痛苦"（马克思《资本论》第一卷第一版序言）。

《丛刊》的编纂，得到了诸多前辈、时贤和出版社的大力扶植。袁行霈先生、傅璇琮先生、王水照先生题辞勖勉，周勋初先生来信鼓励，凤凰出版社姜小青总编辑赋予信任，刘跃进先生还慷慨同意将其列入“中华文学史史料学会”重大规划项目，学界其他友好也多有不同形式的帮助……这些，都增添了我们做好这套《丛刊》的信心。必须一提的是，《丛刊》原拟主编四人（张剑、张晖、徐雁平、彭国忠），每位主编负责一辑，周而复始，滚动发展，原计划由张晖负责第四辑，但他尚未正式投入工作即于2013年3月15日赍志而殁，令人抱恨终天，我们将以兢兢业业的工作表达对他的怀念。

《丛刊》的基本整理方式为简体横排和标点（鼓励必要的校释），以期更广泛地传播知识、更好地服务社会。希望我们的工作，得到更多朋友的理解和支持。

2013年4月15日

目　录

前　言

粟奉之，字赓笆，湖南长沙人[①]。《清代硃卷集成》第三百二十五册中有关于其生平及氏族的一些记载："粟奉之，派名显申，字赓笆，行一，咸丰癸丑年四月二十一日吉时生，湖南长沙府长沙县学附生民籍，肄业城南书院。"这里所记载的粟奉之的出生年月与其日记中的表述相抵牾，日记光绪七年辛巳四月二十一日："芝山、慎生以是日系余生辰，置酒为寿，兼邀王雨丞会饮。余也春秋三十有三，茫茫身世，百感俱来，越在异乡，只伤离索，两君余新识，顾殷殷若此，酒食不足，较情意何可忘耶。"又光绪十二年丙戌四月二十一日："以生日之故，与蒋苹生酌杏仙录事处，计余春秋三十有八矣，日月不居，蹉跎如昔，强颜中酒，职用怆怀。"由此可推算其出生年月当为道光二十九年己酉(1849)四月二十一日。因其日记为自撰，且在日记中关于其生辰记载可以互相印证，因而后者可信度比较大，故从后者。从《清代硃卷集成》一书可知其有胞弟三人，胞妹二人，至少一子一女。粟氏一姓，支派众多，粟奉之始祖为粟镇滮，支祖为粟应元，是为长沙河东夹塘粟氏一脉，其字辈为："应万宗祖，友志彣廷，崇再允兴，正逢子法，

---

① 卷一自序："余生为乡人，足迹所至，不出长沙百里间。"

维时显易。”[①]今存粟奉之著述仅其自撰《粟赓�日记》十五卷[②]，藏于国家图书馆，著录虽作“稿本”，而字迹工致如一，疑为其后来缮写或付钞胥写成。该部日记，不仅载有作者生平不少信息，而且对时局制度、风土人情等也多有记述，文笔优美生动，具有多方面的学术价值。因不揣浅陋，胪陈如下。

一

从《粟赓笸日记》中，我们知粟奉之（以下简称“粟子”）至少有二子，一曰易泰，一曰易贲[③]。粟子五次会试，均为告败而终，然于光绪十五年赶上大挑之期，得以知县归四川试用。日记始于光绪二年丙子十二月初四日（1877 年 1 月 17 日），终于光绪十六年庚寅二月二十日（1890 年 3 月 11 日），跨时十三年有余，粟子日记并不是连贯的时间，而是每卷之间，有的是紧接而述，有的则隔断一些年月，大概是此间无甚可记载。其日记次第如下。

卷一丁丑会试日记，始于光绪二年丙子十二月初四日（1877 年 1 月 17 日），终于光绪三年丁丑八月十七日（1877 年 9 月 23 日），历时八月馀。此间日记可分为三部分，即从长沙发京师之途，客居京津所历，从京师返长沙之途。从长沙自京师，粟子乘船由长江而东，至扬

---

① 参见湖南图书馆编著《湖南氏族迁徙源流》，岳麓书社 2006 年版，第 993 页。该书言长沙河东夹塘粟氏老派字辈为“应万宗祖友志文廷崇再允兴正逢子法维时显翼福庆长增”，但据《清代硃卷集成》可知“文”当为“彣”，“翼”当为“易”。因后者影印颇详，且附有实名，故从之。

② 实存十四卷，在第二卷后，径题为第四卷。缺第三卷，原因不详。据第二卷末有“越百有三十日，乃有滇南之行”，如果有第三卷的话，大概也是记叙去往滇南的行程。

③ 光绪十五年己丑九月十七日：“霁。归自宣南才九十日耳，官书星急，复有蜀都之役，爰率门人赵勉吾、堂弟晋生暨儿子易泰、易贲以是午登舟。”

州府而北上入山东，一路北上抵京。这一部分，粟子游历记叙颇为用心，占据卷一很大篇幅。当然，此部分日记的主体还是在于客居京城时的所历，也是此行的目的，即丁丑年的会试，但是这次会试的结果是失败的[①]，粟子在客居京津一段时日后，便与同年郑棣和计划归里[②]，归途并非原路返回，而是由天津紫竹林展轮南下而至上海[③]，在上海逗留少许日，再由上海经长江乘轮而返长沙[④]，至光绪三年八月十七日抵长沙省城。后又准备庚辰会试，于是乃有下言。

卷二庚辰会试日记，始于光绪六年庚辰正月十八日（1880 年 2 月 27 日），终于光绪六年庚辰五月二十日（1880 年 6 月 27 日），历时四月整。与卷一丁丑会试一般，此次行程亦可大致分为去途、客京和归程三部分，但不同的是，去途的路线是由长江乘船达上海，再由上海乘轮船由海上发往天津，且途中风景所历较之卷一有所简略，盖前言已备而不赘述。但在京中的游历述说常有新意，此次会试结果仍然失败[⑤]，随即南归，同丁丑会试返程路线一样，仍由天津展轮经海上至上海，由上海经长江返里。“越百有三十日，乃有滇南之行”[⑥]，于是乃有下言。

卷四滇南日记，始于光绪七年辛巳正月初一日（1881 年 1 月 30 日），终于光绪八年壬午五月十四日（1882 年 6 月 29 日），历时约十七个月。此部分日记是时间跨度最长的一卷，记叙的是粟子客滇的事情，在这里粟子所做无非是游历风景，结交好友。其间记叙的云南

---

① 光绪三年丁丑四月十二日：“辰刻榜发，不第。”

② 光绪三年丁丑七月初七日：“客居既久，归思如焚，至是与棣和同年定计归里，勉强作别，难为情也。”

③ 光绪三年丁丑七月十二日：“候舟天津数日，及是日晡，乃与棣和至紫竹林上保大轮船。”

④ 光绪三年丁丑七月二十六日：“午刻开轮，傍晚过金陵。”

⑤ 光绪六年庚辰四月十三日：“是日榜发，不第。”

⑥ 光绪六年庚辰五月二十日。

风景风俗皆有奇异之处，在此成《滇南秋兴八首》尤见沉郁，且有浓厚的地域色彩。于此所交游之人，最为密切的为彭慎生、王芝山、王怀钦三人，而贵显者莫过于云贵总督刘长佑，即文中所称“印帅”。粟子并非只是玩乐，一样关心时局，如对法国谋袭越南之事尤有所慨。光绪八年五月十四日，粟子订西游大理的计划，于是乃有下言。

卷五苍洱日记，始于光绪八年壬午五月十五日(1882 年 6 月 30 日)，终于光绪八年壬午九月十二日(1882 年 10 月 23 日)，历时将近四个月。这实际上与卷四《滇南日记》是一体的，不过着重记叙了大理的游记。这部分日记大体可分为来往大理途中及在大理的闻见，归来饯别乃归长沙途中这两大部分。大理之游，粟子是和黄赞忱一同，很见其冒险的精神；尤其对大理的山川形胜与历史风俗有细致描绘。自大理归来，便作长沙归计，如此匆忙，大概是为了癸未会试，于是乃有下言。

卷六癸未会试日记，始于光绪八年壬午十二月十四日(1883 年 1 月 22 日)，终于光绪九年癸未六月十九日(1883 年 7 月 22 日)，历时六个月。这次日记历时虽短，但记叙的内容篇幅并不减。虽然此行的目的依然是癸未会试，但是记叙的重点并不在京师，而是往来的路途。这次的路线仍旧由长沙启程经长江而下，至金陵而逗留数日，并与罗仙樵同游苏杭一带。后至上海，乘轮船走海路而至天津。后至京师会试，然此次的结果仍是不第①，不几日便定归计而至金陵②。返程是经山东而南下，至金陵而又见王怀钦等③，于是乃有下言。

卷七金陵日记，始于光绪九年癸未六月二十日(1883 年 7 月 23

① 光绪九年癸未四月十二日：“榜发，不第。贺彭少湘、黄笠云、郑绍侨举进士。”

② 光绪九年癸未五月初六日：“魏元仲同年相约从清江浦陆路往金陵。”

③ 光绪九年癸未六月十九日：“二十五里燕子矶小泊。二十里下关，进至石城门，登岸，与王怀钦、龙首腾、黎岷江相见旅次。”

日），终于光绪九年癸未九月初六日（1883年10月6日），历时两个多月。此次日记所叙时间短，篇幅也不大。大概此次因陈舫仙方伯见招，方留候于此，并无长期客居或者游览的打算，只不过消磨时日而作游玩[①]。其间无非观景与应酬之类，但客居金陵六十馀日后，因陈舫仙方伯尚无简放之期，而思乡心切，乃与甘澍生相约旋里[②]，于光绪九年癸未九月初六日归长沙。但隔一年，于光绪十年甲申三月二十五日，又复游金陵。于是乃有下言。

卷八金陵日记，始于光绪十年甲申三月二十五日（1884年4月20日），终于光绪十一年乙酉二月二十九日（1885年4月14日），历时约一年。此行亦是由家乡启程，重点记叙的当然是在金陵的闻见。此中最突出的特点便是对中法局势的描绘。光绪十年甲申六月十九日（1884年8月9日）、光绪十年甲申九月十七日（1884年11月4日）、光绪十年甲申十一月十一日（1884年12月27日）、光绪十年甲申十二月二十四日（1885年2月8日）、光绪十一年乙酉二月十九日（1885年4月4日）、光绪十一年乙酉二月二十五日（1885年4月10日）均是描绘的中法一事，且颇具时局眼光与慨慷之气。由此可见粟子的用世之心，所谓流连风月，不过是未有施展之地而已。后因莫觐廷来书，而招往山东[③]，于是乃有下言。

卷九山左日记，始于光绪十一年乙酉三月初一日（1885年4月15日），终于光绪十一年乙酉五月十四日（1885年6月26日），历时两月余。此行其实并不陌生，丁丑会试的来途与癸未会试的返程皆

---

① 光绪九年癸未六月二十日："原陈舫仙方伯见招之故，留候金陵，客居多暇，盖得浏览昔人之陈迹，以自排遣。"

② 光绪九年癸未八月二十三日："留金陵六十馀日，而陈舫仙方伯尚无简放之期，是虽樽酒朋俦，良多佳会，当此秋风莼脍，莫解归思，遂与甘澍生相约旋里，俶装待发，而同人必欲款留一夕，情挚不能却也。夜，周子方饯于秦淮。"

③ 光绪十一年乙酉二月十二日："得莫觐廷书招游山东，先日得罗仙樵书约赴台湾，质之同人，咸以为山东土厚水深，去京师近，于计为得也，遂决。"

经过山东，而此行着重游历了济宁、济南、徐州三地，游走了三孔、大明湖、趵突泉等名胜，主要从游的人物当然是莫觐廷。此部分日记大概因为时间比较短的缘故，记叙较为简略，且其间粟子交游不丰，因而不遇之叹愈发浓烈，遂作闽计[①]，于是乃有下言。

卷十闽海日记，始于光绪十一年乙酉五月十八日（1885 年 6 月 30 日），终于光绪十一年乙酉十一月初五日（1885 年 12 月 10 日），历时五月馀。此行由山东南下抵上洋，而附威时麦轮船往台湾[②]，后由台湾附万年清轮船而至闽[③]。主要从游者有杨厚庵宫保、罗仙樵、蒋苹生等，其间所为不过观景交游之类，而对闽中风尚描写饶有风趣，亦可见粟子交游之广。然其游闽亦是不遇，遂乘轮而往上海[④]，于是乃有下言。

卷十一丙戌会试日记，始于光绪十一年乙酉十一月初六日（1885 年 12 月 11 日），终于光绪十二年丙戌七月初五日（1886 年 8 月 4 日），历时将近八个月。此行由江阴乘舟达清江浦，后换车马而至山东，于济南晤莫觐廷、陈粒唐等，这部分是记叙的重点；后至京师参加会试，而这次的结果仍然是失败的，且粟子颇感落寞[⑤]；不几日便乘轮由海路发往上海，后至金陵，游历数日便返长沙。此次日记，可见

---

① 光绪十一年乙酉五月十八日："游山左不遇，变计之闽，舟车代谢，易视千里，岂好游者之过，抑造物之弄人耶！"

② 光绪十一年乙酉六月十六日："闻威时麦轮船将以军械往台湾，日昳，治任附之，仍投宿相识处。"

③ 光绪十一年乙酉八月初二日："日昳，因申节斋军门（道发）凯旋之便，附万年清轮船，逾时展轮，循山而西，回首鸡笼，云气上接蔚蓝，相去不知几由旬矣。"

④ 光绪十一年乙酉十月十四日："午刻，张叔琴、袁咏生、邓安臣（大钦）来会，乃与之附富有轮船往上海。是时同舟千众，皆楚人之游闽不遇者，当道以轮船分送回籍，亦挚谊也。"

⑤ 光绪十二年丙戌四月十五日："四试如斯，不禁怆然泪堕矣。"

粟子去时兴致颇高，而返程落寞亦显。有志而不得，足见其抑郁。然心之不渝，亦见其执著。后有东游之计，于是乃有下言。

卷十二东游日记，始于光绪十三年丁亥九月十六日（1887 年 11 月 1 日），终于光绪十四年戊子三月十一日（1888 年 4 月 21 日），历时不足六个月。这次游历的缘由是“与夏漱蘅约期东游，并为己丑会试张本”[①]。由乡里启程，乘船先至金陵，晤莫觐廷、凌问樵等，后至上海，主要从游者有龚仰蘧年伯、张小唐、郑厚馀等，而于光绪十四年戊子正月十七日定计与孔静皆、符岳涛赴闽[②]，于是月二十六日至福州城[③]，从游往拜，一睹鼓山之胜。后乘火轮船往粤[④]，于是乃有下言。

卷十三海南日记，始于光绪十四年戊子三月十二日（1888 年 4 月 22 日），终于光绪十四年戊子十二月初六日（1889 年 1 月 7 日），历时不足九个月。粟子此行为只身前往，且有不得已之意味，常年游走不遇，可见其心中悲苦[⑤]。然其仍关心风土人物，实为有心人。此部分日记主要记叙了旅粤其间的交游浏览，尤其对粤中风俗描绘颇见风味，如粤中妇人有用脚环者、粤俗重视七夕等。其间，主要从游

① 光绪十三年丁亥九月十六日。

② 光绪十四年戊子正月十七日：“留上海八十日，掷时征逐之场，缨虑牢愁之府，人事拂违，如是极矣。是日，始得与孔静皆、符岳涛相约乘琛航兵轮船赴闽，检点甫定，值郑厚馀约去注红馆，小酌尽醉，时行箧已寄顿舟次，乃与静皆就宿厚馀处。”

③ 光绪十四年戊子正月二十六日：“夜雨。早起，整行李入福州城，侨文兴馆，乙酉秋客闽旧寓也。”

④ 光绪十四年戊子三月十一日：“侦知有火轮船名海坛者将之粤，日中，挈行箧只身附之，劳人踪迹，自此在五羊城畔矣。”

⑤ 光绪十四年戊子三月十二日：“余之东游，凡志夫闽也，志夫闽，复之粤，非得已也。然穷年奔走，升斗之求人不易，而因时流览，山川之贶我已多，盖其得失亦参半矣。”

者有阎白尊、何春舫、左赞希等。因要参加己丑会试,而于光绪十四年十二月初六日挈装准备乘火轮船往上海[①],于是乃有下言。

卷十四己丑会试日记,始于光绪十四年戊子十二月初七日(1889年1月8日),终于光绪十五年己丑六月十八日(1889年7月15日),历时六月余。此行由粤入闽,由闽入浙,一路北上,后抵上海,而后约同杨云樵去往江阴[②]。后再至金陵,不几日便又至上海[③],后与梁季人附火轮船去往天津[④]。而后至京师会试,此行应该颇为幸运,粟子赶上大挑之期,得以知县归四川试用[⑤]。数年奔走,五赴公车,舟车劳顿,于是日方有所得。其欣喜可见,然其中年华飞逝,亦足慨叹。后由天津乘轮入黑水洋而至上海,游览几日便归里。后谋入蜀,于是乃有下言。

卷十五蜀都日记,始于光绪十五年己丑九月十七日(1889年10月11日),终于光绪十六年庚寅二月二十一日(1890年3月11日),历时五个月。此行的目的当然是去赴任,且是携家带口前往[⑥]。而此行的记叙重点在于由长沙到成都途中,大概是因为第一次记叙此路线,所以叙说比较详备。从粟子乡里至成都,历时两月整方抵达。而后在成都主要是交游应酬,甚至不暇浏览山川。这是日记的最后

---

① 光绪十四年戊子十二月初六日:“阴,夜大风有声。探知火轮舟有去上海者,早起挈装出城,侨鸿安栈,仍入城过军装局晚饭。”

② 光绪十四年戊子十二月十八日:“风。过陆金宝席纠小酌,既醉,约同杨云樵附轮舟往江阴,时已黄昏。”

③ 光绪十五年己丑二月初一日:“阴晴无定。午后抵上海,遇郑厚馀、椒农、莘舫昆季,观剧留春园。”

④ 光绪十五年己丑二月初九日:“雨。更与梁季仁附火轮船往天津。”

⑤ 光绪十五年己丑四月二十五日:“是日签发大挑各员,余得以知县归四川试用。”

⑥ 光绪十五年己丑九月十七日:“霁。归自宣南才九十日耳,官书星急,复有蜀都之役,爰率门人赵勉吾、堂弟晋生暨儿子易泰、易贲以是午登舟。”

一部分，想来必然是粟子在任不暇记叙，而且因官任不能出游外地，又官宦生活殊为无聊，不符合粟子记叙民俗、志之山川的兴趣，所以日记止于此，殊为可惜。然粟子之前虽坎坷劳顿，而所写日记多有可观，此不为“欢愉之词难工，愁苦之词易巧”耶？然以此愁苦而易诗文之巧，恐世人无一堪为也。

二

粟子日记并不是简单地记载粟子的行迹，而是对山川地理与人文社会有着共同的关注。他并不是流连风月之徒，而是有着很深的用世之抱负，如果我们只是将此日记视为闲情之作，那么就看不到粟子真正的心意。正如黄经申为粟子日记第一卷所写的序所言：“夫国家岁举千百人，尘块轮蹄，接迹连轨，如君之随地考求，援古证今，留心民物，盖亦不数数睹。而笔墨之妙，又足以举其所见，推其才学与识，更积之阅历，而天下利病得失之故，瞭然矣。所谓济天下之变者，其在斯人乎，其在斯人乎！或世但以此记，为快意适情者之所为，则浅之乎视赓笸矣。”在此认识的基础之上，如果加入我们今人的视角，那么我们会发现此日记记叙的广阔性和价值的多元性。

粟子日记跨时十三年余，其间，粟子足迹广阔，先由长沙赴京师，后返长沙，后再至京师，后亦返长沙；而后至滇南，客居于此大约二十一个月；后北上京师，后返金陵，客居一段时日，亦返长沙；而后又至金陵，后至山东游历，而后南下至台湾；后又北上京师，后南游上海、福建一带，后至广东；后又北上京师，后返长沙，后至四川赴任。这只是简略的行迹描绘，其间的足迹远比此要繁复得多。但纵然如此，我们亦可足见粟子常年奔走之状，且古人并无我们今人便利之交通，其间劳顿可见一斑。而粟子每至一地，则留心地理民俗，对于此方面的记载应该说是此日记最主体的部分。粟子对于地理山川的记载，必要援古证今，比如对永定河名称的考证：“五里永定河，旧名桑干河，

《水经注》所称‘漯水出于累头山，一曰治水’即此。漯，《魏书》作‘灅’，或又讹作‘湿’，并非其水。自元明以来，迁徙不一，康熙三十七年重复浚治，始易今名。”①而且对于地名的变迁亦要探本溯源，如对大理的名称考证：“大理府，前汉益州郡，后汉永昌郡地，晋至齐东河阳郡，唐时为南诏所据，号大蒙国，寻改大礼，传至段氏又改号大理，元大理路，明大理府，府郭县太和，旧为叶榆县，唐宋时蒙段都此，曰羊苴咩城，羊苴咩者，蛮语实叶榆之讹也。”②而且对山川形势常有详尽的描绘，如对中和峰的描绘：“向午，并马出苍山，门道傍荒冢累累，如行北邙，将七八里，至中和峰之麓，坡陀相续，再上益荦确，乃徒步七八里，忽逢崖壁千丈如削夷，其下纵横各数十步，幽花细草披拂，方敲石煮茗，踞地小憩，仰视龙眼洞，正出崖上，迳而往，有石礧硌百尺，窍狭而长，如苍龙怒眼，循窍入，得石屋半椽，丛莽没人，钟乳欲滴，洞西石壁裂处有桥，桥西悬磴，缘壁椓栈构佛舍，俯绝壑如将动摇，将从桥观之，而目眩心悸，足瑟缩不能前，往尝自恃腰脚，谓天下无不可造之险，至兹辄窘。凤眼洞南去兹洞里许，奇谲如之，崖曲凿石成床，才容二人坐，深谷当其前，下有飞瀑砰訇如雷鼓，危视骇听，懔乎莫留，而彼岸峻峭之处，有石龛六七供佛子，迳路阻绝，不知何以工作也。”③还有对人文景观的记载，也是考其典史，摹其风貌，如“与众同年延潘任卿夫子公宴龙树寺，寺中古槐二株，一浓阴叠翠，枝下垂如张盖；一则秃干撑空，侧出十数枝，如怒蛟舞爪，俯瞰渊泉也，或遂以龙爪槐目之。陶然亭遗址，东南距寺半里许，王阮亭觞咏处也，今为慈悲禅林，将之寺，特迂道往，花木轩槛，清疏入画，亭以外绿苇如海，翠柳成阴，阛阓尘喧，洒然若失，为低徊久之，亭与寺盖城南佳境也。

① 光绪三年丁丑二月初六日。

② 光绪八年壬午六月初二日。

③ 光绪八年壬午六月初五日。

是日，会者凡三十馀人，酒肴颇丰美，主其事者：刘仪廷、龙砚仙、周荟生”[①]。这些记载不仅严谨，而且所叙说皆详尽生动，是粟子日记所长。

日记对于民俗的记载，也是颇为详尽，这也是对传统“入国而问俗”精神的继承。如对京师蟠桃会的描绘：“都俗以三月朔迄上巳日，于哈达门外之王母庙为蟠桃会，踏青之暇，招同人迂道往观，千车雷动，百戏云幻，珠填翠委之间，更多旗下妇女，不尽为礼佛来也。”[②]对云南农历六月二十五日星回节的描绘及来源考证：“滇俗于是日为星回节，亦名火把节，农民咸持炬照耀田间，遨游不辍，通省皆然。其说有三：一武侯南征，于是日擒孟获，会日暮，父老设庭燎迎之；一曼阿奴为汉将郭某所杀，其妻阿南畏逼，是日赴火死；一唐开元中，南诏欲诛邓赕诏，妻慈善知其谋，阻之不可，是日，邓赕诏中计焚死，慈善觅枯骨葬之，遂不食卒。汉相天威，蛮姬介节与绵山汨水之灵，争不朽已。”[③]对云南清明插柳的记叙：“是日清明，居民率插柳于门，不知何义。考五代文，江淮间寒食有插柳之俗，亦无用之清明者。询诸滇人，则以清明墓祭折柳招魂之故，俗之由来久矣。”[④]对云南五月初五的卖花会记载：“同人至三牌坊观花。三牌坊，阛阓鳞比，为省门极盛地，俗于是日作卖花之会，过藏春之坞，红瘦绿肥，登众妙之场，蜂迷蝶醉，艾虎蒲觞而外，又添佳话矣。”[⑤]对云南六月二十四日火把节的记载：“向夕，至禄丰县宿，闻滇俗于六月二十四日为火把节，至是见之，夜间家家燃炬，照耀田野，有悬远如星宿者，有排列如火树者，有狂奔如燧象、游行如烛龙者，好事家兼碎朽木为屑，投之炬端，其光腾

---

① 光绪六年庚辰四月初六日。

② 光绪三年丁丑三月初三日。

③ 光绪七年辛巳六月二十五日。

④ 光绪八年壬午二月十八日。

⑤ 光绪八年壬午五月初五日。

腾,男妇彼此对爇,欢呼追逐,夜分始息。”[①]还有对台湾风俗的记载,言其民风好鬼神、贵女贱男、朴陋尚武等。“台俗好鬼,其时盛为中元之会,延缁焚镪,略如内地,惟灯塔层举,繁星烂然,喜事者更支木为台,鸡豚上悬,黍稷高累,其他果饵之属惟备,佛号既毕,则纵人攘夺,以广布施,岁糜金钱十馀万,终七月不懈也”[②],“又其俗贵女贱男,女生而美,大抵买笑以博赢馀,既长,然后嫁之”[③],“台湾风气朴陋,俗尚强武”[④]。这些风俗的记载对研究当地的民俗颇具参考价值。

粟子是一介文人,他的日记通俗来讲就是记叙了一个文人的生活,所以对于了解那时文人的生活无疑也是重要的史料。首先是文人之间的交游,其同宗、同乡、同年等是其亲密的交往对象,这体现了古代社会的宗法观念,又反映了中国自古以来的“人情社会”特征。如日记中记载左宗棠赠送同乡银两,“左季皋爵相自新疆军次,寄赠同乡公车,银各四两有奇”[⑤],“是日,左季高爵相寄赠同乡公车费,人六金;又先数日,邑人士分公车费,各二十金有差”[⑥]。一方面这对社会的稳定以及家族孝道的传承起着重要的作用,而另一方面亦不乏以亲疏来辨是非的不当之习以及官场之尚。日记中涉及交游人物众多,且不乏当权名士,如左宗棠、侯赞臣、刘长佑等,这些记载对研究此类人物的生平也有一定的资料价值。

日记还多次记载了文人生活的狎妓风尚,如“同罗仙樵、易曼农(昺奎)、吴鼎元参将、萧兰亭守备观妓石头胡同,旋酌陕西巷之绚春堂,主人俪云江氏,都下名优也,其同伴蔼云、茗仙、联凤亦娟好善讴,

---

① 光绪八年壬午六月二十四日。
② 光绪十一年乙酉七月初一日。
③ 光绪十一年乙酉七月初三日。
④ 光绪十一年乙酉七月十九日。
⑤ 光绪三年丁丑三月十八日。
⑥ 光绪六年庚辰四月初一日。

一曲霓裳度，小伶当为京国首屈一指”[①]；“傍晚，手灯过侯家垕，晤来凤、小香两校书，来凤，彀斋所狎，余雅意小香，津门之杨柳青人也，年十五不足，‘梅花娇小杏花憨’，想见丰致”[②]；“戌刻，郑厚馀约往观妓，申江十万户，妓居三四，招摇过市，白昼无忌。桑中洧外，未足比数也。综其名目，曰说书，曰长三，曰么二，曰野鸡，曰花烟馆，曰西洋娼，曰咸水妹，曰日本妓”[③]；“薄暮，而朱羽卿来会，初羽卿就婚沪上匝月，及兹有闽峤之行，其妇家治酒饯别，羽卿因招余辈，集妓欢饮”[④]；“同人宴聚丰园，飞觞听政，坐妓成围，极一时觥筹之乐”[⑤]；“与严步衢出浴，便过巧琳录事，高烛双辉之际，佳果盈盘，爆竹彻户，宛然以事神者事人矣。吴下诸妓家，遇新年客至，大类如此，不独秦淮也”[⑥]；“向晚，与任慎安过张红宝校书小酌，红宝与高小凤比邻，亦避喧秦淮之滨者，问其年才十有七，生小娇憨，娉婷自惜，顾制于假母，不能当意，玉之锢也以璞，兰之纠也以榛，天下若此类者多矣”[⑦]；“罗仙樵、梁少衡来，即与过婊妹小坐，台人呼妓曰婊妹，煮酒讯言，方极欢洽”[⑧]等等，此类记叙，今日自然当痛诋其为陋习，但却是当时不容回避的文人自命风流的一种风尚，何况对了解当时妓女的生存状态也有一定作用。

粟子之所以奔走劳顿，结交从游，其很重要的原因是为了能够遇见赏识自己的人，能在自己的科举之路上助其一臂之力。这虽然带有一定的功利性，但亦是当时社会环境使然。因此日记中颇多有关

① 光绪三年丁丑二月二十三日。
② 光绪三年丁丑四月二十七日。
③ 光绪三年丁丑七月二十二日。
④ 光绪十年甲申九月二十日。
⑤ 光绪十年甲申九月二十三日。
⑥ 光绪十一年乙酉正月十一日。
⑦ 光绪十一年乙酉二月初十日。
⑧ 光绪十一年乙酉六月二十九日。

科举制度的记叙。科举制度自隋唐初创，下延至清末，虽说其弊病愈来愈突显，但仍然是政府选拔官员的主要方式，而且这也可以说是寒门子弟改变自身现状的仅有的几种方式之一。但是科举之途艰辛，粟子五次走京师参加会试，均以失败告终。数十年心血倾注于此，其落寞想见当然。我们在感叹的同时，也多少可了解一些清代会试的知识。会试是由礼部主持的全国考试，又称礼闱，一般于乡试的第二年即逢丑、辰、未、戌年举行。粟子于光绪三年丁丑(1877)、光绪六年庚辰(1880)、光绪八年癸未(1883)、光绪十二年丙戌(1886)、光绪十五年己丑(1889)分别参加了会试，日记均有记录。以丁丑会试为例："初八日巳刻，入场。初十日午刻，雨，旋霁。申刻，出场。十一日巳刻，入场。十二日阴，午后雨。十三日雨。午刻，出场。十四日巳刻，入场，晤邻号魏福坪同年(成基)。十六日阴。卯刻，出场。"而粟子算是比较幸运，虽五战均败，但赶上了 1889 年的大挑之期。所谓"大挑"是清朝乾隆年间制定下的一种科考制度，三科以上会试不中的举人，由吏部挑取其中一等的以知县用，二等的以教职用，意在使举人出身的有较宽的出路。挑选的标准多重形貌，相传有"同田贯日气甲由申"八字诀，合于前四字形貌者为合格。例如长方面型为"同"，方面型为"田"，身体长大为"贯"，身体匀称为"日"。粟子幸而列为一等，并初觐皇帝，"夜分，假座西华门外，预备引见，坐待日出，皇上驭勤政殿，九陛之下，大挑各人员班列而前，跪宣履历以出，初觐天颜，此心殊懔懔也。勤政殿在奉宸苑中，亦呼南海，液池流泽，宫树长春，皇居壮丽，便欲作蓬壶想矣"[①]。粟子最后谋得知县以归四川试用，但业已四十岁，年华飞逝，其中辛酸，可见一斑。

日记虽然是个人行程及命运的记载，但是个人命运却不可避免的和社会的情况相连。粟子日记中涉及了很多关于时局的记载，以个体化的体验与视角为宏观大历史提供了某种补充。如关于中法战

---

① 光绪十五年己丑四月初八日。

争的描绘，如光绪七年辛巳十一月十二日(1882年1月1日)记载“闻法兰西有谋袭越南之事，余以为渐不可开，时不可失，拟数策陈之当轴，时事孔艰，不必计之果行也”；光绪八年壬午三月二十九日(1882年5月16日)记载“是日，闻越南之河内省于本月八日为法兰西所破”；光绪十年甲申六月十九日(1884年8月9日)记载“法兰西用兵越南三年矣，今春三月并其地，滇粤边戒严，谋各出师，而法使福尼儿以哀的美敦至天津，哀的美敦，外洋和好之书也，与李相国(鸿章)议约五条，为期九十日。闰五月朔，法兵七百人犯谅山防军，是时期约犹未满，开壁却之，转谓我谅山军召衅，挟战舰来内洋，索兵费甚钜，是月初，天子授两江总督曾宫保(国荃)为全权大臣，会法使巴德诺脱于春申浦议边事，法使阳托岛主之命，请展期如前约，阴嗾其将孤拔于二十五日，帅五舟攻台北之鸡笼山炮台，毁之。鸡笼，产煤之区也，法舟远来，非煤不济，故欲攘之为己有，其阴贼如此”；光绪十年甲申七月十二日(1884年9月1日)记载“毁鸡笼山炮台之次日，法兵四百登岸，我军奋力迎战，殪其众百人，法惧，移舟师，窥福州之马尾江，其地为全闽门户，船厂在焉。七月三日，法燃炮毁之，并熸我轮船炮台，出入长门无忌，事闻朝廷始决战，严备各海口，趣滇粤出师规交阯，布告中外，示用兵非得已，方曾宫保之议约海上也，法使词甚悖，我朝廷宽大，不与校，终不欲为戎首，故鸡笼山既构兵，而马尾、长门之间，将帅仍狃于和局，无有先机却敌者，不然法乌能乘我不备耶”；光绪十年甲申九月十七日(1884年11月4日)记载“八月十三日，法率死士上岸，距鸡笼左近之仙洞，湘军帅曹仁祥(志忠)谋夜袭之，或以沪尾之儆报告中丞，谓沪尾去府治近，府治根本也，麾诸军退守，不二日，鸡笼陷。已，沪尾守将曰孙庚堂军门(开华)者，窥法氛甚恶，伏兵山谷间诱之，且避炮弹，法谓我军亦退如鸡笼，悉舟师潜上，军门出不意击之，斩溺甚众，法自是不敢犯沪尾”；光绪十年甲申十二月二十四日(1885年2月8日)记载“初，江南大吏以台峤受困之故，调兵轮船五往援，是日，泛宁波海面而南，遥见法船，我船逸其三，馀二避之石浦，法船追及，阻浅不能近，遂遏其外，胜败不可知，然台峤失此援兵矣。论者谓其时朝鲜与日本苟且修好，中国既大度置之，辽海无事，速以师船拟石浦为夹攻计，幸而一胜，非唯台湾受其惠，马江之辱于是焉洗。予谓中国之师船弱，难与敌，夫人知之争衡海上，何可徼幸。顾洋人之性，惟利是趋，大都耦国，具不相下之势，与我为难者法耳，不惜重金赁他国之船，以夷攻夷，阴离其交，而阳获其利，而我但以师船接济侦探，分防海口，亦自立不败之一道也，因彼己而权时势，岂有他哉”；光绪十一年乙酉二月十九日（1885 年 4 月 4 日）记载“我援台兵轮船之困于石浦也，使陆师不存畛域之见，船尚可保。坐令至三月朔，两船者皆为法击沉，其三船逸，至镇海，赖镇海守将欧阳军门（利见）护之无恙，不然，亦石浦之续耳。入春以来，法益治战舰，绝我海道，二月十八日复攻澎湖，陷之”；光绪十一年乙酉二月二十五日（1885 年 4 月 10 日）记载“先数日，闻法兰西受款，期以三月朔罢战，论者谓是时中国援台师云集闽中，沿海守备咸具，而粤西关外之师近已收复谅山，与滇师声援相接，有饮马富良江之势，法称兵有年，供亿死伤，亦于是告弊，惜不坚持月馀，待其穷而议约，因以慑法者慑环海诸夷也。惩前毖后，君子不能无亡羊补牢之思”。可以说，这些记载描绘了中法战争的大体经过，而且对于中方的立场以及当时士大夫的心态亦有详尽批露，颇具史料参考价值。

自鸦片战争以来，中国开启近代化的进程，外国商品的涌入虽为中国提供了便利，但也对中国自给自足的自然经济破坏很大，如日记中言“云南玉产大半出之缅甸，曩时贾人挟巨赀贩玉于滇者，无虑数十百家，他贾物称是。自道光中叶，西洋轮船通商内地，未几，滇亦内讧，缅甸货产，率由大金沙江入海，附番舶转售闽粤间，于是滇省玉器不常至，至亦糟粕之馀耳。向时巨贾无一存者，滇空受产玉之名，而生计坐是大减，人第知洋人通商，夺细民职业，沿海受其害，乌知僻在西南之滇，害亦如之，吾于鬻玉慨之矣”[①]；“虽然，轮舟在大洋风涛出入，履险如夷，水程百更，计日可至，诚亘古独得之秘，若夫内地篙师舵工，因之坐废，行场野市肩挑负贩之属，生业荡然，财聚于富人，漏于外国，而民以日穷，当事知其害而坦然行之，抑亦不得已之为也。争便捷者，乃欲更扩其制何哉”[②]；“二十里渡嘉陵江，而西入顺庆府城宿，府属产红花，甚富，近其利为洋产所分，业此者遂寡，盖洋人通商，事事攘中国之利，红花虽微，是可慨矣”[③]。由此可见外国商品对中国经济的破坏，在研究整个近代化的进程中，下层人民的生存状况也是不可忽视的，这些记载真实反映了当时的状况，具有独特的价值。

三

栗子是一个文人，他长期游幕，或掌文案，或为西席，都以文采见长，因此其日记文学色彩颇为浓厚。栗子每有所感，辄有咏叹，日记中收录其诗歌达一百四十馀首。这些诗歌，和在书斋中的诗人所作不同，多有纪行的性质，并且艺术上亦颇有可观。栗子诗歌在内容上大约可分为纪行、送别、酬赠、思乡这几类。纪行诗如《巴陵即事》：“巴陵古泽国，襟带合江湖。极浦水皆浊，沿堤沙已无。小车寒逐雁，密网夜求鱼。布重名都价，茶分入贡馀。民生卑湿地，市杂楚吴居。抚字劳贤守，边城长宴如。”此类诗歌可以说是贯穿于日记始终中的，栗子对行路所遇或者地方的名胜有时都会发之以诗。在旅途中，亦不乏聚散离别，故亦有一些送别之诗。如《留别袁五》：“远送靖江道，情随湘水潆。园林违夙好，诗酒忆平生。勉励清贫业，相期殁世名。

① 光绪七年辛巳十二月初五日。
② 光绪九年癸未八月二十六日。
③ 光绪十五年己丑十一月十二日。

更休悭尺素，有客事长征。”文人不乏交游，故酬赠应和之诗亦不能免，如《依韵答仲牧感怀》：“客路阻高邮，连宵此系舟。漕渠迟放闸，春雨暗添流。老树馀兵火，孤村倚戍楼。不须悲永夜，明发角城陬。”由于常年奔走，粟子的诗歌很多都是表达思乡漂泊之感的，如《先日立秋补录一律》：“桐叶一朝陨，乡心几度惊。云开燕塞远，寒重海潮生。明月谁家思，秋风旅客情。空阶有蟋蟀，故故向人鸣。”这种漂泊无依的情感已经成为粟子诗歌的底色，而且不仅仅是其诗歌，对其整部日记来说，亦是一个文人的漂泊历程。粟子诗歌的诗体颇为全备，有五古、五律、七古、七绝、七律等。其五古风格古朴，其五古代表作当属《岁除感咏》：“故园当此夕，新欢基改岁。鸡黍竟夜谈，杯盘罗次第。爆竹闻比邻，遍索百神祭。稚子爱鲜衣，山妻理云髻。绕膝嬉南陔，时分甘旨惠。游子殊不然，扁舟孤渚系。岁月忽如流，巨川渺难济。榜人蹲舵楼，好语劳所契。瓦缶倾村醪，枯芦煮江鳜。焉知客子心，忧乐难一例。默持团圆饼，有泪欲盈袂。”其五律明白晓畅，情真意实，如《别蒋苹笙同年》：“海内今多事，天涯独问津。相逢疑梦寐，为别惜艰辛。瀛峤仙踪远，闽江客路新。莫愁青眼少，珍重百年身。”其七古颇为跌宕，且尤能制长篇，其柏梁体诗《李丹卿招游留园、怡园》飘逸起伏，当属佳作，篇幅所限，此不赘引。其七绝多随口拈来，如《录车上口占一绝》：“行过淮扬六百里，南来十日已无山。黄茅老屋知多少，都在疏林夕照间。”此类虽情感真挚，然惜涵泳不足。其七律风格沉郁，颇有杜甫遗风，其模拟杜甫而成《滇南秋兴》八首，亦足可观，其中第一首：“炎徼栖迟春复秋，倦怀王粲漫登楼。烟销蛮部花争吐，水咽滇池月倒流。汉使不劳窥宝井，降藩犹自列金瓯。谁怜一代安边策，遗爱空存古渡头。”总体来说，粟子诗歌五言与七律成就较高，虽无盛唐之气象，然情感之真近似于唐，而不是如宋诗那样过于追求技巧和典实。是时，诗坛被同光体笼罩，学宋之风大行，粟子能不囿于此，亦足可贵。

在今天看来，粟子并不是一个十分有名气之人，想必在当时也不是主流的文人和士大夫，但正因为如此，能够给我们提供另类的研究视角。一方面我们要有今人的眼光，另一方面也要还原当时的社会状况。而所谓的还原并不是只盯着几个大诗人，而是一种综合考察的目光，粟子的诗歌可以说给我们提供了这些信息。

四

当然，只要是人所说的所写的东西，除去记忆和知识的谬误，都会有说谎的可能。他人执笔的自不必说，粟子亲自执笔亦难免有美化自己的倾向。但总的看来，粟子日记并无多少夸耀自己的成分，他所记载的只不过是一个人的身体和心灵共同漂泊的历程，而我们从他身上可以看到的自己影子和对人生的体悟，这也是日记之所以迷人的原因之一。虽说古典文献浩如烟海，但总体数量就那么多，而且真正具有研究价值的东西也是一定的，又加之信息时代科技的发展，总会有挖掘完的一天。但是，这只是文献层面而言。每个时代都会有每个时代的问题，带着时代的问题以及个人的体悟去看古典，古典便永远挖掘不尽。古典的研究是要去回应时代，但是并不是迎合时代。在娱乐泛滥、物质至上的时代，古典研究作为一种传统精神的接力，是应该有所坚持，又该有所作为。我们不应该只做书斋里垂垂老矣的浮士德，而应呼唤靡菲斯特的到来。或许有时我们讲了太多的主义，太多宏大的愿望，然而我们最应该关注的是个体的心灵。当《药》中的华小栓对革命烈士鲜血染成的馒头大快朵颐之时，我们不禁去质问个体心灵之间的鸿沟到底有多么宽阔。让我们再次聆听"五四"那个时代的呐喊——人性的觉醒。即使对于文献整理，同样也应基于"人"的意义。下面所言便是笔者从粟子日记中获得的一点个人的心灵启示和人性感怀。

粟子并不是书斋里的文弱书生，而是一个身体力行的冒险家。多年来车马劳顿，辗转各处，中途多病，还有几次险些丧命，但是这些都没有阻挡粟子的脚步，而是继续着自己的脚步，叙述着自己的行程。他每到一地，便考其风俗地理，而且对于古书上的记载，他不仅仅作为援引，而且还要实地求证，可以看出他的求真求是的精神。这种学问与实践结合的精神，可以说是每个时代都不可或缺的。所谓“纸上得来终觉浅，绝知此事要躬行”，无论是做学问还是其他，都应该走出书本的局限，而去探求与实践的结合。可以说这也是中国文化的自古而来的传统，先秦百家，诸子学说，无一不是用现实出发，去寻求突破现实的困境。它显示出人们对现实和人文的关怀，而不是好谈大言，沉溺于虚无缥缈的言语之中。这是中国文化不同于西方的地方，中国几乎没有纯粹的对形而上的理念的追求。这是中国文化所长，亦是其所短。所长在于现实的关怀使得人们对关注当下，注重集体和人伦；所短在于对知识的追求具有功利性，不注重思辨和提炼。所以中国自古大有为忠义殉节之人，罕见为真理而献身者。这是日记给我们的正反两面的思考。

粟子强烈的时局意识，在上文中已道，这体现了古代知识分子的“以天下为己任”的优良传统。即使粟子常年奔走，郁郁不得志，可是“位卑未敢忘忧国”，仍然密切关注着时局的变动。个人的命运毫无疑问地会和国家民族乃至世界的局势相连，在一种大环境的把握中，我们才能看到个体存在的价值。拿学术研究来说，作为一个学者，更应该具有忧患意识。学术不应该是关在象牙塔里的一个人的独舞，而应是于国于民有所贡献。这不是说学术要迎合政治，而是要有人文关怀。古代知识分子的“为天地立心，为生民立命，为往圣继绝学，为万世开太平”的精神，不应该只作为一句标榜的话而存在，而确确实实是一个学者责任意识的体现，去关怀这个国家，去关怀这个国家里的每一个生民的心灵，甚至去关怀每一个动物和每一株植物。而对于每一个普通人来说，同样是“天下兴亡，匹夫有责”，我们每个人所站立的方向，就是国家前进的方向。胡适先生曾说：“争你们个人的自由，便是为国家争自由！争自己的人格，便是为国家争人格！自由平等的国家不是一群奴才建造得起来的!”[①]我们不是说要奉行个人主义,而是说个人的命运是和国家息息相关的。这一点永远是毋庸置疑的。

栗子日记中不乏生离死别与得意失意之言,这可以使得我们能够用一种淡泊的心去观照生活,如日记记载“以闰端午之故,与杨晓岚上雨花台茗话。是时微云暖日,寒风拂衣,仲夏天气凉于新秋,因忆去年六月同益阳王怀钦过此,怀钦有雨花台诗词,极凄咽,不图今年正月而怀钦物化也。追随陈迹,言念逝者,能勿悲哉”[②]。第一次读至于此,不禁喟叹良久,在日记中,我们可以看到怀钦与栗子多次游玩的场景,然岁月忽如流,一念掷人去,只留下生者去领悟这种痛楚。人生的路途本来就是一个去迎接死亡的过程,在这个过程中,我们会随处看到它的影子。如果我们站在尽头去观望它,那么这种恐惧会减弱稍许。从这样的阅读中,我们可以“练习死亡”,从而去淡泊地面对一切。日记中还有对人世人心的记载,如“早起,与刘斐如送陈舫仙方伯归长沙,时方伯罣吏议解组,当其握兵符,江南宾客将弁奔走其门者,殆穿户限,不谓崇朝失势,供祖帐者,寥寥无几人也”[③]。又“过张树亭军门早饭,军门以去年马尾江之役被劾,发军台,逮治在即,闽人冤之,当军门专阃台湾,宾客侍从如云如水,今其门可罗雀矣,不重可慨哉”[④]。真真是“一死一生,乃知交情。一贫一富,乃知交态。一贵一贱,交情乃见”。自古以来,好与坏、善与恶都是一直存在,我们都曾幻想过去建立一个纯粹美好的世界,但是光明与黑暗并存,这实在是人类生存的基本现状。我们所做的并不是去否定这种

---

① 胡适《介绍我自己的思想》,《胡适全集》卷四,安徽教育出版社 1998 年版,第 663 页。

② 光绪十年甲申闰五月初五日。

③ 光绪十年甲申十一月初一日。

④ 光绪十一年乙酉九月十五日。

恶的存在，而是去向往着善的境地。心怀不轨的人从未缺乏，但心怀善念的人亦俯拾即是。胡瑞清在日记卷十的序中说："粟子程顿之次，顾尝为友经纪其丧，能使其遗榰远道返故里，见有困乏，解衣分金，亦尝量其力之所得为也。呜乎！穷且若是，斯其不穷为何如矣。"此应该是为人立世之态度。真正的勇者从来不是故作高超之言者，而是认清了生活的本来面目，却依然热爱生活。

粟子每有所怀，往往咏叹。古人云"不平则鸣"，大抵如是。但我们在这里所称羡的并非是他穷且益坚的品格，或者他的诗歌才能，而是一种生活的态度。海德格尔所言"诗意栖居"，其言差近之。粟子每至一地，对其风景名胜必有一番游览，且对其地理风貌都有一定的描写，而若山川形胜，气动其怀，则必不废咏觞。即使粟子五上公车告败，穷年奔走，落魄如斯，仍不改其对事物一种诗意的态度。诗歌是伴随他的行程始终的，当他回首历年的风尘的时候，可能往昔的痛苦已经烟消云散，留下的只有一章章诗篇来回味隽永。而这种对生活保持观赏的诗意的态度，正是现代社会所缺失的东西。随着信仰的缺失，传统社会中那种注重心灵沟通与诗意的生活，逐渐被物质化、商业化、消费化的生活所替代。商业文化日趋导向的是人类本性的感官享受与娱乐追求，越来越凸显的现实是人类的物质生活越来越丰富，人类的心灵却无家可归。而古代的诗意的传统，如果能在每个人的身上复活，那么人才会变得更加健全。在我们寻求中华文化复兴的今天，应该说诗意文化的回归是至关重要的。

当然，在心灵启示方面的价值，每个人都会有不同的感受，但人之所以为人，总有一些共通的东西来敲打着我们的心灵。如果这些心灵上的启示能够引发个体对生命价值的思考，那么文献整理便不会僵化和死去。当然，我们现在所做的这些文献的工作，也许几十年后便无人问津了。但如果站在历史长河的视角看来，至少我们在这条长河的绵延不断的过程中，付出过努力，我想这就是我们所做的价值所在。

五

此次整理，以《历代日记丛钞》第八十九册和第九十册的《粟赓笣日记》影印本为底本，据《中国近现代稀见史料丛刊》体例要求，将书名易为《粟奉之日记》。正文以点校为主，底本的衍、讹、脱、倒处，一律出校；凡形近致误者，如己、已、巳之类，径改本字，不出校；凡异体、通假、古今字，除生僻者外，均不出校；异体字、俗体字，一律径改为正体，避讳字不改；凡字迹漫漶不清、空缺而无法校定者，用缺字符（□）标示；有明显知识性错误的，则出校，如粟子引用一人诗文误作他人者。

整理由师姐江潮和我戮力完成，张剑师每星期都为我们仔细改错，并讲习其中典故、制度、人物、地理等，而且还对我们讲述如何去做学问，如何去做人。我和师姐都是第一次着手古籍整理，无论是学识上还是经验上，都十分欠缺。而张剑师不顾病体，坚持为我们讲习，吾辈感激，难以语言。江潮师姐，为人谦逊温良，合作中给予我很大帮助，亦于此言谢。生有涯而知无涯，学问一事，实无止境。吾辈疏于才，浅于学，其中舛误实所难免，亦请大方之家不吝赐教。

高明祥

二〇一六年春于北京辛瓜地

黄　序

人生快意适情之事，无过驰域外之观，揽寰中之异。图史所载，按之于今，有不尽合者。盖沧桑之迹不侔，古今之局或易，徒墨守陈编，而欲知天下利病得失之故，不亦傎乎？然则驱车而行万里，又非独快意适情而已，固将识其形势要害之今昔异宜，悉其风土人情之遐迩殊尚，参考互证，益其精能，以应天下之求，而济天下之变也。予尝伤耳目之陋，林潜壑伏，鲜所听睹，亦薄游齐鲁之郊，终以病足，闭置车中若新妇尔，恶能选奇探胜，发摅其志意哉！

友人粟赓笵孝廉以所撰《公车日记》见视，受读终篇，封为天下有心人也。夫国家岁举千百人，尘坱轮蹄，接迹连轨，如君之随地考求，援古证今，留心民物，盖亦不数数睹。而笔墨之妙，又足以举其所见，推其才学与识，更积之阅历，而天下利病得失之故，瞭然矣。所谓济天下之变者，其在斯人乎，其在斯人乎！或世但以此记为快意适情者之所为，则浅之乎视赓笵矣。愚弟黄维申拜序。

自　叙

少时读子由《上太尉书》，慨然想见其志趣之所存。夫山林阒寂，陈迹自胶，交游不过邻里乡党，无惑其陋且泥也。名山大川之间，豪杰辈出，流览往来，将充广其意气，是人生之大快也。有其志或无其时，时至矣或力有不逮，亦搔首裹足，望风而欷歔者也。余生为乡人，足迹所至，不出长沙百里间，径樵野竖，狎耳目于晓晡，风雨一编，辄自废叹，如是且二十有八年矣。丙子秋，忝乡荐，先后上公车，走京师，浮舟江汉，问渡淮泗，道齐鲁燕赵之墟，仰瞻青岱，俯注黄流，数数泛海上，徘徊吴楚之交，凡有闻见志之，旁及土俗物产，以尽其变。当夫谭山诊水，所遇既䜣，时或寒暑，舟倾车殆，若习而甘之，谓足壮天地之观而辟心胸之隘也。顾闻之曩哲：十室之邑必有忠信，百步之内必有芳草，以余所历瑰奇负异之士，宜有小忠信而弗为者，山川灵奥不自秘其奇，而人独稍稍吝焉，则信夫识之暗而命之穷也。登高临深，旷然凭吊，残碑断碣，莽乎烟云，其能尽余之思耶！光绪癸未小除夕自叙。

丁丑会试日记卷一

光绪二年(1876)丙子冬

十二月初四日(1877年1月17日)　与彭同年少湘(清藜)雇巴江船,计偕入都。家大人暨梅丈友三、曹丈萼楼、袁子仁、邹子谦、彭绥之、戚桂芳、梁季皋、镜澄、堇生、谷青诸弟,皆来舟话别,而子仁、绥之、镜澄、堇生必欲远送靖港,不能却也。灯下得《出门》短歌一章:“步出湘西门,天气清且朗。屏障开苍梧,因之恣欣赏。此去幽燕都,客行殊抢攘。湖海劳帆樯,原陆蔽羁鞅。习苦无馀忧,闻见矧开广。独有中闺魂,临歧迟不往。”

初五日(1月18日)　阴,午刻微雨。辰刻发长沙,逆风行三十五里,泊下泥港。同人步屧江干,庙宇鸿骞,市廛鳞次,索之苍烟暮霭中,海市蜃楼,隐见无定。

初六日(1月19日)　阴,微雨。晓发下泥港,风逆维舟丁字湾,水程才十里。其地产麻石,居民凿石佣生者无虑数千,江干龙潭寺回栏梁柱均石质;此外如石人、石马、石算盘、石雀笼之类,雕凿尽致,寓巧于粗,亦绝技也。

初七日(1月20日)　五里新康小泊,诣洪山庙,访精受上人,不遇。十里泊靖港,往拜堂兄萼汀上舍、徐定生同年(树锷)、葆生学博(树璠)兄弟。靖港以唐李靖讨萧铣屯兵得名,即沩水入湘处也,市肆檐牙与帆樯错杂,其对岸曰铜官渚者,山势逶迤,下属土埴宜陶业,埏埴者不下千馀人,窑烟并举,往往若黑龙乘云,对舞于空际。日暮,徐定生与李楠臣同年(瀛桂)过访。夜,萼汀兄来别,兼惠食物,将就寝,得《留别袁五》一律:“远送靖江道,情随湘水萦。园林违夙好,诗酒忆平生。勉励清贫业,相期殁世名。更休悭尺素,有客事长征。”

初八日(1月21日) 阴,微雨。子仁、绥之、镜澄、堇生比晓别去,开行三十里至湾河口,中有洲亘数十里。湾河一曰文泾江,其流三十六折,许浑诗“三十六湾秋月明”即此,亦洞庭以南天险也。诗以纪之:“悠悠文泾江,江流何弯环。有曲三十六,纷如蛟龙盘。飞帆向东北,疑是西南还。舟师不敢逞,顾盼舵楼间。湖南号形胜,若此亦阻艰。西船日千里,裹足觇重关。”三十五里泊扁担夹,与同舟郑锦珊缘岸踱躞,土人结茅编竹,贸易其地,沽酒试之,颇饶风味。

初九日(1月22日) 阴,酉刻大风,微雨。五里湘阴县,春秋罗子国迁地,秦置罗县,孙吴时吴昌县,刘宋始改今名。距县三十五里,有山濒湖,上建虞公庙。方棹舟,而北风大至,遂舣岸登山,望重湖深处,云如泼墨,浪正堆花,独立莽苍,肃然以恐。

初十日(1月23日) 大风,微雨。守风虞公庙。得白鱼数尾,烹以姜桂,汁之冻合,味殊可口。

十一日(1月24日) 大风,微雨,夜大雨。虞公庙野阔人稀,辄苦剽掠,中阻石,尤不得已,信宿其下。衣袽之戒,恒懔于心,客舟欲泊,不如先斯五里之芦林潭也。

十二日(1月25日) 阴,大风。向午意风力稍减,强舟子开行,才半里,复阻而返。

十三日(1月26日) 大风,夜雨雪。帆西北风斜行六十五里,泊琴棋望。适李楠臣同年、黄少溪(传祁)孝廉、吴雁洲(嘉瑞)、曹縠辰(焌湘)同年先后踪至,叙谈久之,快摅旅况。

十四日(1月27日) 晨雪,大风。守风琴棋望。寒气栗烈,舟之人多噤不出游,余独雨冠重裘,冒风雪过少溪、縠辰、雁洲舟次,兼晤其同舟曹杏庄(焕湘)孝廉、韩勉吾(炳章)同年,茗话久之,去。茅店中沽酒独酌,起视重湖上下,洲寒渚净,片羽不飞,银界三千,晶皎无极，狂饮数杯，不觉颓然醉已。

十五日(1月28日) 大雪盈尺。李楠臣同年以守风之暇，来舟茗话，余方欲饱看雪景，遂囊数十钱，命酌酒家。既醉，信步湖滨，遇群儿抟雪，摸狮猊与罗汉相者，贪看久之，襟带间六出花满矣。薄暮返舟，棹小艇送楠臣归去，因过勉吾、少溪舟次，扫雪纵谈，归棹瞑合，不辨近远也。

十六日(1月29日) 雪霁，夜大雨。黎明发琴棋望，西风微飏，沿湖下水舟以千百计，风帆曲折，置之湖光雪照中，分外可人。中间迳君山、编山，《水经注》云："君山有石穴，潜通吴之包山，郭景纯所谓巴陵地道者也，是湘君之所游处，故曰君山。"又云："东北对编山，山多篾竹，两山相次，去数十里，回峙相望，孤影若浮是也。"凡百四十里，至岳州府附郭县巴陵，当即《禹贡》东陵，亦古三苗地，春秋麇、罗二国迁地，汉下隽县，孙吴置巴邱邸阁，东晋时尝为荆州治，宋元嘉十六年分置巴陵郡，隋改岳州，元岳州路，明始为府。既泊，与少湘走断冰残雪中，将登岳阳楼，日暮不果。是日渡洞庭，赋诗一律："巨浸东南阔，残冬此壮行。九江留禹迹，五渚错仙瀛。雪净洲如练，天寒雁有声。客帆争利涉，远棹岳阳城。"

十七日(1月30日) 雨，酉刻大风。巴陵襟带江湖，咽喉荆鄂，前史荆襄多事，往往争胜于此，实江东西、湖南北要害也。守风之次，与少湘出拜彭明之(昌禧)镇戎，雨密风寒，衣襟俱湿。

十八日(1月31日) 阴，夜雨雪。守风岳州。巳刻登岳阳楼，楼践城为之。凡三层，上第一层，凭轩四望，湖潴其西南而江汇于东北，综其胜状，大概尽之唐宋名贤今人诗赋，文正公《楼记》谓"前人之述已备"，谅哉！

十九日(2月1日) 霰雪，大风，夜雪深尺，雷有声。守风岳州。与少湘、锦珊茗话会花庭，久之，锦珊他去，更与少湘登岳阳楼，寻仙梅亭遗迹，归赋一律："第一湖山第一楼，丹梯遥倚石城陬。神仙有兴来黄鹤，帆桨何心狎白鸥。风雪未消吴楚怨，烟波曾洗甲兵愁。先忧后乐凭谁忆，似说飞艅达上游。”

二十日(2月2日) 大风。守风岳州。午刻，锦珊烹缩项鳊招饮，偏劝腹腴，不辞尽醉。

二十一日(2月3日) 霰。是日立春，守风岳州。

二十二日(2月4日) 风，夜大风。晓发岳州，二十里城陵山，或呼城陵矶，上有巴邱故城，今圮。风逆，就泊，往拜宗平庵于厘局，已，又与锦珊入市缓步，土产都布有名。

二十三日(2月5日) 微雨，大风有声，夜大雪。守风城陵矶。

二十四日(2月6日) 阴，午霁，夜雪。阻风城陵矶。夜，锦珊以小除夕之故，具酒对饮。既酣，就睡，寒霰钻跳，衾枕俱湿，而风涛喷薄，舡舫舂撞，辗转中宵，尤使人愁不成寐也。

二十五日(2月7日) 阴。阻风城陵矶。灯下得《巴陵即事》诗一首：“巴陵古泽国，襟带合江湖。极浦水皆浊，沿堤沙已无。小车寒逐雁，密网夜求鱼。布重名都价，茶分入贡馀。民生卑湿地，市杂楚吴居。抚字劳贤守，边城长宴如。”

二十六日(2月8日) 阴。五里擂鼓台，小阜青苍，浮岚水际，对岸曰荆河脑，江湘合流处，亦谓之三江口矣。五十五里螺山，入湖北监利县界，江中有白螺洲，刘宋末沈攸之举兵江陵，趋夏口，至白螺洲，有骄色，即此。五十里新堤，既泊，与少湘往拜柚东孝廉、橘生邑曹昆仲于局次，昆仲，余从祖行也。晚酌而返。

二十七日(2月9日) 大雪。守风新堤。午刻，柚公招饮，与少湘乘小艇赴之，便道候宗莲溪、王伯乔、章辑堂、刘少卿于局次。雪飞冰合，万象晶莹，扁舟一叶，不减银汉仙槎也。

二十八日(2月10日) 阴。守风新堤。黄昏，时王伯乔、章辑堂乘金翅来会。发一次家书。

二十九日(2月11日) 历茅埠、石头关、陆溪口等处，凡百八十里，泊蒿洲。石头关，一曰赤壁山，或以为周瑜烧曹操军船处，《水经注》则以金口上游八里之赤壁山当之，东坡又以黄州赤壁为言，未知孰是。

三十日(2月12日) 六十里泊东江脑，时值岁除，舟人悉鸣锣，燃纸炮祀神，张灯帆柱间，仰而望之，若繁星列霄汉，感咏一章："故园当此夕，新欢基改岁。鸡黍竟夜谈，杯盘罗次第。爆竹闻比邻，遍索百神祭。稚子爱鲜衣，山妻理云髻。绕膝嬉南陔，时分甘旨惠。游子殊不然，扁舟孤渚系。岁月忽如流，巨川渺难济。榜人蹲舵楼，好语劳所契。瓦缶倾村醪，枯芦煮江鳜。焉知客子心，忧乐难一例。默持团圆饼，有泪欲盈袂。"

光绪三年(1877)丁丑春

正月初一日(2月13日) 顺风张帆百里抵汉口，春秋夏汭地，亦曰夏州，汉曲陵县治，三国黄祖尝守此，晋废为偃月垒，郦道元谓沔左有却月城是也。其地束江收汉，与武汉二城犄角，舟车辐辏，屹为重镇。汉口，汉水口也，出陕西宁羌州北之嶓冢山，始源曰漾中，流至涢口合沔水，至堵口合夏水，沔汉与夏互相通称，故汉口古称夏口，《水经注》以为沔水口矣。长沙至此，计程八百四十里。

初二日(2月14日) 郑锦珊别去，与少湘挈行李侨董家巷之长郡会馆，时董事者为张可庭、孙良臣诸君，而汤观察幼安(聘珍)、李同年仲牧(铭勋)亦作寓公，次第接见，殊惬旅怀。

初三日(2月15日) 汤幼安、孙良臣、郑锦珊暨李同年石贞(瀚昌)、汤上舍湘湄(锡光)先后过谈，湘湄出所作近体诗若干见示，质实淡永，颇近陶、白家数，就中悼亡诸作，语挚情真，尤使无情人读之泪下。

初四日(2月16日) 汉水之左为汉口镇，右为鲁山；山右为汉阳府治，隔江则武昌省治也。城市傍江夹汉，具鼎足之势，北走襄樊，西通巴蜀，东连吴会，南绾潇湘，号形胜之地，兵家所必争。是日将揽其大概，风起水涌，未敢唤渡也。酉刻，与汤幼安、张可庭、张太守麓珊为叶子戏。夜分始寝。

初五日(2月17日) 近午，会馆董事诸公招饮。

初六日(2月18日) 刘西樵(棫)、郑少侨(祖焕)、罗仙樵(瀛美)、刘理臣(荩章)诸孝廉暨同年陈笛舫(立达)、周樾覃(荫恩)、周荟生(銮诒)先后过谈久之。发二次家书。

初七日(2月19日) 与李仲牧、陈策吾至洋街一览，层楼曲槛，杂植花柳，门户窗棂，比窍四达，丹垩藻缋，极靡丽之观；而其人则语言啁啾，衣袴迫束，碧睛深目，隆准而拳发，初见异类，鲜不怪之。亥刻，黄子寿贰尹(泰)招饮其家。黄为人貌魁梧，而性磊落，无宦途陋习，屈之末僚，盖可怜也。

初八日(2月20日) 酉刻，与彭少湘、李仲牧诸同年上太古轮船，船之技巧不可名状，大抵借火力，以沸水积水气，以转机双轮激水，逆流时许可六十里，顺流较速，将八十里也。夜半，发汉口。

初九日(2月21日) 是日，迳黄州府，与武昌县隔江相望，凭墉藉阻，高观枕流，为武汉之屏蔽。过蕲州，观田家镇危峰束岸，冯夷怒回，鄂中第一险要也。迳九江府，匡庐枕其后，浔阳涌其前，豫章以北，斯为形胜。迳湖口县，鄱阳湖水入江处，蔽南昌，绾全鄂，听石钟山窾坎镗鞳之声，悠然与会。过彭泽县，见小孤山石峰拔浪，独立不摇，佛舍悬岩，疑无路上也。历东流县，至安庆省，垂二鼓，想皖伯之遗封，感喟无尽，自是东北迳池州府铜陵县，夜漏阑矣。

初十日(2月22日) 是日，迳芜湖县，春秋吴鸠兹邑也。地当皖南诸水之委，川原扼要，蜀汉先主谓孙权曰："江东形势，首建业，次芜湖。"迤北数十里，有山夹江，东西对峙如门，曰天门山，亦曰蛾眉山，近人呼东西梁山，其实东为博望，西为梁山，李白铭云"梁山博望，关扃楚滨"是也。江为山隘战守资之，楚获吴馀皇处，亦晋宋以来戍守处也。过太平府，北望采石山，山下有牛渚，为江东重镇，得失系之，不徒燃犀骑鲸，慨古人之遗迹。采石西渡江，和州治也，云树隐隐，不能辨。已又北过大胜关，东望秣陵城，虎踞龙盘，佳哉郁郁。轮舟迅速，自此逐大江东去，抵十二圩，犹及日脚。从同舟范清华之请，招小划载行李，就宿盐船中。是时同人累二十馀众，清华不烦而理，贤哉！汉口至此，计水程千四百九十四里。

十一日（2月23日） 大风。十二圩，盐商转运之所也。大江外滨里河内，辟长堤如虹，市门相属。初发汉口，将越镇江而北上扬州，其程较远，故范清华以十二圩为言。然书生初问途，非范前导不知争捷也。早饭后，同人雇舟里河，舟小河狭，打桨中流，极容与之乐。回忆长江巨舶，激浪冲风，夷险不侔已。三十里朴树湾就泊，土产草席甚佳。

十二日（2月24日） 牵行四十里，至扬州府，日影方中，更雇邵伯划上清江浦，同舟四人：李仲牧、彭少湘、李石贞、周游击润中也。扬州于汉为淮南国，又为吴国。五代杨氏都之，控引淮海，擅鱼盐之利，迤东兴化、东台一带，尤称沃壤。发三次家书。

十三日（2月25日） 早起，与仲牧入广陵城，劫火之馀，破瓦颓垣满目，才非鲍明远，辄欲赋芜城也。午刻，发扬州，所经即中渎水也，亦曰邗沟，今为运道，沿岸瓦砾堆积，间有墙屋，亦因陋而成者，然求之昔日，则舞榭歌台，销金之窟矣。如是五十里，达邵伯镇，才见完好。邵伯镇以谢安镇广陵，民思其德比于召伯得名。俗于是夕相率送年，鱼龙曼衍，金鼓震越，而中庭蜡火、小艇灯光，尤与皓月澄波掩映生色也。

十四日（2月26日） 七十里泊高邮州，一名盂城，地形中高，如覆盂也。登望云门城楼一览，街巷自南而西，连缀无间，东北隅则豆棚菜圃，间以稻田，无异乡曲。

十五日（2月27日） 水落泥泞，整日仅行三十五里，泊马棚湾。自邵伯镇以北，两岸多积水，王贞简所谓“三十六陂烟雨春”也。运河经其间，辅以长堤，时或淤浅，然循堤纵目，具云梦之观。夜，仲牧以《元夕》诗索和，原韵答之：“小泊高邮地，堤回野市遥。团栾千里月，灯火上元宵。浊酒忘行役，新诗慰寂寥。京华何处是？相对蜡烟销。”

十六日(2月28日) 大风,夜雨。阻浅马棚湾。刘西樵来舟午饭,既毕,与仲牧过白小友、邓雨人、麻仲纯三孝廉舟次。夜,依韵答仲牧《感怀》一律:“客路阻高邮,连宵此系舟。漕渠迟放闸,春雨暗添流。老树馀兵火,孤村倚戍楼。不须悲永夜,明发角城陬。”

十七日(3月1日) 午后大风。巳刻放闸,才四十里,以风力太劲,泊七里闸。

十八日(3月2日) 四十里宝应县,本汉安宜县,唐上元中以获定国宝于此,改名宝应。三十里经河泊。

十九日(3月3日) 五十里淮安府,淮阴侯故里也。望漂母祠遗址,欷歔久之。四十里清河县,县创于宋咸淳间,一名角城,扼徐、扬、兖之冲,当黄、淮、泗之会,运道所经,漕督之治在焉。近年黄河北徙,水患少息,要为重镇,城西二里有公路浦,袁术东奔所经,近或称袁江城,北渡运河,即清江浦矣,十二圩至此,计程四百廿五里。

二十日(3月4日) 晨小雪,午晴。先日,同人向清江浦之大有车店雇定车辆,是日就宿店中,骡马粪秽,仆御叫呶,生为南人,颇不相习。然芦帘漏月,土炕藏烟,麦饭尘羹,出之瓦缶,北人质朴,别有风味也。

二十一日(3月5日) 巳刻,与少湘、仲牧、石贞、润中自清江浦开车涉老黄河、盐河而北,凡八十里,宿重兴集。初学登车,颇形局促。冰解雪融,轨途坎陷,尤极颠簸之苦。

二十二日(3月6日) 五十里尖仰化集,北人谓中途授食曰尖,不知何义。五十里宿中河集,亦呼顺河集,与润中西渡运河,观宿迁县城市。县本春秋钟吾子之国,秦下相县,汉厹犹县,东晋义熙中立宿豫县,唐宝应初,避代宗讳,改豫为迁,是楚项羽之故里也。相传县西有项羽井,今并堙废。夜,录车上口占一绝:“行过淮扬六百里,南来十日已无山。黄茅老屋知多少,都在疏林夕照间。”

二十三日(3月7日) 天色沉阴,大风。六十里尖峒峿驿。才见山陵，然龟伏蛇偃，无甚高者。六十里宿红花埠，山东江南交界处，南人自此远矣。“还顾望旧乡，长路漫浩浩”，诵之黯然。

二十四日(3 月 8 日) 微阴。维时四更，余辈正烂漫睡，乃舆人贪兼程之利，强促上车，晓寒栗烈，重裘莫御也。五十里郯城县，郯子故国也。城内有孔子问官祠，城北十里有倾盖桥，孔子遇程子处，后人亭其碣于傍，今亭圮。道中纪以一律：“破晓事行役，驱车邹鲁坰。尘经宿雨润，树列远山青。日隐问官寺，云开倾盖亭。朅来更回首，景仰重先型。”六十里尖李家庄，随涉沂水，四十里宿沂州府城南，将至道傍，有二疏故里石碑，二疏于汉无赫赫之功，徒以解组散金见称于世，毋亦贪位禄、私货财者众欤？

二十五日(3 月 9 日) 风雪，晚霁。沂州，春秋齐、鲁二国境，于古为琅琊郡，东海灵奥，代钟伟人。开车甚早，不获入城一览。三十里涉祊河，二十里伴城，南来入山之始，大磐小礅，填委轨道，车轮雷动，倍极震撼，舆夫不戒，车复触石而偾险矣。五十里尖青驼寺，先此涉东汶河，四十五里垛庄宿，地当大山之下，遥望峰顶，积雪晶耀入云。

二十六日(3 月 10 日) 大风。山路崎岖，车行不易，偶与仲牧、石贞策蹇驴逆风走乱石间，饥甚，向村人索鸡卵、馒头啖之，甘。四十五里公家城尖，十五里蒙阴县，南有蒙山，山下颛臾故壤也，因赋一律：“山国一城固，颛臾此旧封。湿云连海岱，晴雪豁龟蒙。树老春犹秃，沙沉水暗通。可怜兵燹后，茅屋自西东。”四十里敖阳宿。

二十七日(3 月 11 日) 车夫锐意破站，亥子之交，即笼灯就道，睡眼模糊，残梦断续，车声辘辘，只搅我心。约略二十里，鸡犬鸣吠，戍鼓有声，卷帘探问，方过新泰县也。六十里尖羊流店，晋羊叔子故里，有祠甚伟。自捻匪入济汶之境，沿路民房毁坏，此较完好。六十里崔家庄，地当徂来、新甫之间，民淳土沃，想见当年也。四十里泰安府附郭县，亦曰泰安，春秋齐博邑，唐曰乾封，宋曰奉符城，倚泰山为之。投宿过晚，莫遂仰瞻。

二十八日(3月12日)　五更上车，循泰山西麓仰望，峰峦峭折，气象端严，树郁云蒸，飞翠齐鲁。昔人谓泰山犹龙，信然。五十里垫台尖，沿路顽石磊砢，棋布山谷，皓皓凿凿，疑虎疑羊，而居民阶庭墙壁之属，亦无非取办于石者，车行轇轲，比之伴城尤甚。五十里张夏宿，曩闻北来诸君，中途旅店常常有女童子，抱琵琶沿门献技，至是见之，偶掷缠头锦，即呼群而去，其贫苦为可慨矣。

二十九日(3月13日)　大风。三十五里潘村，山路才尽，十五里尖杜家庙。十五里渡大清河，今之黄河也。大清河出东平州东六十里之戴村坝，挟济汶二水，东北流至利津县之牡砺嘴入海。自咸丰六年，河决铜瓦厢，于是大清河故道，全为黄河所夺矣。河之北岸为齐河县治，《水经注》:"《春秋》襄公十九年，诸侯盟于祝柯。《左传》所谓督阳者也。汉兴，改之曰阿矣。"即此。二十五里晏城宿，碑志古晏子城，殆封地欤?

三十日(3月14日)　风。渡河而北，麦陇弥望，远树如荠，每大风起，野马狂飞，蔽空隐曜，车中尘可掬也。四十五里尖禹城县，古祝国，武王既下车以封帝尧之后者也，后为齐祝柯地。七十里平原县宿，平原君封地也，夫平原以相士千百自诩，座有毛生而不之识。及观信陵君从博徒卖浆者游，又非笑之，是平原君特豪富征逐之流耳。以言相士，远不逮信陵，何买丝绣像者，乃为是过情之倾倒耶!

二月初一日(3月15日)　日昨于禹城南境过徒骇河，《禹贡》九河之一。是日，五十里尖黄河涯，即马颊河，亦九河之一也，或呼王莽枯河，《寰宇记》"王莽河"者。汉世所行之河，以其至王莽时枯，故名。二河虽稍堙塞，然入海之故道自在，今大清河夺于黄水，河身迫狭，势将不容，任水利者果预浚二河以分黄流，亦神禹之遗意也。三十里德州，古有鬲氏之国，城西北渡运河。二十五里留智庙宿，地当燕齐之交，南为山东德州，北为直隶景州，自兹而北多盗，戒夜行。灯下补录《车中杂咏》三首:"'偶从泽国来山国，半为危途忆坦途。行过泰安五百里，夕阳依旧下平芜。''狂涛乱滚黄河水，危石横撑泰岱山。连日舟车都险绝，晏城樽酒一开颜。’‘揽辔遥临古祝柯，黄河今又汇齐河。《水经》再续名儒注，为道沧桑变易多。’”又《宿留智庙》一首：“薄暮炊烟起，长途倦马蹄。州城连德景，界限划燕齐。月冷村边堡，霜封屋顶泥。戒心前路重，愁听五更鸡。”

初二日(3月16日) 三十五里景州，古蓨县地，“蓨”与“条”通，《史记》亚夫封条侯即此。先州治数里，道右峙二碑，一志汉董仲舒下帷处，一志唐贾阆仙故居。二十里香河屯，细柳营址也。十里尖漫河镇。二十里阜城县，过老漳河而东北。四十五里宿富庄驿，龙芰笙世叔(溥霖)、刘羽皋孝廉(高翱)及同年许荫南(树棠)、向松涛(源纶)、张少卿(家俊)来会，为置酒，招歌女数辈，乐之。

初三日(3月17日) 开车甚早，晓雾迷茫中，闻鞭声虚响，叱驭甚厉，相惊以为盗至也。三十里单家桥，过滹沱河支津。十二里献县，汉乐城县，东汉河间国地，隋乐寿县，金改献州。十里减家桥，过滹沱正派。十八里尖商家林。廿五里瀛海，一名瀛洲，东去河间府数里，水草潆洄，广可数百亩，殆猪龙河别派所潴者，相传秦皇遣童男女下海求仙，及唐十八学士登临，并在此处，然河间去海将三百里，区区一隅，非有胜概，可快观览，固未之信也。渡而北，二十五里宿二十里铺。

初四日(3月18日) 三十里石门子路宿处。二十里任邱县，汉鄚县地，平帝使中郎将任邱城，此因名。高齐时始分鄚地，别立此县，淮海南来，经郡县十馀，大兵之后，因以凶年，所在尽残缺。过任邱，居民落落，阒如乡僻，鸠形鹄面，复不忍卒睹，重为慨之。四十里鄚州，汉鄚县，《正字通》：“唐开元十三年命集贤学士改，古文以‘鄚’类‘郑’，去‘阝’傍作‘莫’”。今废其地。盖名医扁鹊故里也，或以为王嫱故里，不知明妃楚产，杜甫诗可证，奈何更附会之耶？北去十七里西淀，是白沟、清苑、猪龙、沙滋诸水之所汇也，水东注天津，澄波镜停，洲渚潆带，中亘长堤，联以十二桥。是时堤决，非舟不达。顾陆行以来，风尘仆仆，素衣为缁，对此顽襟亦少快已。既渡，尖赵北口，十三里雄县，二十里黄家台宿。

初五日（3月19日）　夜雨。黄家台店陋人稀，投宿其间，不能无戒心也。旅话至夜深，假寐达旦，促行四十里，公井营尖，六十里宿固安县，汉方城县。

初六日（3月20日）　晨雨，大风。五里永定河，旧名桑干河，《水经注》所称“漯水出于累头山，一曰治水”即此。漯，《魏书》作“灅”，或又讹作“湿”，并非其水。自元明以来，迁徙不一，康熙三十七年重复浚治，始易今名。是时，风劲流急，操舟者不能自主，徘徊半日，欲渡不果，仍返固安县宿。先是雄县之南有大道二，西迳涿州良乡，东迳固安，固安入京较近，舆夫利之，早知渡河之艰，不狗舆夫言矣。

初七日（3月21日）　大风。再至永定河，仍不能渡，询知沿河南岸有迳达良乡，督舆夫趁之，行十八里，尖长安村，路僻，饭无米，分饼以食。五十二里至良乡县宿，燕之中都地。

初八日（3月22日）　二十五里尖长新店。五里芦沟桥，漯水经之，桥制极伟，傍有官衙，税行李，但不及公车，自此石路修整，可方轨驰。三十里抵都，入彰义门，侨长郡会馆，清江浦至此，凡一千九百二十里。

初九日（3月23日）　午后阴。李仲牧、彭少湘别居他处，龙芰笙世叔、冯韵笙主政（植仁）先后来会，凡公车入都，例有同乡官出覆试印结，因向韵笙索之。

初十日（3月24日）　同人观剧文昌阁，歌倾白雪，舞并霓裳，视听所娱，久而忘倦，无怪北游诸君子称道不置也。

十一日（3月25日）　阴，夜雪。晤同寓郑少侨、罗仙樵、刘理臣、刘西樵暨张毅斋（鼎龢）、郑棣和（业锦）同年。

十二日（3月26日）　谒乡试座师陆公凤石于大耳胡同，胡同犹巷也。午刻，刘西樵招饮，同席张少卿、王芸阶孝廉（介祺）、黄季度拔萃（道藩）。发四次家书。

十五日(3 月 29 日) 辰刻,覆试礼闱。越三日,案发,列名二等。

十七日(3 月 31 日) 是日,与刘西樵另谋炊爨,备置厨下器,饮食较便。

十八日(4 月 1 日) 大风。

十九日(4 月 2 日) 家柚东从祖以先日至,自新堤来寓早饭,并致家书。

二十三日(4 月 6 日) 同罗仙樵、易曼农(昺奎)、吴鼎元参将、萧兰亭守备观妓石头胡同,旋酌陕西巷之绚春堂,主人俪云江氏,都下名优也,其同伴蔼云、茗仙、联凤亦娟好善讴,一曲霓裳度,小伶当为京国首屈一指。

二十四日(4 月 7 日) 雨。

二十五日(4 月 8 日) 阴。发五次家书。

二十六日(4 月 9 日) 谒温味秋夫子于孙公园,夫子山西太谷人,同治戊辰,视学湘中,录余秀才者也,时官洗马,眷接久之,过家柚公寓,订约入场。

二十七日(4 月 10 日) 凡乡试座师入都,例率门人备贽带见其太夫子。是日,偕诸同年以小门生礼谒见大司徒万公藕舲(青藜)、大司空李公兰孙(鸿藻)、少司徒潘公伯寅(祖荫)、侍御胡公小蘧(家玉)、学士高公抟九(万鹏),诸太夫子泛泛一接,略不相关也。

三十日(4 月 13 日) 未刻,易曼农、何子循(炳忠)、陈慎轩(以敬)、马春湖(显庸)会饮维新堂,主人连桂,盖子循所嬖者,他如朵仙、霞芬、倩侬,并梨园翘楚,一部解语花,杯到辄尽,断袖之风,有自来矣。

三月初一日(4 月 14 日) 夜雨,旋止。

初二日(4 月 15 日) 夜风。

初三日(4 月 16 日) 大风。都俗以三月朔迄上巳日,于哈达门外之王母庙为蟠桃会,踏青之暇,招同人迂道往观,千车雷动,百戏云幻，珠填翠委之间，更多旗下妇女，不尽为礼佛来也。夜，陈定九姻丈（铭鼎）、刘灿文太守（青照）先后过访。

初四日(4 月 17 日) 与郭健甫（虎宣）过长沙馆，邀同常石林（牧）、谭寿田（传洛）、萧潄篔（荣爵）饮同兴居，北地食品以鸭为最，焊而炙之，佐以葱酱，裹以薄饼，味在燔豚炰羔之间。酒阑，过玉卿校书，小坐移晷。

初七日(4 月 20 日) 试期密迩，向午，挈场具入内城，就食家柚公处。

初八日(4 月 21 日) 巳刻，入场。

初十日(4 月 23 日) 午刻，雨，旋霁。申刻，出场。

十一日(4 月 24 日) 巳刻，入场。

十二日(4 月 25 日) 阴，午后雨。

十三日(4 月 26 日) 雨。午刻，出场。

十四日(4 月 27 日) 巳刻，入场，晤邻号魏福坪同年（成基）。

十六日(4 月 29 日) 阴。卯刻，出场，至李仲牧寓，索观场中文，其居停黄赓笙司马留酌，同席旷凤冈（超一）、柯伯香（亭）、黄麓笙（膺）、陶菊溪（煜南）、郭健甫。

十七日(4 月 30 日) 大风。自柚公处返长郡会馆，值李仲牧、郭健甫为黄赓笙司马致饯招饮。酒阑，与仲牧至元通观访魏同年元仲（观澜），并晤魏子莼世叔（传禧）、郭子田祠部（庆治），更留小酌，茗艼而归。

十八日(5 月 1 日) 左季皋爵相自新疆军次，寄赠同乡公车，银各四两有奇。

十九日(5 月 2 日) 与陈笛舫往谒潘任卿夫子于米市胡同，兼拜龙太史滋生世叔（湛霖）、陆明经恒斋同年（承宗）。酉刻，黄杭荪选部（溁之）招饮维新堂，因约同人至国兴堂，更酌以归，夜将达旦。

二十日(5 月 3 日) 夜小雨。与周晓渔（兆篔）观剧庆和园。发六次家书。

二十二日(5月5日) 与张毂斋出谒大司寇桑百侪(春荣)太夫子。

二十三日(5月6日) 早起,与周樾覃至潘峄琴世叔(衍桐)处,祝其太夫人七秩寿。世叔,任卿夫子之弟也,时官翰林。

二十四日(5月7日) 阴,夜小雨。善化邹同年子律(寿昆)抵都之四日,以出痘殁。是日,同人临诸客馆,旅殡萧条,感怆无尽。

二十五日(5月8日) 雨,夜止。

二十七日(5月10日) 雨。凡公车入都,集同年备酒食,延座师曰团拜,初次榜首,醵金为之,以后则同年中官京师者任其事。是日,至湖广会馆行团拜礼会者,凡五十馀人。

二十九日(5月12日) 雨,午霁。酉刻,与罗仙樵过九如堂小酌,四更始归,是时大雨,连日积潦在涂,车轮几没。

四月初一日(5月13日) 午刻,微雨,晚霁。长沙郡属诸同年以是日来郡馆题名,礼毕,张宴萃星堂。

初四日(5月16日) 阴雨,夜大雨。

初五日(5月17日) 早霁。潘任卿、陆凤石两夫子命酌安徽会馆,同年咸在。

初六日(5月18日) 辰刻,诣长沙邑馆题名。申刻,同邑乡先达之官京师者招饮湖广会馆,曰接场,亦故事也,邑属公车会者,凡五十馀人。

初八日(5月20日) 阴。卯刻,诣长吴会馆,为陆凤石夫子之太夫子、太夫人祝六秩寿,留酌甚盛。

初九日(5月21日) 夜雷。初公车团拜,曾延同年之亲族会饮,至是龙滋生世叔、彭稷初世叔(树森)、刘考轩太守(思询)为团拜故,设席庆福堂酬之,而同年至者不过数人,于主人翁雅意,不无负负也。

初十日(5月22日) 小雨,旋霁。

十一日(5月23日) 日暮,至琉璃厂听红录,是时闱中方写会试榜，胥吏侦知，辄以红录传报，不待放榜，得失晓然矣。

十二日(5月24日)　辰刻榜发，不第。

十四日(5月26日)　晤陈韫原太史(理泰)，韫原本科会试与房差者，言闱中阅卷事甚晰。酉刻，周茀生(岳昆)过访。

十五日(5月27日)　贺易曼农暨周芸生、冯莘垞(锡仁)、陈子湘(熙昱)诸同年举进士。归过荷包巷，巷狭而店小，市人以布幕隔蔽天日，冥冥无尘，珠玉锦绣之属，迷离动目。

十六日(5月28日)　与张縠斋约期出都，嘱为雇定去通州车辆。

十七日(5月29日)　申刻雨，旋止。薄暮，过玉卿校书，晤魏润生同年(纪璠)于座，润生本楚人而托甘肃籍者，性磊落如旧识，谈次，因治酒饯别。久之，适张少卿约去宝泉堂别所狎兰卿录事，妇人醇酒，更迭而前，自非英雄，而有信陵之慨矣。

十八日(5月30日)　巳刻，与张縠斋、鲁云拔登车出东便门，道郁林秀麦之间，左右长安诸贵人冢，萧萧古松柏，夏日犹寒。四十里通州宿。通州，古潞子国州城，相传为秦蒙田旧址，周九里十三步，汉分立潞县，唐立元州，金改通州，取漕运通济之义，本朝天庾之供，悉储于此，为京师根本地，玉河注其北，潞水经其东，潞水二源，东北源曰潮河，即《水经》鲍邱水，出古北口外，北曰白河，出独石口外，《水经》谓之沽河矣，二水既入边，至密云县城南合流，又南经州城东，始有潞水之目，汉光武遣吴汉、耿弇等破铜马五幡于潞东，谓是水也；玉河出玉泉山，东流贯都城，又东至州城，北入于潞，即元运河也，亦曰通惠河，今其流浅水涨，得小舟逾闸，亦可达东便门。

十九日(5月31日)　是时，落第南归者，十九出通州，船为之贵，终日不果雇，踯躅河干，见负米入城者，群裸而趋，而妇女方拥篲扫道遗米麦，杂沓其间，略无顾忌，可怪也。

二十日(6月1日)　酉刻大风，縠斋从州刺史高星槎乞差雇跨子船，下天津。辰刻解缆，九十里泊漷县码头，时已初更。

二十一日(6月2日)　大风。风起尘合，天气蒸溽异常，赤体蓬窗，犹苦烦渴。凡百里，泊河西务，縠斋、云拔以余生日，欲市鸡豚佐饮，不可得也。

二十二日(6月3日)　水流风利，凡百四十里，泊北仓。是时粮艘衔尾，至入渭乱河，犹然见成赋中邦之盛。

二十三日(6月4日)　北风，微寒。三十里抵天津府，侨河北大街之万恒店。天津亦曰津门，汉渔阳、渤海二郡地，明永乐初设天津左右三卫，国朝为府治，东滨渤海，西北汇梁河、鲍邱、桑干、滹沱、漳易、恒卫诸水，南北运河于焉枢纽，夷汉杂糅，海舶漕船，鳞萃而蚁附，瑰奇纂组之属，填委市廛，近年通商外洋，埠头益拓，每春仲冰开，督臣移节驻之，屹然为幽燕之门户，蓟辽之辅车。

二十四日(6月5日)　侯家垕，津门之烟花薮也。戌刻，与縠斋、云拔往游，过国顺堂，晤宝香、蓉魁诸伶，茗话久之。发七次家书。

二十五日(6月6日)　观剧庆芳园，于时小伶争入座问讯，识者固春莺好语，未识者亦飞鸟依人，盖优孟衣冠，以津沽为下乘，无复都门中夜[①]郎自大也。

二十六日(6月7日)　阴。

二十七日(6月8日)　傍晚，手灯过侯家垕，晤来凤、小香两校书，来凤，縠斋所狎，余雅意小香，津门之杨柳青人也，年十五不足，“梅花娇小杏花憨”，想见丰致。

二十九日(6月10日)　雨。天津女巫自称顶神，能看香头治人疾病，津人称之曰“姑娘子”，至病者家，即炷香于垆，喃喃作呓语，俄而谓所顶之神下降，诡立名号，大抵妇人居多。松胶投漆，磁石引针，故无知女子尤易蛊惑。又津门少年群恃拳勇，为人鸣不平，名曰“混混”，然混混所至，辄生事，人多避之，二者皆恶习也。

五月初一日(6月11日)　出拜黎廉访(兆棠)、马太守(绳武)、

---

① 原作“衣”，据文义改。

黄策生明府(仁普)。

初二日(6 月 12 日) 黄丈在渭见访。

初四日(6 月 14 日) 李福朝守备来,即与出谒湘乡相国曾文正公祠,方文正督直隶,其时洋人教堂以谋毙幼孩事,津之人群与为难,中外势汹汹欲变,公夷然镇之,事解自引咎,有“内愧神明,外惭清议”之语,然公于此事,实有不得行其志者,畴其谅之。

初五日(6 月 15 日) 晴雨无定,夜大雨。文正祠左曰吴楚公所,阁复檐飞,亭台上举,四望河水萦带,村树迷离,烟市云帆,尽供几席。同人游憩移时,迂道看龙舟以归,适李福朝偕刘锦堂千总来约观闹子班,不果,乃至秀莹录事处,分角黍,治雄黄酒,薄醉,斗牌达旦。闹子班,妓而优者也,把袂踏歌,其音靡靡,较吾乡采茶之戏,尤坏俗,“闹”一作“嫪”,或曰“耗”也,耗人之事莫如此矣。

初六日(6 月 16 日) 郑同年棣和之仆来自小站,约余及縠斋往会。

初七日(6 月 17 日) 午后,大风雨,旋止。别鲁云拔与縠斋,雇车赴棣和之约。三十五里尖北塘口,三十五里小站,喜晤棣和暨同寓李小坪孝廉(岱祺)。是日中途极热,过午狂风促起,尘土蔽天,急雨殷雷移时,而暑退寒生,车逆风行平畴旷野间,顿欲衣绵,炎凉之态,如是如是。

初八日(6 月 18 日) 与棣和往拜周薪如(盛传)、张云皋(海龙)、唐元甫(仁廉)、周吉臣(光贵)、孙子扬(显寅)诸军门,途次见壁垒星罗,田畴棋布,阡陌沟渠,仿佛井田遗意,盖其地当兵燹之馀,野阔人稀,湮为旷土,各大帅营戍其间,乃分地开垦,以佐军食,惜土皆斥卤,田属新畬,一时难尽其利,使留心军国者实力为之,数年以后,金城渭滨之绩可继也。晤同寓吕南陔同年(文暹)。

初九日(6 月 19 日) 张云皋军门,縠斋从祖行也,谂余辈远至,专弁来迎,遂与縠斋、棣和移寓所统盛字前军左营,晤张丈仲甫暨幕友殳鹤汀、周镜泉。

初十日(6月20日) 风,夜大风。

十一日(6月21日) 风,申刻大雨。为殳鹤汀贰尹题《美人画轴》一绝:"薄罗衫子淡纱裙,翠鬓修眉并入神。别有芳情描不得,卷中诗句意中人。"

十三日(6月23日) 午后风。张家庄距左营十二里,云公屯田所也,仿南方水田之制,引流种稻,是时方分秧,招余辈往观卒伍行列,农歌四起,刀剑而耰锄,得寓兵于农之意。治酒乐之,席间询以曩时军事,公言从戎二十馀年,大小百十战,受创甚夥,今脑间及两胫所伤治愈未出之,鸟铳丸抚之犹在,又言为将不在勇力,而在调遣,不在铺张,而在镇静,知立功建业非偶然也。

十四日(6月24日) 阴,夜大风,微雨。观云公演洋枪,得纳丸施放诸法,枪凡十三响,伤人及千百步外,西洋火器之利,无过此者。发八次家书。

十五日(6月25日) 阴晴不定。

十六日(6月26日) 夜风。与棣和往大沽拜罗军门耀廷(荣光)、史军门光溥(济源),不遇,宿东沽旅店,距小站五十馀里矣。大沽为天津诸水入海处,向坎,曰北塘口,蓟州诸水入海处,畿辅以东,此为要害,通商后,增兵列戍,所费不赀,然自大沽溯流至天津,百二十里间,河身屈曲,在在天险,海舶无由施驰逞之技,王公守国自有权已。日晡,海潮大至,寒气顿添,帆樯乘潮势上溯,捷于顺流。

十七日(6月27日) 风。萧丈霍山过谈及津沽取盐之法,畦地为田沟,其傍引水,令满澄复决去,如前引决者再,乃竭而暴之,得盐盈寸,又云盐田,俗呼盐滩,有桂花滩产盐最良,充贡盐,蕊分数小瓣,如桂花开时,鲜妍可玩也。

十八日(6月28日) 日出,罗耀廷军门来拜,并招饮。亭午赴之,军门导游炮台,出千里镜望海,水气空濛,远与天合,巨舰往来,倏欻若鹜,初得尽水国之大观焉。军门指大沽海口,近年淤出沙滩,广数十里,长倍之,轮船阻此,出入必候潮,适当炮台之下,无险而有险,可知天意。席终归寓，萧丈霍山来别。

十九日(6月29日) 与棣和返云公营次。

三十日(7月10日) 得《津沽杂咏》四章："'迢递津门道，船桥此卧波。日临东国早，风近北溟多。深巷迷车马，高楼厌笑歌。谁言好罗绮，安乐便成窝。''野人居海澨，鱼盐寄生涯。土炕烟痕直，芦帘日影斜。寒敲冰作食，淡蓄水煎茶。高髻谁家女，新簪剪彩花。''大沽昔巨浸，沧海今原田。户尽鱼盐业，帆分夷汉船。衣袽关至计，舟楫仗时贤。云水弥东望，临风思渺然。''云垂四野阔，树拥一村遥。壁垒年年戍，沟渠夜夜潮。督耕馀斥卤，罢战尚征徭。愿以授田法，分酬若辈劳。'"

六月初一日(7月11日) 拟东坡《虚飘飘》三章："'虚飘飘，天香披月殿，人迹认霜桥。雪缀花千树，烟拖缕万条。春灯走马摇红烛，画纸飞鸢入绛霄。虚飘飘，比浮名利犹坚牢。''虚飘飘，白云离远岫，翠浪叠浮桥。蜃气初成市，蛛丝乍有条。天公戏玉下苍海，神女散花飞碧霄。虚飘飘，比人身世犹坚牢。''虚飘飘，月明如积水，虹起偶成桥。泡幻楼头影，冰悬屋角条。石敲燔火耀双眼，电闪精光明九霄。虚飘飘，比时富贵犹坚牢。'"

十三日(7月23日) 得《杂诗》数章："'潴潴桑干水，峨峨芦沟桥。官衙税行李，关吏肆叫嚣。一朝达天听，恩诏除苛条。去去复何苦，皇路鸣鸾镳。''我读《溱洧》诗，我观蟠桃会。由来上巳辰，埃壒纷冠盖。士女惑浮屠，竞下空王拜。那知搔首馀，日缓相思带。''狡童肆谐媚，出入王侯间。璇室佐谭麈，琼筵开笑颜。夜阑银漏尽，巷曲锦车还。几辈清流客，囊金且破悭。''城狐不可诛，何不塞其窟。社鼠不可攻，何不熏其穴。丑夷本豺狼，流毒逾蝮蝎。慷慨怀终军，身微时卷舌。''蛏虫出海曲，大者曰美人。穴处若蜃蛤，采之齐八珍。儿童踔泥淖，屈诘垂钩纶。物产良不易，愿言羞嘉宾。'"

二十九日(8月8日) 先日立秋，补录一律："桐叶一朝陨，乡心几度惊。云开燕塞远，寒重海潮生。明月谁家思，秋风旅客情。空阶有蟋蟀，故故向人鸣。”

七月初一日(8月9日) 与郑棣和、殳鹤汀诸君观剧。葛沽，天津属境，滨水地以沽名者，凡七十有二，如大沽、丁字沽、咸水沽之类。葛沽，其一也。沿河杨柳参差，市门错落。亭午纳凉海贾刘桂云处，刘以海舶为业，言洋艅未通内地，津之人倚舟楫转贩闽粤，多致富，近利夺于轮船，帆樯委弃，默视就敝无过问者。呜呼！可以观世变已。剧终，留宿陈祝三都司处。

初二日(8月10日) 辰刻大雨，旋霁。早起，返自葛沽。

初七日(8月15日) 辰刻，别张云皋军门，暨縠斋、鹤汀诸君再往天津府，二鼓始达。初偕縠斋出都，将即南旋，讵来辘轲中途，旅费殆尽，集赀营次，忽忽两月。客居既久，归思如焚，至是与棣和同年定计归里，勉强作别，难为情也。

十二日(8月20日) 候舟天津数日，及是日晡，乃与棣和至紫竹林上保大轮船。紫竹林，洋人泊船埠头也。距府城三里，树郁成行，途平若砥，街市棋布，楼阁干云。斜日晚风时驱马一过，殆亦佳境。

十三日(8月21日) 巳刻，大雨逾时。巳刻开轮，至大沽口，阻浅候潮，移时，始出洋面。其夜浪静风和，天空月朗，与满洲将军世荫继勇侯(希元)赞臣倚栏望海。垂四鼓，就睡。

十四日(8月22日) 大风。风起水涌，海天暝合，舟中人不胜颠簸，多呕吐者。酉刻，停轮燕台，殆即《史记》所称之罘山也。群山约水潭而不流，为海舶候风之地，北对旅顺口，海面相距不过二百里，外洋入辽海，推此为门户，东瀛锁钥无以过之。夜，与韩进贤千总(春高)叙谈达旦，以待日出。

十五日(8月23日) 绝晓观日出，海气溟濛中，斗大金球赫然上跃。云烂霞辉，照耀波际，巨观也。密迩嵎夷，想见寅宾之典矣。随棹小舟，上岸一览，海物于市惟错，而介鳞之属，至有终老海曲尚不知名者。酉刻，复开轮而东。是时水犹澄碧，间见岛屿，询之同人云：

今夕入黑水洋，则水色青青，渺无垠堮也。

十六日(8月24日) 舟行黑水洋面，海阔天空，四顾无极，神情与之俱壮，块垒为之顿消，凭虚御风，超然作世外想。曩闻杭海诸人，无不惮黑水洋风涛之险。时余过此已一昼夜，波澄风定，如履康庄；夜月清圆，尤逞怀抱。幸矣哉！纪以二律："'火轮贪利涉，晓夜泛沧溟。险已重洋失，波还万里平。气蒸云窈黑，寒觉日森清。浩杳知何极，虚飘悟此生。''浩气凌沧海，茫茫水拍天。辨方凭日月，作岸只云烟。墨浪花争簇，青霄笠共圆。三山如可接，飞渡约群仙。'"

十七日(8月25日) 比晓，出黑水洋，入黄水洋。连日水色或绿如鸭、黑如鸦，或黄如嫩鹅，地易色殊，特新眼界。日昃，入吴淞口。黄浦、吴淞江二水合流入海处也。溯黄浦数十里，抵上海县，侨升泰栈。

十八日(8月26日) 黄浦亦曰春申浦，相传春申君黄歇所凿，上海县东侧浦水城外西北一带，通商而后为泰西各国租地。楼房绮合，车骑云飞，夷贾海商，斗华竞靡，昼则山川图画，夜则灯火元宵，秦淮水榭之观，咸阳阿房之建，不能过也。酉刻，郑仲泉茂才(业源)约去中桂园观剧，稠人广坐中，裙屐少年多携[①]妓来会者，一曲霓裳认雷黄之弟子，半江花月号张孔为才人，湖想莫愁，城开不夜。

十九日(8月27日) 往拜赞臣将军、李勉林(兴锐)、李石渠(宝森)两观察。发九次家书。

二十日(8月28日) 向晚，郑仲泉、厚馀昆仲导往中桂园观剧，晤谢秀才澍泉(寿昌)于座。

二十一日(8月29日) 与棣和招同郑仲泉小酌益庆楼，既酣，闻沪上女伶有说书之戏，随往听之。说书，即弹词之变也。琵琶搽月，不春而莺燕含娇；环佩摇风，非草而芝兰撷秀。青楼花样如此翻新，无惑销金之窟独推海上也。

---

① 原作"扶"，据文义改。

二十二日(8月30日) 戌刻,郑厚馀约往观妓。申江十万户,妓居三四,招摇过市,白昼无忌。桑中洧外,未足比数也。综其名目,曰说书,曰长三,曰么二,曰野鸡,曰花烟馆,曰西洋娼,曰咸水妹,曰日本妓。

二十三日(8月31日) 日脚已西,雇东洋小车出游街市,车产于日本,以一人挽之行,双轮辘辘,捷及奔马。

二十四日(9月1日) 秦子质孝廉(炳直)自浙江来会。未刻,与棣和附洞庭轮船前往汉口,郑厚馀送别舟次。日斜潮上,北风甚寒。

二十五日(9月2日) 子刻开轮,回首上洋灯火,如星没汉出。吴淞口西折溯长江,历狼山、福山等处,南望江阴,城郭倚流,为控守要地。夜半,停轮镇江,三国吴曰京口镇,孙权尝镇此,筑城号铁瓮;刘宋为南徐州治,梁兰陵郡,隋开皇置润州,唐丹阳郡,宋政和三年始称镇江府,徽宗潜邸也。附郭县曰丹徒,春秋吴朱方邑,亦曰谷阳,秦以其地有天子气,使赭衣徒三千凿京岘山,因名。垒山池江,称东南襟要。

二十六日(9月3日) 辰刻雨,夜风。润州漕渠内灌京江,外潆群山,离奇秀拔,曰京岘,曰北固,曰金,曰焦,曰蒜。送青浮翠,与扬子江波涛吞吐,吴琚题此为“天下第一江山”。李白诗“丹阳北固是吴关,画出楼台云水间”,信江南绝致也。午刻开轮,傍晚过金陵。

二十七日(9月4日) 雨。是日,经芜湖、大通、安庆等处。

二十八日(9月5日) 巳刻,雨止。是日,经彭泽、九江、武穴等处。

二十九日(9月6日) 辰刻,抵汉口。自上洋至此,计水程二千二百四十里。侨郭家巷之悦来栈,往候汤湘湄,不遇。

八月初一日(9月7日) 与棣和渡江至武昌府署,谒方菊人年伯(大湜)。旋登黄鹤楼,楼践山城为之,规制与岳阳楼仿佛,凭栏纵目,尽江山之大观,茗话久之。而秦子质自上洋来会,更西渡江,上晴川阁，当翼际山之麓，与黄鹤楼隔水相望，“晴川历历汉阳树，芳草萋萋鹦鹉洲”之句，亦可为斯阁写照也。去，之秦子质舟次，午餐而返。

初二日(9月8日)　渡江入武昌城，喜晤谢煦廷同年(锡庆)，再上黄鹤楼。历仙枣亭、涌月台诸胜，楼后即官文恭、胡文忠祠堂也。遗像中悬，临风展谒，慨然念粤逆狓猖，鄂垣不守者三次，二公戮力同心，拯糜烂之局，蹙群贼上犯之势，使积年逋寇，卒膺天诛，吏治武功，焜耀史册，二公之庙，食兹土也宜哉。

初三日(9月9日)　郑锦珊来会，过李莓田(普恩)、刘桂珊(信徵)同年处，茗话移晷。

初四日(9月10日)　李莓田来寓午饭。

初五日(9月11日)　过汤湘梅话别。

初六日(9月12日)　早起，与棣和挈行李上小柏船，候风未开。

初七日(9月13日)　候风未开。申刻，棹小舟溯汉水七八里间，桅樯林立，附舟若蚁，以余所见舟楫之多，无过此者。

初八日(9月14日)　阴，午后微雨。午刻开行，日入泊沌口，有赤野湖，西会沔阳、太白十四湖诸水，东北流至此入江，其上流数北受汉，亦南受江，潜波殊派，变动不常也。沌口北有临嶂山，晋陶侃为荆州刺史徙镇处。

初九日(9月15日)　雨，大风。暮泊簰洲。

初十日(9月16日)　阴。泊嘉鱼洲，洲长数十里，东南即嘉鱼县治，汉沙羡县境，晋置沙阳县，梁沙州，隋为鲇渎镇，南唐始如今称。舟中望城郭隐见，树郁山幽，宛从屏障间画出。

十一日(9月17日)　阴晴不定。泊螺山，日犹未落，与棣和茶话江干，并观剧移时。

十二日(9月18日)　守风螺山。午后观剧良久。

十三日(9月19日)　守风螺山。

十四日(9月20日)　泊城陵矶。

十五日(9月21日)　行经岳州，风逆就泊。与棣和登望湖楼茗话。过午，进泊南津港，山水弯环，风浪不惊，为泊舟佳处。夜月甚清，乐之，举杯欲饮，而风雨忽至，天事顾不可测也。

十六日(9月22日) 八月水平，北风甚紧，扬帆渡洞庭而南，黄昏时，行迳靖港已三百里矣。舟人贪风色之利，又数里维舟某处。回首靖港烟树，犹朗然江光月色中也。渡洞庭，得五律一章："八月洞庭满，北风帆乱飞。楚天低雁字，湘涨没渔矶。野阔涛声壮，山遥树色微。客游殊已倦，及此慰南归。"

十七日(9月23日) 薄暮，抵长沙省城。越数日，归里，居二年有五月，再赴公车。

庚辰会试日记卷二

光绪六年(1880)庚辰春

正月十八日(2月27日) 微雨,夜大风。先数日,雇定湖北红船往汉口。辰刻,出驿步门,挈行箧上船。同伴五人:罗仙樵、李淑和、李仲牧、饶凤梧、高景虞。未刻入城,唐鲁英刺史治酒饯别。酉刻,返舟次。

十九日(2月28日) 阴,大风。巳刻,入城访刘仪廷同年(思训),不晤。

二十日(2月29日) 阴,大风。蔡静庵太守(信义)来别,晤邻舟黄丙夫、笠云叔侄暨张元玉同年(广榑)。

二十一日(3月1日) 阴,大风。午刻开船,向风行六十里,泊靖港。夜,与同伴访堂兄萼汀,因更会饮。

二十二日(3月2日) 大风。向风行七十里,泊湘阴县。同人入通津门,游仰高书院。登车家山,憩鉴湖茶室。凭栏看柳色湖光如画,乃会饮莼香阁,尽醉而返。

二十三日(3月3日) 风,午刻阴,北风大起。向风行三十里芦林潭,小泊。七十里琴棋望,北风飕飕有声,舟逆不得进。与仙樵诣酒店狂饮,既醉,假酒店几席,为叶子戏,傍晚始归。是日,中途历营田镇,元伯颜驻师暨明巡抚章旷建水寨处。

二十四日(3月4日) 阴。十里磊石,亦名五木山,又曰青草山,宋岳飞讨杨么结营处。六十里鹿角驿,七十里岳州小泊。晤邻舟陈笛舫、周樾覃、刘理臣诸君，旋别。与仙樵入大西门访赵紫崖参戎（尚琦），不晤。其弟芝房老者坚留小酌，因与登巴邱山观二乔墓，杂树丛其上，与鲁肃墓东西相对，余维子敬之冢姑置不论。二乔，谓大乔、小乔也，一归伯符，一相公瑾，姊妹花分，断无交柯泉壤之理。二乔墓何以称乎？大抵流俗喜攀附旧迹，以为美谈，而不知适形其陋。如明妃美人也，郧州、建平均托留香之里；苏小名妓也，钱唐槜李并夸瘗玉之乡，其可哂如此。久之别芝老，登舟。二十里城陵矶，十里至象骨港泊焉。《山海经》“巴蛇食象，三年而出其骨”，李白诗“修蛇横洞庭，吞象临江岛”，港名以此。是日，渡洞庭，风定波平，有中流自在之乐，惜岳阳楼以客冬倾圮，移址修筑，无从登眺也。

二十五日(3月5日)　帆风行五十里，过鸭阑矶，吴建昌侯孙虑斗鸭处，对岸则螺山也。五十里舣舟新堤，与淑和往候家柚公，不晤。其弟菊生邑曹送别舟次。又四十里石头口，六十里泊嘉鱼峡。

二十六日(3月6日)　阴，微雨。梦寐中听橹声“欸乃”，开行已数十里矣。晚泊东江脑，与同人登岸缓步。是日，约行百四十里。

二十七日(3月7日)　水涨流急。未刻，抵汉口，计程百里。发第一次家书。

二十八日(3月8日)　与淑和探看洋船，晤冯同年莘垞于舟次。寻又与淑和、凤梧茗话得月楼，楼滨大江，规制轩爽，得山水之助。申刻，仙樵偕所识杨芝仙（正仪）观察来会，芝仙因约去其寓小酌，尽醉，乃过衡州妓赵紫凤一谈。

二十九日(3月9日)　戌刻雨，旋止。夜，北风大作。午刻，同人附北京轮船往上海，摒挡既定，会饮得月楼。亥初，发汉口。

三十日(3月10日)　北风大起。是日，历蕲州、九江、彭泽、安庆、大通等处。

二月初一日(3月11日)　寅刻，大雾。历芜湖、南京。申刻，泊镇江，别南来同伴高景虞，与淑和登岸沽百花酒，兼色香味之胜。夜深，倚槛望京江南北，疏灯渔火，乱影寒流，味“两三灯火是瓜州”之句，不历其境，不知其妙也。瓜州在镇江对岸，旧有城，为宋刘琦拒金人处，今已沦圮。

初二日(3月12日) 夜大风。家柚公以炮船至自新堤，闻之，与淑和唤小舟往候，流急舟荡，落水几没顶，遇救得免。吁！入坎出坎，非刘氏而有，更生之目，惊喜何似。既更衣，即随柚公、淑和上北固山，石矶临水，崭崭欲坠，与京岘、金焦诸山竞胜；京口山腰甘露寺，汉昭烈就昏处，绝顶有楼曰石帆楼，右殆孙夫人妆台遗址也，亭以表之。归寻孙刘试剑石，不得。乃邀柚公附轮舟东下，同人咸来问讯，危余之落水，究未尝不羡余之登山也。日晡，发镇江。

初三日(3月13日) 风，夜雨。历狼山、吴淞口，午刻，抵上海。侨法兰西大马路之天元栈，湘阴人刘宝田所导也。夜，与同人雇东洋车，观剧天仙园，还，之棋盘街，晤福乡、彩宝、如意诸录事，如意，金姓，苏州人，年可十六七，丰姿绰约，秀韵天成，望而知为花团领袖。

附汉口至上海水程：汉口(三十里至)青山，(三十)阳逻，(三十)叶家洲，(九十)黄州，(九十)黄石港，(三十)道士袱，(六十)蕲州，(四十)田家镇，(二十)武穴，(三十)龙坪，(九十)九江，(六十)湖口，(九十)彭泽，(四里)小孤山，(二十)马当，(六十)东流，(九十)安庆，(九十)中阳，(九十)大通，(九十)荻港，(九十)芜湖，(四十)梁山，(五十)采石，(九十)南京，(九十)仪征，(六十)镇江，(六十)三江营，(六十)西山，(百九十)江阴，(百九十)狼山，(百五十)吴淞口，(三十六)上海(计二千二百四十里)。

初四日(3月14日) 晤同寓鲜于尧章(文焕)、周伯晋(锡恩)、龙朴安(锡瑞)诸同年。夜，李石渠观察招饮，以气疾辞，不获，乃扶病往侍酒，诸姬皆极一时之选，飞觞则玉钏潜响，度曲而宝瑟轻调，良宴春宵，千金一刻。

初五日(3月15日) 晨，小雨，旋霁。黄庆农太守(肃常)来候。日入，过如意录事小坐，录事谂余气疾，屑沉香以进，芳情旖旎，款语温存，几许柔肠，为伊断绝。

初六日(3月16日) 是日,病愈。午刻,同人附新南升轮船往天津,先是谢漱泉茂才旅食上洋,赋闲已久,时已应山海关某大帅之聘,贫不能前,余为恻然,挈之同行。澍泉才非久屈者也。

初七日(3月17日) 卯刻,发上海,风日晴和。火轮迅速,约略夜半,可入黑水洋面。

初八日(3月18日) 历黑水洋,辰刻,日犹皎然。巳刻,遥见海上白气山立。俄而,大雾迷漫,不能辨咫尺。船主人屡鸣气筒,示来船趋避。午后,雾散风起。入夜,北风渐紧,寒甚。

初九日(3月19日) 亥子之交,飓风陡作,舟行大洋中,掀簸异常,骇浪狂涛,高出船顶。巳刻,下碇燕台,悸魄少息,起视海洋外,涛头雪花,攒逐万状,知吼天氏之威,不少减也。

初十日(3月20日) 阴。舟中人以海飓大作,相率告大副守候终日。大副,洋舶领事之称也,次曰二副。晤朱礼耕(丙炎)同年于舟次。

十一日(3月21日) 巳刻,风息展轮,江苏萧同年、孙竹(斯)、龚孝廉乂臣(其贤)以《同舟录》乞书名。吁!人情凉薄,亲串且然,两君非素识,顾以偶尔同舟,殷殷垂注,洵有心人欤。

十二日(3月22日) 风。未刻,入大沽口,溯流逾时,泊紫竹林,寄装顺兴店。

十三日(3月23日) 夜大风。与淑和策驴至河北大街万恒店,赁车入都店,固丁丑南旋旧寓也。觅曩时疥壁诗,尘氛已满。噫,碧纱之笼,非所敢望,顾安得解人红袖,为之一拂耶。

十四日(3月24日) 早饭后,与谢澍泉作别,临歧珍重,黯然销魂。车从紫竹林绕市,渡天津河而北,循潞河堤岸,行六十里,宿杨村,武清县巨镇也,明宣德初征高煦驻跸杨村,即此,村人制糕酒有名。

十五日(3月25日) 子刻,发杨村。寒风吹面,晓月盈眸,茅屋疏林,历历清景如绘。六十四里尖河西务,三十六里宿马头,本漷县废址也，漷县在漷水之南，汉泉州地，辽为漷阴镇，后改为县，国朝顺治六年裁并通州，县废。

十六日(3月26日) 午后，阴。子刻，发马头，皓月中天，纤尘不起。未已，鸡声三唱，犬吠相闻，过客旅怀，怦怦欲动。五十里尖余家围，三十里抵京，入东便门，僦骡马市大街之晋升店。是日，柚公别，居内城。

十七日(3月27日) 至彭少湘同年处，座间晤彭稷初世叔、李鸣九副郎（鹤皋），已，又晤李芙初同年（棻）暨金梅臣（庆麟）、黄蓉瑞（康祺）、屈小樵（邦彦）诸孝廉。是日，仲牧别，居内城之东单牌楼。

十八日(3月28日) 阴。至长沙邑馆，晤曹橘洲（沐棠）、曹侣荪（广祺）、曹泳六（广渊）诸姻丈暨杨笔臣（昇南）、萧幹章（良辅）、李新荷（隽），谈久之，归，而彭稷初世叔与少湘同年来会。

十九日(3月29日) 黄少溪（传祁）、吴雁洲、屈小樵暨曹侣荪姻丈来会，李仲牧自内城来宿。夜，与仙樵、仲牧置酒椿茂堂，晤素秋、蕊兰、玉仙诸侍史。发二次家书。

二十日(3月30日) 阴。大风从东北来，黄尘蔽天，相向目眯，寓斋中，不胜埃壒之苦。午刻，陈定九姻丈与袁岱垣（家嵘）孝廉来会。

二十一日(3月31日) 发三次家书。

二十二日(4月1日) 与仙樵赁屋内城，便道庶常馆，走翰林院衙门，阅刘井柯亭遗迹，最后曰敬一亭，为宸游之地，和风拂袂，丽景当阶，草木欣欣，饶有春意，徘徊久之，作瀛洲蓬莱想矣。出城憩长沙郡馆，留饭金梅臣、李芙初处，兼订入场之约。夜，过彭少湘茶话，恭阅穆宗毅皇帝实录表，一代鸿篇，千秋宝鉴，中兴盛烈，已可概见。

二十三日(4月2日) 与仙樵内徙观音寺胡同，居停云樵（庆龄），汉军正白旗人，甚贤，室庐亦精洁。傍晚，至李仲牧处，晤黄麓生、利生昆仲。

二十四日(4月3日) 午刻，与仙樵赴李仲牧之招，鲈脍莼羹，俨然故乡风味，致足乐也。

二十六日(4月5日) 阴。至柚公寓,谭次即为泡子河之游,中途经贡院,院之中有堂三重,前曰至公,中曰聚奎,后曰会经;次经观象台,台在城东隅堞堵上,本元至元十六年建,旧有元郭守敬所制浑天仪、简仪、铜球、量天尺诸器,本朝康熙十二年,以旧仪难用,御制新仪凡六,曰天体仪,曰赤道仪,曰黄道仪,曰地平经仪,曰地平纬仪,曰纪限仪;五十四年,又制地平经纬仪;乾隆九年,又制玑衡抚辰仪,与占风竿、铜人、铜壶、铜圭之属,并陈台上,授时测景,厥制綦详。泡子河,即元人所开通惠河也,在崇文门之东城隅,两岸高槐垂柳,漾碧澄波,分青古寺,尘襟到此,为之一爽。明陆启宏诗"因河名泡子,悟得海无边"即是河。迤东有吕公堂,明成化年建,万历甲寅赐名护国永安宫,主祀吕纯阳,香火极盛。

二十七日(4月6日) 辰刻,过长沙邑馆,同人入宣武门,至阜财坊观象,大小凡六,性甚驯,象奴挥之,能伏地作拜跪状。既返邑馆午餐,便至长沙郡馆,留宿陈笛舫处。

二十八日(4月7日) 风。巳刻归寓,而周展伊、崔甸青、萧启鲁(大猷)来会。酉刻,李仲牧、黄利生来寓小酌。

二十九日(4月8日) 阴,夜雨。与仙樵至李仲牧处,邀同柯伯香、黄麓生往游隆福寺,寺在东四牌楼大市街之西,明景泰三年建,役夫万人,木石多撤自南内者,本朝雍正九年重修,每月逢九、十两日庙市三次,百货骈阗,辉煌夺目,虽博望夸西域之富,平子论蜀都之饶,不过是也。中途过施医院,听英夷说耶苏教,淫词邪说,簧鼓愚蒙,乃才哲之士间或不免,可为长叹。日夕,仲牧走送归寓,未几,寒风飒然,窗外雨声淅沥,烹茶剪烛,相对依依。夜半,视仲牧冒雨归去,意殊歉仄。

三月初一日(4月9日) 风。宿雨初霁,虽大风飀飀而纤尘不动。午刻,黄叔麟孝廉(宏熙)来会。夜,风力甚劲。

初二日(4月10日) 大风。

初三日(4月11日) 北风,甚寒。

初四日(4月12日) 同人观剧庆和园。亭午,酌万福居。夜,饶凤梧招饮凤仙堂。发四次家书。

初七日(4月15日) 李芙初、金梅臣以入场之约来会。

初八日(4月16日) 午刻,入场。

初十日(4月18日) 亥初,出场。是役也,气疾复作,每一构思,则心胸间疼痛不已,勉力成文,绝无当意处。

十一日(4月19日) 午刻,入场。

十三日(4月21日) 辰刻,出场。夜,李仲牧过访,月色微暗,凉风袭人,俄窗外雨声疏疏数点,不觉叙谭之久。

十四日(4月22日) 午刻,入场。天气甚热,望望春暄,不敢向迩。是日,病愈,精神亦稍稍振也。

十六日(4月24日) 卯刻,出场,遇高丽鬻参者,缟衣彔冠,圆领大袖,叩其姓名,曰李永实、曹信赫,谈彼国山川风土甚晰。又云该国乡会试与中国不甚相远,但接次三场不过三日,所试惟诗赋及经义,无四书文。又彼国向恶洋人,凡洋器物皆屏斥不用,故泰西各岛亦望而畏之,无敢入其境者,近乃渐入互市,不能自强矣。

十七日(4月25日) 阴,夜雨。

十八日(4月26日) 夜风。辰刻,约李仲牧往拜潘任卿夫子、周荇农少宗伯(寿昌)、陈韫原太史(理泰)、郭子田祠部(庆治)、彭稷初比部(树森)、何诗孙舍人(维朴)、丁竺云农部(蓉绶),即饭竺云处以归。

十九日(4月27日) 再约仲牧出正阳门,往拜王晴舫祠部(金彝)、张野秋太史(百熙)、徐叔锋农部(树钧)、黄觐虞太史(自元)、徐仲阮副郎(悫立)、唐斐泉侍御(树楠)、曾经郛同年(丙熙)、方同仲同年(朝棨)。是日,同邑官京师者,招饮宣武门外之财盛馆,登铜琶铁板之场,临风度曲,启玉敦珠盘之会,对月开尊,京华良宴,乡国隆情,于此见之。剧终,李淑和邀宿长沙邑馆,时夜漏已丑初二刻矣。发五次家书。

二十日(4月28日) 午刻，徒步入城，南风大起，尘土蔽天日，遥望快马轻车，仿佛从苍烟暝色中出入。过李仲牧处，为其居停，黄鹿笙农部介寿、仙樵暨柯伯香、李淑和、丁竺云、张鹤帆(鸣龢)咸在。

二十一日(4月29日) 大风。往拜少司空孙子绶(诒经)太夫子。

二十七日(5月5日) 阴晴不定。

二十八日(5月6日) 是日，大挑，我省赴者凡九十馀人，先日有旨，定本科会试中额，我省得十四名。

二十九日(5月7日) 太液池在大内西北隅，有方壶圆峤之观，丁丑在都闻其盛，未履其地，至是与仙樵偕往。池发源西山，入德胜门积水潭，今坊刻《首善全图》之法华寺即其处，迂道经雍和宫，世宗宪皇帝潜邸也，邻柏林寺，康熙癸巳施檀重修，今一大祇树园矣。听钟鱼片时，出，过国子监衙署，值扃试官学生，未得观十三经石刻，返谒孔子庙堂，进士题名碑林立大成门外，阅元明两代，犹可指数其人，我朝沿为盛典，慨然念科第之足重，抑又思无负圣贤、无负君国者，几何人哉！门左右列纯庙摹制周宣石鼓十，故物不可睹已，犹将使好古之士摩拂焉，寻绎焉，仿佛而想像焉。门以内西廊有房，为更衣处，商周法物咸贮廊之东房，予小儒未能观识也。乔柯美荫，环周阶除，两廊金碧，交焕其际，循而上，谒大成殿，殿故未及修饰，既展拜，遂去。积水潭有阜隆然，水夹流而出，上建汇通祠，僧纯修话五六月观荷胜处，所谓十刹海也，海可五十亩，碧波生漪，荇藻如画，红墙缭岸，杨柳依风。东南沿堤行，渡银锭桥，入地安门，西迤过小圆城，守者导入，拾级登，既尽，则旷然大苑也。苑有亭，翼而轩，覆玉瓮一，径四尺五寸，高二尺，围圆一丈五尺，中镌纯庙《玉瓮歌》，深翠莹润，金元物也。亭左一古栝，藓白斑驳，掩映亩许，左接长松，攫爪盘鳞，群龙在地，绕后精室三间，显庙以上三朝宸翰在焉，刘墉、张照之书，王炳、袁英之画亦得缀壁间。既而登承光殿，踟蹰趋宝座，宫扇双倚，蔽以紫檀屏风，镌纯庙《古栝行》于后，薰炉莲炬之属，设诸细旃之下，周鼎、诸葛铜鼓、宣德窑双龙缸、窑变醉绿巨缶东西列，皆希世珍也，最后便殿，牙签万轴,《文献通考》诸书积叠盈架,又其后二亭相峙,平视白塔,苍翠落栏槛,凭眺者久之,偕仙樵出观太液池,池有桥曰金鳌玉蝀,约亘半里,天光云影,与水澄鲜。北顾琼华岛,南望瀛台,恍置身蓬莱间,乃叹山林泉石,终不脱野气,而一丘一壑者流,又岂识琼楼玉宇哉!

三十日(5月8日) 夜,雷电风雨交作。

四月初一日(5月9日) 是日,左季高爵相寄赠同乡公车费,人六金;又先数日,邑人士分公车费,各二十金有差。

初二日(5月10日) 阴。三月二十九日,既与仙樵为太液池之游,以未尽其胜。是日,复同常石林、罗云秋诸君重过承光殿,少憩,由殿左绕向北海入门,长虹齿齿,亘二十馀丈,南北树坊楔,南曰积翠,北曰堆云。过桥即琼华岛,浮翠水面,周二百四十七丈,榆柳松柏之属,垂荫岛之中,小山隆起,白塔镇其上,穿山腰石屋,拾级数折,始得达焉。塔建自辽寿隆二年,制如钟,通体白,顶覆铜盘,盘上累小铜塔,前有寺一间,高及塔之半,是为白塔寺,亦名永安寺,中塑像,手左右枝出,以数十计,貌殊狰狞,不知何神也;傍列金獒四,高并二尺,寺外壁四周摹小罗汉千百,皆瓦质。倚槛望缛绿如贴,百万家烟火无痕,软红不飞,数十里葱茏可画,真大观也。塔后列刹竿五,下藏信炮以备非常,再后稍西为悦心殿、琳光殿、阅古楼,楼二十五间左右,合抱有《御定三希堂法帖》嵌石壁。北行数十武,为漪澜堂,堂后为延南薰亭,左列蟠龙石柱一,上立铜人双手擎铜盘承甘露,右为写妙石室,累艮岳石为洞,窈而深,往而复,游行其中,不知近远。大抵漪澜堂一带,背负白塔,前俯清波,五六月间,芰荷开放,尤消夏胜境。折而东,过酣古堂智珠殿,南出白塔寺,前观昆仑、岳云等石,出门益南,趋紫光阁,地当太液池中段,池水自积水潭导流,潆洄大内,周遭可百二十里。北为北海,即琼华岛,南为南海,游迹所未至,中则承光殿与紫光阁,禁中人呼中海焉。阁旧称平台,明武宗时改今名,本朝沿之,于此宴外藩、陈水嬉、校武进士骑射。乾隆二十五年,图功臣像,阁内下层列御座,其画像卷轴及俘获军器,则缄置上层;阁后为武成殿,两廊刻纯庙御撰纪功诗，中藏象轿、宝纛、百叶伞，并外藩所进凉床、雕鞍、自鸣钟之属；又其后，则时应宫也，肖五龙王象，甚伟，凡殿与阁四壁，均悬画轴，详金川、青海、台湾等处山川形势战胜攻取状，我朝文德武功度越前古，其崇礼勋旧之典，唐之凌烟、宋之景灵不是过也，而老臣夙将遗像森然，不尤使后之人景仰焉、流连焉。兴感起感，发于无尽哉！

初六日(5月14日) 与众同年延潘任卿夫子，公宴龙树寺，寺中古槐二株，一浓阴叠翠，枝下垂如张盖；一则秃干撑空，侧出十数枝，如怒蛟舞爪，俯瞰渊泉也，或遂以龙爪槐目之。陶然亭遗址，东南距寺半里许，王阮亭觞咏处也，今为慈悲禅林，将之寺，特迂道往，花木轩槛，清疏入画，亭以外绿苇如海，翠柳成阴，阛阓尘喧，洒然若失，为低徊久之，亭与寺盖城南佳境也。是日，会者凡三十馀人，酒肴颇丰美，主其事者：刘仪廷、龙砚仙、周荟生。

初九日(5月17日) 过长郡会馆，憩陈定九姻丈处。是时天气蒸溽异常，中途触暑，感气疾腹泄，数如厕，丈为丐彭镜清孝廉(应丙)察脉授方，和药以进，且嘱下榻将息，毋过劳动，可感也。

初十日(5月18日) 早起，疾少愈。定九姻丈送之归寓，柚公来问疾。

十一日(5月19日) 阴，大风。

十二日(5月20日) 大风。是日写榜。与仙樵过黄鹿笙处，探听红录，午餐而返。夜，至柚公寓小酌。

十三日(5月21日) 是日榜发，不第。我省成进士者十有四人，陈伯商(鼎)、杨小垓(澍先)两同年与焉。

十四日(5月22日) 过午，与仙樵移寓黄鹿笙处。

十五日(5月23日) 风。至善化会馆，贺汪镜清、张鹤帆举进士。过长郡新馆，与常石林、汤孟孙(希瑗)互商行止，石林有事江南，孟孙将西向秦陇也。

十六日(5月24日) 风。留宿饶凤梧处，相将为狭斜游，长安花几于一夕看遍矣，不信“燕赵多佳人”也。发六次家书。

十七日(5月25日) 午后阴。别饶凤梧,入城检点行李。

十八日(5月26日) 晨雷雨,旋霁,过午阴。丁竺云农部、瑞世良世叔来别。

十九日(5月27日) 别黄鹿笙、丽笙昆仲,同柚公、仙樵、柯柏香、李仲牧俶装南归,出朝阳门,南风四月,大麦初黄,目极平畴,蔚然丰稔气象。车行二十五里,尖三间房。十五里抵通州。先日,黄鹿笙属其仆雇船潞河,及至,酒香炊熟,客路如归,可感也。日脚欲西,徒步至石坝,登大光楼,有"潞河第一观"题额,暨乔松年撰"天边山翠当窗起,海上风帆傍岸来"。宗室英元撰"就日集千艘,比似共球朝北阙;齐云高百尺,好将啸咏寄南楼"联语,斯楼胜状可想见已。下楼入北关,观紫清宫,宫后巨塔十三层,高峻凌云,上巢飞鸟,城中居民落落,垣墉多倾圮,转漕根本,何可忽也。出东关,当泊舟处,地名土坝。

二十日(5月28日) 阴,北风。辰刻发通州,是时江浙漕艘连樯而至潞河,曲折篙桨,摩戛有声,舟行百里而近泊漷县马头。

二十一日(5月29日) 凌晨微雨,北风甚寒。首夏薄绵,犹然失暖。午后复雨,至香河马头小泊,风顺,更行至宝营寄碇,可二百馀里,潞河鲤极腴美,他处所不及。

二十二日(5月30日) 阴。未刻下天津,与仙樵至紫竹林,侦知新南升轮船将次开行,即挈行箧附之。

二十三日(5月31日) 夜风。洋船未开时,例不供饮食。是日,麦饭数餐,取给酒家,蔬若紫菜,鲜若面条鱼,酿若五加皮酒,皆津门佳品。

二十四日(6月1日) 夜半展轮,平旦出大沽口,火轮激触浅滩中,左右移不为动。历数时,海潮大至,始得畅行,时已薄暮,望海舶往来,灯光炯炯,荡波成趣。

二十五日(6月2日) 酉刻,寄碇燕台。小舟预储淡水注之洋舶,海水咸不能食,故洋舶远行,非惟筹米薪之储,尤虑乏水。戌刻,起碇。

二十六日(6月3日) 日丽风和,舟浮黑水洋,大得自在游行之乐。起视舵尾浪花卷素,劈流成渠,烟痕如龙夭矫霄汉,海鸥三五,逐之而飞,八月槎当不是过。

二十七日(6月4日) 日斜,抵上海,侨长发栈。未几,仙樵附江表轮船先予南归,话别舟次,不尽依依也。夜,同人观剧天仙园。

二十八日(6月5日) 阴,疏雨。随柚公、伯香入小东门候李石渠观察。归与仲牧过南诚信烟室,镜屏雕几,齐观石氏之园;紫贝青钱,争入况家之穴。他处鬻阿芙蓉者,无此侈丽也。

二十九日(6月6日) 李心荷约去宝善街听女先儿说书,座中朱校书素兰尤谐媚,好为龋齿笑。

三十日(6月7日) 早起,与柚公、伯香、仲牧邀同吴雁洲、曹毂辰、李寿田参将(鼎荣)附江永轮船往汉口。傍晚,过李石渠餐,石渠即送别舟次。

五月初一日(6月8日) 阴。发上海,时晓风甚寒劲,与吴雁洲倚栏待日出,霞彩初耀,云翳忽生曈曈之影。未几,如明灯隐帷,而宝剑处匣也。夜半,停轮镇江,风潮激荡有声,望金焦、北固诸山,谓摩诘《烟雨图》中澄墨数点,忘其为江上峰峦矣。

初二日(6月9日) 晓过金陵,当午停轮芜湖,对岸有蟂矶,上建灵泽夫人祠,相传孙夫人自京口投江,尸逆流至此,土人立祠祀之,迹甚灵异,祠内楹联如“思亲泪落吴江冷,望帝魂归蜀道难”,用句妥切。

初三日(6月10日) 风。既入彭泽县界数里,经马当山,峭壁撼波,舟航艰阻,陆龟蒙铭云:“天下之险者,在山曰太行,在水曰吕梁。合二险而为一,吾又闻乎马当。”即此,亦王子安赴洪州遇顺风处也。日昃,停轮湓浦,望匡庐云气,上接蔚蓝,瀑布如银,一落千丈,傥有雷次宗、皇甫履其人乎,咫尺真面,恨不著几两屐也。

初四日(6月11日) 夜入大冶县界,江之南岸有西塞山,其下为道士袱,飞峦横流,惊波若截,田家镇以上此为险要,孙策击黄祖,刘毅破桓玄，皆夺此险以成功也。晓过黄州、武昌间，西北望赤壁，想玉局泛舟之乐，东南望樊口，孙吴败舶之迹已不可得矣。日昳，抵汉口，柯伯香别去，同人侨长郡会馆，晤易清涟明府(光莲)。

初五日(6 月 12 日)　阴，午后小雨。午刻，馆中董事者以端午之故，盛馔招饮。夜，酌段和山处。

初六日(6 月 13 日)　雨。戴恕卿茂才(鸿泰)十年旧雨也。是日，冒雨过访，叙谭至黄昏，恕卿更集妓会饮，漏尽才返。

初七日(6 月 14 日)　早起，贾榴生招饮，值吴雁洲、曹毅辰约同南归，遂别柚公、仲牧登舟。

初八日(6 月 15 日)　与雁洲渡江而东，茗话黄鹤楼，回棹上晴川阁，瞻眺久之。更鼓勇登翼际山，一名鲁山，俗呼龟山，谓枕江带汉，圆起如龟也，《元和郡县志》以为即《禹贡》大别矣。山高峻，无树木，极目百里，上建禹王宫及祖师殿，凭栏视黄鹤、晴川楼阁，反出其下，慨然念天下有事，武汉为必争之地，而守武昌者必藉汉阳为犄角，守汉阳者又必为藉兹山为根本，形势要害所系，顾不重哉！是时夏初水涨，舟逆怒流，无风不得进，容与终日，改泊晴川阁。

初九日(6 月 16 日)　酉刻，雨。晓发晴川阁，经鹦鹉洲，洲侧竹木簰栉比，横绝牵路，上水舟苦之。是时东风微飏，舟赖以前，日昃，泊沌口。同人以来舟淹滞，改雇衡州小泊，部署甫定，而曹润六、黄心台(泰阶)从他舟过访。

初十日(6 月 17 日)　雨。冒雨挽舟上泊金口，金水口也，郦道元以为涂水涂口矣，源自咸宁县，北流合斧头湖水至此入江，水北晋末尝侨立汝南县，隋初县废，今成闹市。大江自金口稍东，两岸山势拱抱，束流如带，风帆从苍岩翠嶂中盘旋而出，为我省下游一大关键，吴之金焦，皖之东西梁山，赣之马当、大小孤山，鄂之田家镇、西塞山，不多让也。江之南岸曰槐山，北岸曰大军山、小军山，昔吴魏相持，陈兵于大小两山之间，因名。

十一日(6 月 18 日)　夜泊簰洲，属嘉鱼县，洲长六十里，形若葫芦，居民烟火为邻者，不下二万馀户。与雁洲江干缓步，风习习从东南来，镇日烦襟，为之顿解。洲之对岸为新滩口，沔阳州属，东南诸水入江处，亦沔水别流也，与沌口上流脉络贯通，顾氏祖禹曰"沔阳一作沌阳"。

十二日(6月19日) 午后阴，戌刻小雨，旋止。薄暮，泊嘉鱼洲。

十三日(6月20日) 阴雨。先夕纳凉船顶，见江豚白旗之属，顺流东跃，甚夥，舟中人卜为风信。是日寅刻，风雨果大作，如万骑奔腾，响应山谷，梦寐中惊悸，久之乃定。比晓开船，食时过嘉鱼县，凉风蹴浪，密雨添流，绕岸行数十里，泊陆溪口，即古陆口，孙权遣吕蒙等争长沙、零陵、桂阳，自镇陆口，为诸军节度是也，水上达蒲圻、崇阳、通城三县。

十四日(6月21日) 东北风微扇，舟行颇速。辰刻，过新堤小泊，柚公已自汉口乘轮船先日至局次矣。茗话少顷，复行至螺山寄碇，其夜澄波若练，朗月如珪，沽酒独酌，倍饶清兴。

十五日(6月22日) 雨。乘西北风过岳州，泊万寿湖，湖侧洞庭东岸山蜿蜒下属，隐如缺环，浮起水面，渊渟其中，□容数百舟也。

十六日(6月23日) 阴。过洞庭湖，洪流新涨，积水微波，舟行芦汀荻渚间，卷幔久之，绿云时时飞到眼底，向晚泊营田。

十七日(6月24日) 牵行过湘阴县，至湾河上口就泊。

十八日(6月25日) 阴，午后日出。犯风逆流，篙师竭一日之力，仅数十里，泊靖港，候堂兄萼汀，不晤，嫂氏为授晚餐而返。

十九日(6月26日) 南风大作，舟子负百丈，行数里，泊新康，其地洪山庙甚宏敞，绕庙民廛三百馀户，同人入庙访宏彰上人，上人以是日度其徒四谛，备斋留酌，饫香积之厨，因缘前定；证楞严之谛，衣钵新传。偶践鸿泥，暂醒鹿梦。日晡，南风稍息，移泊白沙洲。

二十日(6月27日) 帆风抵湬湾市，日脚西矣。流急不得渡，更小舟乱流而东，入驿步门，曹縠辰、吴雁洲别去，侨数日归里，越百有三十日，乃有滇南之行。

滇南日记卷四

光绪七年(1881)辛巳春

正月初一日(1月30日)　大风。凌晨,与曹子静、蔡敬亭具衣冠,望拜祖先,逆旅元旦,无家人笑语亲故之周旋,言念故乡,黯然伤之。近午,往各处贺年。夜,偕黄赞臣纵谈至四鼓。

初二日(1月31日)　过屈鹄臣叙谈片刻,鹄臣,长沙人,性极亢爽,或有嗤其卤莽者,然与余他乡邂逅如平生欢,非文士之沉沉者比也。

初四日(2月2日)　风息。

初五日(2月3日)　是日立春。常午农州别驾(宝彝)过访。

初六日(2月4日)　大风。日昳,印渠年伯招饮。

初九日(2月7日)　早起,潘子诚招饮,日午,同曹子静至永国寺访胡鹏秋别驾(程章),小酌而返。

初十日(2月8日)　杨端如观察(凌)、彭海珊明府(会超)来拜。

十三日(2月11日)　风。曹六皆姻丈招饮,同席蔡莲裳刺史、邓星聚大令、刘桂森明府、陈博生司马。

十五日(2月13日)　风。钱南陔约往南门外观土人赛会,鼓金震越,蛇神与牛鬼争奇;刀剑回环,虎子偕狮儿并戏。歈歌巴舞,有由来矣,夜月如昼,方踱躞庭宇间,而爆竹龙灯哗然以至,良宵故事正不可少。

十六日(2月14日)　阴,巳刻雷雨,旋霁。

十八日(2月16日) 风。曹六皆姻丈来，丈于余为外舅行，官滇五年矣，仅一权丽江县事，宦味萧然，言之永叹，余以清白吏为解，丈甚韪之，亦殷殷为子孙计久远也。

二十一日(2月19日) 寓中无事，辄与黄赞臣闲话。赞臣为人豪迈自喜，词锋略不让人，人亦以是少之，然与余言曾不龃龉，委琐龌龊之士尝谓自中绳墨矣，宜赞臣不利人口哉！

二十四日(2月22日) 大风。是日，刘印渠年伯延居幕府，晤同署欧阳辅之茂才(俌)、彭慎生司马(绳祖)、王芝山太守(维国)。

二月初一日(2月28日) 滇中无日不风，春尤颠狂，凡风皆西南，若东南风即媒雨，旧《志》称"雨师好黔，风伯好滇"，岂风雨果有所好哉！

初三日(3月2日) 是日，演文昌会，闻城外文昌宫士女云集，乡曲妇女祈祷者甚众，且有襆被宿庙中者，考文昌六星主持文运，国朝祀典綦重，何物蛮夷，乃媟亵若此。

初五日至初九日(3月4日至3月8日) 晴雨无定。

初十日(3月9日) 霁。慎生约候曹六皆姻丈，并为邓星聚大令(炳尧)送行，大令将以翼日赴马龙州任也。

十五日(3月14日) 阴，夜微雨。得去年十一月十四日家书，于役久矣，至是始得通故园消息，然"家书到隔年"，昔人有同感者。

十八日(3月17日) 署西碧鸡台者，阮芸台相国总制滇黔时所创，其得名也以城西碧鸡山。日暮，与芝山、慎生登焉，西南指大观楼，翼然凌虚，下则滇池之所潆汇也，东颊金马山，北则蚩、商、银锭、五华诸峰蜿蜒回翔，若断若续，不独影碧之鸡专美斯台矣。

十九日(3月18日) 阴。莱海亦名九龙池，在府治西北，渊渟数里，宜鱼宜植，中央建海心亭，傍多楼阁，号登临之佳境。余往游者屡矣，春风入幕，歆感予怀。当午，约慎生径造其处，海心亭故有观音堂，相传是日为观音诞辰，士女焚香者络绎，厌其嚣也，去，之藕香水榭，遇钱南陔、蔡敬亭、黎俊卿饮焉。环榭编鹿眼篱，杂植花木，时引良禽，枝条掩映间，望万顷碧琉璃，荡漾无尽；而海心亭一带，柳堤曲曲，游人熙熙，转以为静观者之乐，且谈且饮，讶壶觞之易罄也，西与榭接，为少白楼，亦游宴所宜云。

二十四日(3月23日)　阴。慎生以《怡红集》见示，为题《庆春泽》一阕："吴粤吞潮，滇黔扫瘴，有人束发从征。杀贼筹边，男儿意气纵横。云台未许文渊与，怕青袍、竟误儒生。向谁鸣，且把新诗，兀自论评。　　年来共是天涯客，况蛮花弄影，犵鸟传声。无限韶华，依然枨触心情。樽前不信英雄老，尽春宵、对酒谈兵。问边城，降王多少，系我长缨？"

二十九日(3月28日)　雨，午后止。印帅之次孙号溉生者，本李楠臣同年弟子也，楠臣先余数月去，是日，印帅有校读之命，辞之不获。橐笔授徒，固寒儒分内事，乃至别高堂，弃妻子弟妹，走蛮夷绝徼，而犹拥皋比，穷年占哔，益自愧已。

三十日(3月29日)　阴。同人分校甄别卷，其地文章卑卑，试帖尤甚，有老年乡榜而疵类叠出者，碧鸡金马之灵，其信然耶。

三月初一日(3月30日)　午刻，阅卷才毕，同人为叶子戏，日晡始散。

初三日(4月1日)　晴雨不定，戌刻雷雨。是日，入学。酉刻，印帅盛席招饮，印帅豪于酒，连挥数十觥不醉。余饮未及其半，面赤心动，足蹒跚不自支，倚枕斜卧，索清凉散，不得。我与曲生何无缘也。

十二日(4月10日)　日昳，同人登海天阁，地当署之东，从万绿丛中觅途拾级上，阁高二丈许，回栏四周，龛观音像其中，西与碧鸡台相望，惟院落中树木蓊郁，以西诸景，不甚豁目，其他三面，则山海回抱，沃野平川，俯视人民数万家，烟火相属，蔚然旷然，西南夷中一大都会也。彼以荒僻视滇而弃之玉斧之外者，亦知风气有时开，而货宝有时出耶。

十四日(4月12日)　将午，与芝山、慎生饷鱼海心亭，随至少白楼小酌，其时槛外荷钱叠翠，柳线拖青，山色湖光都来眼底，江南风景如或遇之。

四月初一日(4月28日) 是夕，五星聚奎。

十六日(5月13日) 晴雨无定。三月初十日，慈安皇太后上宾，而滇中自本月十二日始得部文，时哀诏犹未至也，印帅择是日率属诣万寿宫，设位成服，朝夕哭临如礼，士民亦遵例服素二十七日，蓄发百日，服素以奉文之日始，蓄发以大行之日始。

十九日(5月16日) 申刻，同人邀试骑射二事，皆非余所习，强颜为欢，益堪喷饭。夜月甚皎，庭中花木楚楚，顾影生香，爱玩不忍睡他处，望后魄生清辉逐减，滇中十八九夕犹圆满如故，殊所难解，或曰地高故也。

二十一日(5月18日) 芝山、慎生以是日系余生辰，置酒为寿，兼邀王雨丞会饮。余也春秋三十有三，茫茫身世，百感俱来，越在异乡，只伤离索，两君余新识，顾殷殷若此，酒食不足，较情意何可忘耶。

五月初一日(5月28日) 阴。

初五日(6月1日) 出街一览节景，户悬蒲艾，家遗角黍，风俗亦同他省，唯山国不擅舟楫之利，语以龙船故事，则茫然不解，时当国恤，相对不欢，同人闲话乡关，尤愀然也。

十七日(6月13日) 晴雨无定。印帅于三月二十八日疏乞致仕，是日得旨慰留，元臣退让之风与朝廷眷注之意，两得之已。

二十五日(6月21日) 阴。与慎生、芝山仿车笠盟故事，约为兄弟，饮酒甚欢，慎生齿最长，芝山次之，余次之。

六月初一日(6月26日) 雨，午霁。

初六日(7月1日) 夜，长星见西北，后数十日乃灭，晡时，与慎生治酒为芝山饯行。芝山将归去资阳，随以知州入觐也，并邀曾雨人学博(祖栋)同酌。

十三日(7月8日) 雨。亭午，王芝山就道，与慎生送之法幢寺，亦曰古庭庵，距省十里，士绅东去者，多叙别于此，停骖折柳，昔人比之河梁灞岸焉。是日,中途犯风雨。夜,身热畏冷,服麻黄汤,蒙被取汗,寻愈。

二十五日(7月20日) 屈鹄臣、李文山约订兰谱,文山随招饮其家,同席陈子蕃、彭小屏、蔡敬亭、朱越宣孝廉、胡体轩上舍、张竹轩同年(舜琴)。滇俗于是日为星回节,亦名火把节,农民咸持炬照耀田间,遨游不辍,通省皆然。其说有三:一武侯南征,于是日擒孟获,会日暮,父老设庭燎迎之;一曼阿奴为汉将郭某所杀,其妻阿南畏逼,是日赴火死;一唐开元中,南诏欲诛邓赕诏,妻慈善知其谋,阻之不可,是日,邓赕诏中计焚死,慈善觅枯骨葬之,遂不食卒。汉相天威,蛮姬介节与绵山汨水之灵,争不朽已。

七月初一日(7月26日) 晴雨无定,亥刻大雨。

初三日(7月28日) 晴雨无定。感成《滇南秋兴八首》:"'炎徼栖迟春复秋,倦怀王粲漫登楼。烟销蛮部花争吐,水咽滇池月倒流。汉使不劳窥宝井(宝井产宝石,明时太监采之,最为民累),降藩犹自列金瓯。谁怜一代安边策,遗爱空存古渡头(顺治中,鄂西林相国督滇黔,兴利除害,称治一时,今贵州茅口河,尚呼西林渡,可思也)。''乱峰高压夜郎西,天末雄封访狄鞮。此日八关迎象马(八关在腾充,明巡抚陈用宾筑以备缅),当年六诏走鲸鲵(六诏,蒙舍、邓赕、施浪、越析、浪穹、蒙巂也,六诏中蒙舍最强,后并五诏地,称南诏)。云连诸葛新祠庙,霜肃韦皋旧鼓鼙(唐韦皋节度西川时,吐蕃受盟,蛮夷奉法)。将相功名同不朽,问余何事独栖栖。''西南君长冉駹亲,蒟酱橦花次第陈。斋佛远通身毒使(身毒国亦曰天竺,今五印度地),会师兼列濮彭人(今永昌府境,有蒲骠蛮,即《牧誓》所称濮人)。泪挥龙种支残局(元梁王、明桂王均于亡国时,偷息滇中),踪逐鸡园识旧臣(明建文逊国后,变服为浮屠,客滇最久,从亡诸臣有老死滇中者)。无限兴亡今古恨,夕阳衰草冷边尘。''揽胜西临百尺台,万山如笏海如杯(滇人遇潴水,即称海子)。霜侵桐叶秋先老,露冷椒花瘴不开(每岁椒花落,则瘴起)。铜柱铁桥思远略,银窠金印委纤埃(唐贞元十年,赐南诏异牟寻银窠金印)。春登堤畔闲花草,曾逐蛮王歌舞来(宋庆历中,南诏段素兴好游狎于春登堤上,种黄花曰绕道金棱,又有花遇歌则开,有草遇舞则动,亦花草之妖也)。'‘夕阳西下拓东城(拓东城在昆阳县境,南诏凤伽异筑),绕郭人家照眼明。爨字蛮碑馀劫火,歈歌巴舞动边声。碧鸡灵共千山耀,赤虺涛争九曲鸣(赤水河,一作赤虺)。迢递乡关何处是,秋风万里客心惊。'‘甲帐雕戈启爨蒙,王滇庄跻霸图空。荒郊雨过苔痕碧,故国秋深木叶红。辙迹几番回鸟道,帆樯千里阻蚕丛。江源自出犁牛石,济险何人续禹功(金沙江,为大江正源,出西域犁牛石,流经云南丽江、东川、昭通等府,至四川叙府合岷江,倘加疏浚,使舟楫上达滇省,万世之利也)。'‘烟火丛祠白饭王,由来佛土属斯乡(阿育王封仲子于苍洱,奉佛不茹荤,日食白饭,因呼白饭王)。龙降珥海沉云黑(珥海有邪龙,曰罗刹,好食人,大士化身服之,其害遂息),鹫舞灵山暮色苍(点苍山,一名灵鹫,在大理城西三里)。信有禅宗归浩劫,枉教荒冢卧斜阳(唐天宝中,再征云南,前后丧师二十馀万,瘗骨龙尾关,名万人冢)。西风零落天威迳(天威迳,在大理城南龙尾关武侯擒孟获处),呜咽啼猿断客肠。'‘天涯鸿爪忽勾留,莽莽坤舆一望收。云绕白崖开汉郡,澜安黑水界梁州。装成椎髻蛮风古,梦断秋宵楚客愁。闻道赞皇筹策远,沿边图画寄层楼(李德裕为剑南西川节度使,筑筹边楼,图山川险要于其上,发谋制胜,威服百蛮)。'”

初六日(7月31日) 与慎生出候罗芷江太守(云)。

十六日(8月10日) 王怀钦内翰(德基)应印帅之聘,自益阳来会。

二十八日(8月22日) 过李文山、张竹轩、黄赞臣等处,竹轩尝出芸香草供饮,芸香叶如芦梗,味似姜芽,气同菖歜,相传孔明南征,军士染瘴毒,隐者孟节以薤叶芸香解之,即此。

闰七月初一日(8月25日)

二十日(9月13日) 晨雨,旋止。省之北门,因螺峰山为高崖洞，寺观称胜。是日，慎生招余及怀钦饮少白楼，余䜣然谓怀钦："盍迂道为螺峰山之游乎？"怀钦亦嗜游者，从之。中途历五华山，上建万寿宫及诸葛丞相、劳文毅公祠，嘉善顾珵美登此，句云"风高沙麓收禾黍，雾隔秋林出市廛"，信然。五华之东曰祖遍山，山顶大德寺中举双塔，故亦名双塔寺。绕寺篁松蓊翳，绿水池潆于左，龙王庙峙其右，雅游之士皆以幽栖目之。出寺过萧芑庵，问螺峰远近，芑庵曰："咫尺耳！"为导而前，山发脉城外之陟山，石骨嶙峋，上平可屯万马，危崖前悬，曰盘坤，又曰补陀罗，崖之下幽谷、潮音二洞，幽谷已湮塞，潮音积水盈盈，云涸时燃炬入游，缭曲窈深，不测其所止也。缘崖石磴盘旋，有采芝迳、衲霞屏、月石亭诸胜，往复不厌。崖以前地形中洼旁起，状类偃箕，蒙诏时拓其地为圆通寺，栋宇佛相甚伟，今倾圮过半矣。相与循崖而东，有级上螺峰之顶，平视五华山，前列如案，山海城市供眺无隐，大观也。俯行而西，崖石益荦确，迳益峭，行益险，佛舍如鸟巢支空际，无敢下瞩者已。顷之，芑庵别去，乃与怀钦赴慎生之约。

八月初一日(9月23日)

初七日(9月29日) 阴。省中人以疫亡者，七月中至今，累三千馀口。连日六营官弁延羽士建醮祈禳，兼张灯火于市，鱼龙曼衍，鼓金之声不绝，观者若堵墙，合城为鼎沸，倘亦傩以逐疫之一道乎，然救灾弭变，如理冤狱、恤孤贫、躬祷请、开沟渎、利医药诸政，缺如也。《诗》曰："敬天之怒，无敢戏渝。"傩不近于戏耶！是日，晤同署周厚旃大令(济泰)。

十五日(10月7日) 与怀钦、慎生过湖广会馆，规制颇宏敞，左苑落中回廊复榭，槛外花木楚楚，鲸鱼、孔雀以泳以翔。归值印帅招饮，夜复备文酒之宴，招同玩月，饮酣，同人谓力吾："公子年且四十无子，相与为里俗送瓜之戏，公子欣欣然，率两姬出拜，更举觞谢。"时余既醉且倦矣，眷月色之皎皎也，更与怀钦两人及门人溉生瀹茗，露坐移时。

十六日(10月8日) 怀钦以月色甚佳，招余及慎生、辅之诸人会饮宜园，园为阮文达公题额，花木泉石称署中最。顷之，微云不生，月益澄洁，因仿苏颋夜宴故事，彻烛传杯，花影扶疏，满身皆是，谓可补中秋之不足也。

二十日(10 月 12 日) 连日感冒寒邪，始而腹痛，继而头闷身热、心极烦燥，医者更数方，始愈。同人谂之，谓滇中气候不正，风月之下，尤忌久坐，是余致病之由，以连宵月色故也。

九月初一日(10 月 23 日) 余我如太守(泽春)将有耿马之行，而李惟吾亦日内还楚。是日，同人招同我如、惟吾饮饯少白楼。日晡酒阑，信步海心亭左右，馀霞竟天，晚钟初动，得之酒后，情景尤复宜人。

初三日(10 月 25 日) 阴。先日，刘力吾公子约游大观楼，酒肴舟车之属维备。是日向午，出小西门，泛舟白蘋红蓼间，约略十里，泊近华浦，上辟涌月亭，亭侧为催耕馆，去馆数十武，巍然峙滇海之滨者，大观楼也。三登而陟其顶，远望山势，自西而南而东为金马山，而北为蛊山、为商山，复逆折而西为碧鸡、太华诸山，汇巨浸其中，而西泄之螳螂川，山水回环如太极图，风帆之往来，波涛之壮阔，树林之茂郁，与夫城郭庐舍之鸿翔鳞萃，无一非图中仪象，即无一非楼中胜概也。既下楼，就舟中治酒具，且饮且移舟向小西门，惟时睨日浮波，清风吹衣，鸟声清碎，彻于林外，酒数行而舟抵岸矣。夫滇处万山间，具建瓴之势，宜不足于水者，顾潴为陂淀，若大理府之珥海，嵩明州之嘉利泽，保山县之九隆池，临安府属之宝秀、异龙、杞麓、抚仙诸湖，无不澒潒渊沦，与滇海相伯仲，固造物之巧于布置，而昔人脑间髓满之喻，亦谅矣哉！

二十六日(11 月 17 日) 萧芑庵招余暨怀钦、慎生饮其家。午刻，与怀钦迂道上东城，折而北抵盘坤山，俯行出圆通寺后，寻向所未竟诸胜。久之赴饮，慎生已在座，酒阑偕归，中涂慎生喜相谓曰："两君不欲憩乎？即憩至吾家。"慎生非有家者，姑缪应之。初慎生谋置妾，事且中格或需时日，缪随至其家，锦屏华烛之下，则有环佩璆然，姗姗出拜者，始为错愕，而慎生以是日成礼告，乃相顾而笑，谓娘子军真天上飞来矣。

十月初一日(11月22日) 雨。

初六日(11月27日) 魏鉴堂观察(鼎薰)及其侄英仲邑曹(景枚)先后来拜。

初九日(11月30日) 日中，大风有声。曩闻云南有无日不风之言，以余度之，惟冬春为然，夏秋间或有之耳。事不经阅历而耳食之，可乎哉！

十四日(12月5日) 是夜，亥正二刻，月食。印帅率属设坛行三跪九叩礼，僧道金鼓绕坛，食既而复，丑初三刻矣。

二十六日(12月17日) 与怀钦、慎生出候魏鉴堂观察便，至慎生家小酌。

十一月初一日(12月21日)

初二日(12月22日) 是日长至。

十二日(1882年1月1日) 阴。闻法兰西有谋袭越南之事，余以为渐不可开，时不可失，拟数策陈之当轴，时事孔艰，不必计之果行也。

十三日(1月2日) 老父以是日登六秩寿，游子他乡，非唯睽洗腆之义，旨甘之奉亦且缺如，言念及之，焦灼竟日。

十四日(1月3日) 巳刻，怀钦约游归化寺，并云《志》称寺中茶花最盛，大者高数丈，荫四亩，开时火齐四照，云锦成堆，又疑赤龙盘碧空也。余䜣然从之，寺在古庭庵右，明成化中黔国公沐琮奉敕建，背负金马山，面临滇海，规模宏敞豁目。入门，修条翳左右；再入有古柏六株，或曰始也，围径丈馀，老干参天，馀枝回旋蜿蜒，若宫殿之盘龙柱然；又入为观音堂，阶前敞数十弓地，古树历落，惟优昙花盛开，而所谓茶花者仅仅一株，高可七八尺，时方蓓蕾，荫才及身，计从归化寺往返二十里，受古人愚，悔之。询之僧众，寺向有茶花数十株，如《志》所称，今盖毁于兵矣。方余来滇，亦闻茶花甲海内，种类之繁至七十有二，故诗人邓渼既以百韵夸之，又有十德之评，然经今数月并未之见也。嗟乎！今之滇亦羸瘠甚矣，盛衰之感，蒿目皆是，何有于茶花，何有于斯寺之茶花哉！古之人或不予愚也。

二十二日(1月11日) 与怀钦过慎生家贺生日，随留酌，列馔盈卓，皆出如君之手，云南风味才得领略。

二十六日(1月15日) 送魏鉴堂观察之东川，为铜务也，云南铜政之坏，至近年而极。康熙中，岁出一千二百馀万斤，今则递减至百万斤，尚不如额，固由物产之绌，人亦不尽无咎也。观察为人廉直，受上宪知，以充斯选，傥不负负。

十二月初一日(1月20日)

初五日(1月24日) 与怀钦出游，途次鬻大理石屏以归，兼鬻玉器，则不果也。云南玉产大半出之缅甸，曩时贾人挟巨赀贩玉于滇者，无虑数十百家，他贾物称是。自道光中叶，西洋轮船通商内地，未几，滇亦内讧，缅甸货产，率由大金沙江入海，附番舶转售闽粤间，于是滇省玉器不常至，至亦糟粕之馀耳。向时巨贾无一存者，滇空受产玉之名，而生计坐是大减，人第知洋人通商，夺细民职业，沿海受其害，乌知僻在西南之滇，害亦如之，吾于鬻玉慨之矣。

初八日(1月27日) 阴。辰刻，载酒肴，肩舆出小东门，同王怀钦、邓晴岚及门人溉生为黑龙潭之游，潭为银汁河源，距会城二十里，山奥衍而水活泼，林木莽苍，梵宇深邃，寺中梅花数十株，古色古香，当之心醉，好事者以唐梅夸之，则未审。潭[①]畔佛舍，昉自前明洪武时也，另有记。

十五日(2月3日) 雪。省门气候和暖，雪不常见。是日，得雪盈寸，佥以为瑞。力吾因置酒书楼为梅雪早春之会，兼以明日立春也。俄而迎春者以土牛芒神过署，农夫馌妇，春官之属惟备，牛甚重大，以三十二人舁之行，然不失古意，非如他处作伪也。

---

① 原作“谭”，据文义改。

二十九日(2月17日) 日晡,印帅仿乡俗治馔招饮,曰团年饭,酒阑,得《除夕感怀》一律兼柬周厚旃:"醉向侯门曳锦裾,离人情绪更何如。心惊蔩鬖宜春字,目断衡湘慰远书。吟懒更无诗可祭,愁多不与岁同除。饶君客路三千里,鹤子梅妻夜话馀。"

光绪八年(1882)壬午春

正月初一日(2月18日) 黎明,署中相率贺年。日出,印帅备乡味招饮,尽醉,兼除夕睡晚之故,席终昏倦异常,静卧数刻,始形清爽。

初二日(2月19日) 往各处贺年。

初七日(2月24日) 杨端如以明日出守昭通,与慎生夜往话别。

初十日(2月27日) 李茂园招饮,同席舒兰生、李展如、常午农。酒后,留其家,卢雉达旦。

十五日(3月4日) 夜,同怀钦、辅之出观龙灯。

二十二日(3月11日) 力吾约同怀钦及门人溉生出游小板桥,省门距呈贡县四十里,小板桥适当其中,宝象河水所经也。沿河居民二百馀家,桥南向旭寺,或十馀年或数十年,寺僧纠居民为龙华会,祀百神,道傍更妆点诸神像,高者挺丈六之身,小者比恒河之数,铙歌鼓吹,不绝于耳,云幡宝幢,相望于目,男女烧香祷祈,无虑数万人。富者慷慨施舍,以重赀购金莲花归,供养唯谨,谓如来化身,获福当无量也,为会辄旬日,鼠窃鹑奔之弊,往往而是。吁!云南古佛国,笃佛宜远过他省,释道破坏,愚民迷惑,遂举清净家风,而火坑障海之,若龙华会,亦乱俗之一端矣。

二十三日(3月12日) 陈仲山同年自思茅卸任来候,剪烛谈边事,甚晰。

二十六日(3月15日) 巳刻,上学。

二十八日(3月17日) 与刘积生过李星莹茗话。星莹精麻衣经,相余年四十后当得志,然身世茫茫,穷愁百出,生得效田舍翁,多收十斛麦足矣,汝南蔡父之言,何敢望哉!

二月初一日(3月19日) 李茂园、夏宝笙招饮南门外之万寿宫。当午,同怀钦往,其时优孟登场,笙歌聒耳,座客三四十人,高谈尽醉,忽忽日驭衔山矣。归过蒋和臣军门(启纲)营次,军门随留小酌,移时,呼两骑送归。书生款段,乃值国人属耳目之地,非徒贻笑军中也。

初八日(3月26日) 辰刻雪,酉刻雨霰。省门气候近暖,冬雪不常有,春深如许,何忽来撒盐之观。阴气乘阳,固民情湮郁有以召之,抑外夷窥伺之象也。云南其有忧乎!

十四日(4月1日) 汤幼庵观察至自长沙。日入,与慎生、怀钦往候,促膝畅谭,烛再见跋。

十五日(4月2日) 亭午,约慎生、怀钦、厚旃、赞忱、仲山张饮少白楼,酬花朝也。酒来馀暖,风扇微和,抚兹良辰,益增幽赏。

十八日(4月5日) 丑刻,雷雨,旋霁。是日清明,居民率插柳于门,不知何义。考五代文,江淮间寒食有插柳之俗,亦无用之清明者。询诸滇人,则以清明墓祭折柳招魂之故,俗之由来久矣。日内,晤刘叔良茂才(思谋)、李木斋太守(道本)、刘统之观察(官礼)。

二十三日(4月10日) 力吾招同王怀钦、邓晴岚、汤幼庵、李木斋、刘统之重游大观楼,楼滨滇池,游者从城西买舟,有小水径达楼下,两岸平田千顷,绿杨垂荫。《史记·西南夷传》:"滇池方三百里,旁平地,肥饶数千里。"其实南北相距,不及二百里,东西半之,以外群山蜿蜒,乌睹所谓数千里哉!又滇池解者不一,有读"滇"为"颠",训为"颠倒"之"颠"者,如《华阳国志》"有泽水,周回二百里。所出深广,下流浅狭,如倒流,故曰滇池"是也。有书"滇"为"颠"者,如司马相如《子虚赋》"文成颠歌",《注》"益州滇县,其人能西南夷歌,颠与滇同"是也。又有训"颠"为"顶",谓其地独居高顶,后人因池加水,始为滇字者。至滇池,多以为即昆明池,按杜佑《通典》主《汉书》“北至叶榆为巂、昆明”之文,以大理府境之洱海为昆明池,云汉武尝像其形于长安,作池习战,是滇、昆明非一也。或又曰滇池亦称昆池,唐昆州之设,因水为名,姑并录之,以俟考定。是日,西南风甚狂,游者率不尽意,然蓬窗杯酒之乐,不减前度也。

三月初一日(4月18日) 夜雨。

十五日(5月2日) 月前印帅复拜疏引退,是日奉到纶音,仍切慰留,世之不得于君,而犹走权门、通贿赂为固宠计者,睹此当废然已。

二十七日(5月14日) 晴雨不定。先是,慎生有从军临安之行,月前已僦居署外。卜是日,束装就道,适余抱病,不获走送,心殊歉然。

二十八日(5月15日) 连日感受寒疾,同署李慧堂药之,遂愈。慧堂,溆浦人,通儒复通医,应聘来署,于《灵枢》、《素问》诸书靡不毕究,与谭脉理不啻洞见症结也。性尤敏,读书过目不忘,近年六十有四,无事辄闭目坐诵经传,终篇一字不遗,同人疑而伺之,案头茗碗数具而已。晚近士人,多以空疏应世,医道尤败坏,尝见若辈偶读《本草歌诀》,窃《千金》、《肘后》数方,即哆然以和、缓自任,乌知化刀圭为酖毒,使草木如剑戟哉!慧堂盖倜乎远矣。

二十九日(5月16日) 是日,闻越南之河内省于本月八日为法兰西所破。河内,越故都也,襟江府海,扼水陆要冲,法夷据之,北溯富良江而上,直抵滇边,东叩广西镇南关,不过六七日程,煽祸滇粤,最为易易,微独越人失其天险也。夫中国藩属,数千年来,守汉唐衣冠之旧,沐圣人诗书遗泽者,惟朝鲜与越南。越南弱不自存,而又遇悍鸷之法,其势无望再兴,揆朝鲜近日之事,亦时时有人焉挟矢袖丸以拟于其侧。呜乎!洋族肆其机诈,称雄海上,隐忧强食者乃在循分效顺诸小国,天道之变,岂有极哉!

四月初一日(5月17日) 是日申刻,日食。文武官救护,仪同月食。

初八日(5月24日) 阴。薄暮上碧鸡台,遥见空际,若断虹数十道,五色绚烂,排云并出,询之瘴也。其气芳馨,触之则病。瘴之为戾,大抵阴霾沉郁之气所积而致,故城市无瘴,人多则阳胜也。高山与平原无瘴,阳气伸也。地寒无瘴而热有瘴,阳遏于阴也。瘴发于清明,其收以霜降,应天气也。毒虫灌莽之属类能兴瘴,戾气所感召也。避瘴之要,洁身忍欲,暖衣而淡食。祛瘴之法,芟秽疏壅,集火器,烈山泽以攻而鬯之。若夫解瘴之药,则蒟可酱、阿魏可臭,芸香之草可以当茶也。瘴乡久客,念之慨然。

初十日(5月26日) 雨,午后大雨。午刻,送同署曾雨人归邵阳。

十三日(5月29日) 先二日,龙首腾孝廉(骧)至自益阳。首腾应印帅之聘,代余校读者也。师席抗颜,此心久已不怿,幸逢瓜代,适遂归怀。

十五日(5月31日) 未刻,与力吾、怀钦、辅之赴饮张家花园,应汤幼庵之招也。园在城西北隅,花木亭槛绝胜,滇人士皆金谷视之。

二十一日(6月6日) 晴雨无定。是日,腹痛异常,又以生日之故,愁病交侵,倍滋客感。

三十日(6月15日) 送李茂园使成都,兼送陈仲山归隐龙阳。

五月初一日(6月16日)

初三日(6月18日) 是日放学。午后,贺黄赞忱权云龙州篆之喜,兼过李果堂、邓味琴茗话。

初四日(6月19日) 与怀钦过汤幼庵小酌,座间晤庞游击(朝阳)东昇,游击往来交阯北圻一带有年,谭彼处舆地,皆言之款款,性情尤厚[1]朴,见在中外兵端已兆,如游击者亦师行得力之人,顾抑郁

---

[1] 原作“愿”,据文义改。

下僚，不得少逞其志，可慨也。

初五日（6月20日） 阴。同人至三牌坊观花。三牌坊，阛阓鳞比，为省门极盛地，俗于是日作卖花之会，过藏春之坞，红瘦绿肥，登众妙之场，蜂迷蝶醉，艾虎蒲觞而外，又添佳话矣。

初九日（6月24日） 晨雨，旋止。得本年正月十八日暨三月三日家书，始闻镜澄四弟以第一人食饩之喜。

十二日（6月27日） 余我如来候。我如于去年九月以土司争袭故，出使耿马，至是蒇事，谈彼处山川风俗，原原可听；又言驭远人之法，不出九经柔字，余甚韪其言，滇边土司多矣，官吏从事其间，大都虐遇之而贪加之，迨其怨毒恣睢，又从而戮之，悲夫！若我如者，不诚贤大夫哉！

十三日（6月28日） 与怀钦过余我如处，我如出缅甸贝叶经见示，字皆从左绕右，笔画牵连，如蛛丝，如结绳，如画家双勾花卉，背面皆满，不可识认。谈次，我如更以西爨碑、南诏碑、木邦刀、娑罗木笔筒各一见赠，皆滇南物也。

十四日（6月29日） 黄赞忱招饮湖广会馆。日中，与首腾、怀钦迂道至莱海以北，访陈圆圆清修之所，不遇。中途憩至正寺，询之老僧，云故址在小西门外里许瓦仓庄，今为三圣庵。如言至其地，古庙数椽，强半残毁，所云圆圆遗像及宫中旧物，无一存者，碑石亦不载原始，然庙中规模，审之非平人所能矣。日昳，始入城会饮，爰与赞忱订西游大理之约。

苍洱日记卷五

云南之为国后，中土入版籍，上世羁縻而已。犷悍崛强，尤在大理一隅。岂俗之难驯，毋抑此山川险远之故哉？余既客授滇言号有日，窃以为苍洱之奥，莫得仿佛。适吾友黄赞忱之官云龙县州，大理属境也。台伴之行大理者，西去滇九百里而遥，于古为昆弥。其城郭负苍山、临珥海、绾二关，号天固，巇崄四制，亦既兼井陉、剑阁之奇矣，而又藉产里、百濮之伦，为众筰马、旄牛之属，盐池、金矿、宝玉以富地之旁通也。西逾山箐及卫藏、印度，南浮大金沙江，指缅甸入海。骁杰之姿，因缘以煽诱，脱有缓急，逋逃荒窅，而中国亦远之不甚与校。是则南诏之披猖于唐，郑赵杨段跳梁炎宋，梁王为有明之顽民，近世若杜文秀闭关僭乱，非无故矣。虽然，险其可恃乎？古人有言曰：在德不在险。孟获倚峦岗而武侯渡泸水，韦皋筑筹边之楼诏峦[①]贡方物。螳螂之臂，曾不以当辕也明矣！及今草薙禽猕之后，皇路荡夷。如余闲冗，犹得浮游洱海，询两斧降龙之异。倘佯苍山十九峰之侧，望玉带云起，则胸臆为开。而往返千八百里间，览其山川人物，离奇浑朴，可愕可欣，不可谓非游之壮者。及兹南旋，为父老话昆弥之迹，慨然念形胜之所在，今犹之昔也。然而登临之感随之矣。奉之自序。

---

① 疑为“蛮”。

光绪八年(1882)壬午夏

五月十五日(6月30日) 夜雨。客滇久已,闻大理形胜为云南最,牵于人事,尝以不遂游踪为恨。至是,缘黄赞忱刺史云龙之便,辄私订约,闻者多以为怪。余维滇楚相距数千里,大理又僻于西,悠悠萍踪,未识此生能否重到密迩奥区,顾未可失之交臂也。自非谢客,乌足知之。

十六日(7月1日) 刘力吾闻有大理之行,治酒饯别。座客犹多以息驾为言者,唯独怀钦窃壮其志。怀钦知我矣。

十七日(7月2日) 晴雨不定。午后,同赞忱就道,中途田秧泛绿,草长蛙鸣,左顾太华山,蒸云如墨,右瞻玉案诸峰,日光影射,相距数百步,晴雨判然。三十里碧鸡山宿,山与城东金马山相望,旧《志》云:"天竺摩竭国阿育王生三子,长扶邦,次宏德,三至德。王有神马,其色如金,三子争欲之,乃纵马至东山,为少子所得,因名山曰金马。长次二子既不得马,乃屯于西山,会山有碧鸡之瑞,土人误以为鸡,遂名山曰碧鸡。后三子既殁,扶邦为碧鸡山神,宏德为岩头山神,至德为金马山神。汉宣帝遣谏大夫王褒求金马、碧鸡之神,褒至蜀,移文望祭而返。"指此。碧鸡山峭拔千仞,上有关,称西来要害,旅店甚少,遍索,得小楼半间居之。

十八日(7月3日) 晴雨不定。二十里飱粑铺,二十里安宁县,汉连然县,唐安宁县,元以来从今称。城东螳螂川经之,螳螂川,滇池下流也。天津桥跨其上,下启至三孔时,方新涨。水挟泥沙行,急如马驶,赞忱比之无定河,信然。川产马蹄盐,常璩《南中志》云连然县有盐井是也,以近盐之故,往时州亦繁富夥够。今经回乱,人民夹川居者,十才二三。是日,投宿最早,饭已,复出门晤土人李怀勋,询石淙、曹溪、温泉诸胜,言之颇晰。返自大理,当远叩山灵也。日暮,翁寿吾来会,寿吾习刑名家言,将随赞忱赴云龙者。

十九日(7月4日) 阴,午后见日。二十里平地哨,五里草铺,十里青龙哨,群山纡折,土田肥美,民居亦完好。十里安丰哨,十里翠屏山,上建大千寺,下即禄膘村也,一作禄嘌,凡百馀家,负山为市。十五里老鸦关宿,四围山势合沓,如环如堵,中辟平地千顷,村落其间,宛然釜底。

二十日(7月5日) 阴,巳刻大雨。逾关而西,十里上大狮子山,又十里小狮子山。山并峭崿,大者尤崎岖,谚云:"莫到狮子口,十骑九下走。"行路之难可知。五里杨老人哨,十里栋橡关,亦呼腰站,为黑白诸盐井销引转运之区,聚落颇富。五里石门哨,大山也,远望螺峰,峨峨并列,层云被之,莫测其高峻,山顶有石如门,临逼绝壑,行者坠惧。及逾石门而西,鸟啼花发,路曲泉流,须臾之间,夷险变态。行者又顾而乐之,如此者十里,至楝树塘。已及山腰,旁睨他山之顶,尚承其足,譬犹泰山岩岩,因邱垤而益显矣。八里石云庵,岩树幽邃,碣其傍曰明大学士王文毅公故里。文毅名骥,明时以大军征麓川蛮,几不得竟其事,于思任父子论其覆军縻饷之罪者,至以李宓、杨国忠为喻,则其功名亦无足观矣。二里启明桥,十里禄丰县宿,亦古连然地,元至元十三年,始分置今县。

二十一日(7月6日) 晴雨无定。禄丰县城西星宿江经之,上建星宿桥,下启七孔,工整为迤西诸桥冠。星宿江一名丁癸江,即礼社江东源也。出罗次县南九成山,西南流至新平县西北境,与礼社西源合。既过星宿江,十里净莲寺,基大山之椒,前倚壑,后隐林,东望禄丰城如碟,江潆洄如带也。十里南平关,山三面陡绝,惟南稍平,因名。二十里绿李箐,自此五里达响水关,殆《志》所称兰谷关也。崾嵲郁茀,湍石有声,翳翳修林,稀见白日,磴道蟠屈,其中忽而登天,忽而坠渊,为西向威楚第一要隘。十五里新铺塘,中途历九盘山水,山嵯峨以巉嵯,水清澄而澎湃,树讳其奇而石夸其诡,诵"暗谷疑风雨,幽崖若鬼神"之句,如见斯景已。三十里舍资驿宿,舍资河发源处,水东南入星宿江。

二十二日(7月7日) 申刻,雨。十五里代管冲舆夫行处小食,口无择味,余辈惟早晚授餐,中道或饥,辄以鸡卵饱之。十五里蒙七铺,十五里甘露庵,十五里广通县宿,绕郭山水最佳,鹤翥山左旋而南,立龙河右旋而北,凹凸相衔,宛如太极。

二十三日(7月8日) 阴,微雨。广通县西回蹬山者,相传南诏阁罗凤攻云南至此,以雷雨回兵,故名。嶕峣万仞,飞翠城郭,悬磴十七里至其巅,摩汉切云,众山皆小。十三里石涧铺,细雨斜风之际,山色空濛有如画里,自此山稍平衍,循龙川江右岸行,十里方家河,二十七里平山河,平山、方家二河,皆水之北入龙川江者。三里楚雄府,穿城出西门外宿。楚雄,汉益州郡弄栋县地,晋至齐兴宁郡,元威楚路,明楚雄府附郭县,亦曰楚雄。其地山平川豁,气象雄浑,迤西一大都会也。咸同回乱,郡城不守者再,今其居民贫苦,才八百馀户。吾闻威楚沃饶,宜树艺,斥卤之利甲全滇,楚蜀交广,商旅视为枢纽,兴复之机,其在人乎!

二十四日(7月9日) 阴。三十里大石铺,十五里青云哨,八里大石河,水东北入龙川江。二里过龙川江桥而北,龙川江一名虹江,又名苴水,出镇南州西苴力铺,东流经州南,又东经楚雄府北,又东北经定远县南、广通县北,又东北经元谋县西,又北入金沙江。五里吕合驿宿,亦作吕阁。

二十五日(7月10日) 阴,夜大雨。十五里高峰哨,十五里镇南州,汉弄栋县南境,唐傍望等州地,蒙氏置石鼓县,以州东三十里石鼓山得名,元以后从今称。十五里水盘铺,二十里沙桥宿,中途再过响水河桥,沙桥以西则响水河发源处也,其水东南流,曲曲数十里,入龙川江。

二十六日(7月11日) 微雨,未刻大雨。二十里新铺,值新雨之后,水激湍以流,黄木葱茏而滴翠,村童蛮女率作豆棚瓜架之傍,风景绝胜。至此大道出深谷中,老樾蔽空,修藤罥壁。十里大佛寺,苍崖翠巘,迎面而来,云雾幂其上,而涧水舂其下,阴森幽映,如游洞府,如入暝天。十里憩某处，谓尽山之奥矣，仰视前头，峰峦更展，一成再成，鸟道横绝。又十里始据其巅，上有鹦鹉关，以山产鹦鹉故，以氏山者氏关也。出斯途者，越峻坂，穿深箐，有时万绿迷离间，寒虫唧唧，凄切动人。二十里大哨塘，途逢大雨，潦深没膝。十里普昌河，阻水就宿，店极湫隘，观舆夫燎衣向灶，或相对吸阿芙蓉膏，委亵可笑。

二十七日(7月12日) 晴雨不定。比晓，知普昌河涨落，齐役夫涉之，流尚汹汹及膝。十五里普淜，时已向午，询云南驿，远不能达，即留宿。普淜者，土人称陂堰为淜，犹吴语积水为浻，燕谓涉渊曰淀矣。

二十八日(7月13日) 阴。沫滂岭距普淜四十五里，所经有杉松湾、金鸡庙、孟获箐、安南坡、岩岭，稠叠陟降，不易过此。二十里宿小云南驿，路皆坦夷，未至驿数里，过一泡江，出云南县北二十五里梁王山，东南流潴为品甸、青龙诸海，又东流经驿南，折东北流经白盐井，又北入金沙江。一泡江来源不及百里，两岸平田万顷，虽资灌溉，时苦熯干，田畴多荒芜者，水利不兴，牧民者责也。驿旧为云南县治，后县他徙，故以小云南别之。

二十九日(7月14日) 北行八里，复过一泡江，折而西，七里清海铺，过此循青龙海东南岸，崇冈弓抱，澄波镜开，凫藻联翩，渔舟隐见，西来日对万山，忽亲水泽，譬诸饱肥甘者饫大羹之味，厌丝竹者聆钧天之奏矣。十五里清华铺，北望云南县，临侧水际孤浮如屿。四里清华洞，硿砑如门，深广各数十武，上有窍，形如覆螺，天光一线下漏，中藏无数小洞，曲折旁通，偏左一洞尤深邃。是时积水洞中，戏投以石，有声镗鞳，俄而蝙蝠群飞，寒风瑟瑟怕人，疑鬼魅怒人窥伺者。凡洞多倚崖嶂为诡谲，此独藏之培塿，异矣。一里万花溪，与一泡江同出梁王山，合流数十里，至九鼎山下，始分为二，源同流异，其滇中之相离水乎。万花溪南流经弥渡为白崖江，《志》称礼社江东西二源，此其西源也。十里倚江铺，十五里加买铺，所经皆童山，浅草茸茸，一览而尽。十五里白崖宿，白崖近人呼红崖，汉元狩初彩云见白崖，因置云南县；建兴中丞相亮南征，斩雍闿于白崖川，师还，命龙祐那为酋长，祐那始于西山下筑彩云城，指此，今无有城郭，而居民殷阜，俨同城邑。

六月初一日(7月15日) 阴，夜雨。十五里定西岭，本名昆弥山，明西平侯沐英改今称，峥嵘嶒崒，亘数十百里，中饶泉石，张佳印诗“横岭云盘石涧多，芙蓉随仗转嵯峨。泉声百道凌天出，散作西南九渡河”，纪实也。磴道嶙峋而上，乔柯灌莽，翳乎左右，岭之高处，便见点苍，白云吐吞，崭绝殊状。十五里大哨，定西岭之西面也，岭东峻而西偃，灵秀之气特钟，岭西竹树娟好，涧水淙潺，农夫三五，而芸苗厌厌满野，大道出其中，险巇若失。十五里江西村，小桥流水人家，老树之傍，野寺斜阳，鸟语深林之乐，其迤西道上难得之景矣。自此循波罗江而北，十五里赵州宿，汉云南、邪龙二县地，唐镜州地，蒙氏为赵川赕，夷语州为赕，亦作赕。元初立赵赕千户，至元中改州，州西有三耳山，一名凤仪山，以“一支两翼，如凤来仪”也，中城望之，势尤骞举。

初二日(7月16日) 阴，午雨，未霁。十五里旧铺塘，地当点苍山东南，《志》称点苍山有玉带云，至是见之，山腰白云英英，绵亘数十百里，宽不及丈，上下山体毕露，绝似带围。未几，风卷云舒，万态千变，玉带之形幻矣。十五里龙尾关，亦呼下关，稍南危崖对峙，束洱水南泄如线，重关塞险，一水中界，为拒守要地。十五里道左见南诏碑，侧卧苔藓间，长丈有四尺，宽半之，厚可尺许，书法遒劲，神似李北海，惜多剥蚀。五里观音寺，寺极壮丽，庭除之内，方塘百亩，中立巨石，上有阁，塑大士坐像，石下洼如岩龛，大士立像飞梁通往来，缭以曲栏，皆点苍石为之。世传汉兵入境，大士化一老妇，以草系巨石背负而趋，将卒惊曰：妇人膂力如此，况丈夫乎！兵遂却，寺内巨石遗迹也。十里抵大理府，侨松柏栈，省门至此计程九百里。大理府，前汉益州郡，后汉永昌郡地，晋至齐东河阳郡，唐时为南诏所据，号大蒙国，寻改大礼，传至段氏又改号大理，元大理路，明大理府，附郭县太和，旧为叶榆县，唐宋时蒙段都此，曰羊苴咩城，羊苴咩者，蛮语实叶榆之讹也。

初三日(7月17日) 王莲舫太守、蔡范卿刺史、伍月阶司马来拜，以点苍山游事告之，佥云山凡十九峰，峰挟十八溪，郁然高峻无可测，拟揽其胜者，必兼旬累月，且林阻谷奥，顶常积雪，无人家祠宇可便食息，游者必毡帐行厨，如蒙古之游牧，而后可。考《华阳国志》，点苍山，一作熊仓山，旧《志》山在太和县西五里，自北而南，亘百馀里，高六十馀里，横列如屏，时有云气，佛氏以为灵鹫山，《续汉书》注："邪龙云南，山似扶风、太乙之状。"余既习其说，私衷辄向往，闻三人言，罔然久之。日昳，出拜黄提戎(武贤)侯光，提戎随答拜。

初四日(7月18日) 雨，申刻止。别黄赞忱，赠诗三首："'苍山亦何高，珥海亦何深。高深两不厌，吐纳犹初心。吾乡有志士，怀抱空古今。少壮捧毛檄，去去兰仓浔。''嗟余远游客，踽踽违其情。高山与流水，意气感平生。长风满林壑，送子太和城。挥泪一为别，萧萧征马鸣。''颇闻比苏地，生聚杂野人。居处倚巢穴，风气仍狉榛。殊乡渥雨露，万物熙阳春。树德远不遗，荣名时所珍。'"近午，假馆屈星垣副将(鸿泰)处，晤李庆林守备(昭宇)。午后，蔡范卿导之，观普贤寺石塔铜佛，便过余纵谈至二鼓，始去。中间及咸同回乱，官军克复大理，时回已就抚，提督杨某辄肆淫掠，降众二万馀人有怨，言某诈降，众聚点苍山下，闭上下关，诛之，两日未尽，馀人数千，逼赴洱海死。迄今阴风怒号，鬼燐夜走，冤郁之气，犹能为邑人灾云。

初五日(7月19日) 中和峰，点苍十九峰之一，龙眼、凤眼二洞，又中和峰之一境也。点苍之崇峻无由遍览，不获已，邀同蔡范卿、伍月阶为二洞之游。向午，并马出苍山，门道傍荒冢累累，如行北邙将七八里，至中和峰之麓，坡陀相续，再上益荦确，乃徒步七八里，忽逢崖壁千丈如削夷，其下纵横各数十步，幽花细草披拂，方敲石煮茗，踞地小憩，仰视龙眼洞，正出崖上，迳而往，有石礧硌，百尺窍狭，而长如苍龙怒眼，循窍入，得石屋半椽，丛莽没人，钟乳欲滴，洞西石壁裂处有桥，桥西悬磴，缘壁栘栈构佛舍，俯绝壑如将动摇，将从桥观之，而目眩心悸，足瑟缩不能前，往尝自恃腰脚，谓天下无不可造之险，至兹辄窘。凤眼洞南去兹洞里许，奇谲如之，崖曲凿石成床，才容二人坐，深谷当其前，下有飞瀑，砰訇如雷鼓，危视骇听，懔乎莫留，而彼岸峭峻之处，有石龛六七供佛子，迳路阻绝，不知何以工作也。久之，复憩前者煮茗崖下，时范卿已戒从人具酒食，凭石尽醉，疑隐疑仙，不复记人间世别有佳境也。夫二洞之高，不及点苍五分之一，然俯视太和城外三百六十村，星罗棋布，珥海前抱，如月生五日，东北眺鸡足之峰，祥氛缭绕，东之南瞰梁王山势如屏，盖眼界业已如此，登峰造极，当复何如，仰止之私，终抑郁而莫伸矣。日夕，从故道策马归，值侯光军门惠食物数具，即与范卿、月阶引觞尽之，灯下得《登点苍中和峰作》二首："'郁郁西南十九峰，此山真面合呼嵩。当年仙岭飞灵鹫，镇日长风架玉龙。绝涧喷云晴亦雨，危崖馀雪夏犹冬。嗟余远道虚游屐，苍翠依稀隔万重。''日落天低翠嶂横，罡风吹我上方行。崖嵌石佛云烟冷，径绝樵苏草木荣。珥海波开明镜影，榆城人杂乱流声。炎荒禋祀崇中岳，留得蛮王死后名。'"

初六日(7月20日)　辰雨，巳刻霁。大理府后倚点苍，前抱洱海，塞上下二关之阻，几无路入，天险如此，而南尽哀牢之利，北抚吐蕃之众，西兼怒猓，东向以临威楚，惟其僻远，愈益形胜。天下有事，在我，有鞭长莫及之势；在彼，生夜郎自大之心。唐宋以来，蒙段负固、世相雄长，得地利也。午后，李庆林导游西云书院，伍月阶来约游洱海，王莲舫惠食物数品。

初七日(7月21日)　晴雨不定。晤杨孝子棣华(连科)，谈曩者割肉愈亲事，另有《传》赠之。日中，伍月阶同蔡范卿招游洱海，襆被策骑，出通海门。十二里登舟，略具舟形，帆樯、篙桨皆不类，无篷无碇，亦无百丈、五两之属也。甫移舟，大雨一再至，衣淋漓尽湿，而是时天色沉沉，水云之气，混茫欲合，泛乎中流，如处雾海，求所为悦目者无有焉。考之洱海即叶榆泽，亦名昆明池，又为澞水，《汉书》"西至叶榆，为隽昆明，及汉武帝欲征西南夷，于长安象昆明池习水战”指此，有谓即梁州之黑水者，非也。中具三岛四洲，九曲之胜，长可百里，广不及滇池之半，论者又以海形如初月抱珥，故“洱”亦作“珥”矣。渡海而东约二十馀里，将抵岸，大雨复至，呼从人就附近之潭村觅宿，得茅屋半间，壁破尘封，厨烟触眼则泪出，能避风雨，幸已。向晚，月阶属仆从进酒食，篝灯纵饮，居陋犹欢。

初八日(7月22日) 阴雨，午霁。潭村一带居民佥称蒙家，“蒙”音如“明”，即南诏蒙氏后也，非习汉语者，语言多不可晓。早起，向逆旅主人询其土俗，张目直视而已。饭罢，同人登高，望苍山十九峰，罗列如屏，上矗霄汉，中和峰尤尊严，端冕正笏，未足喻也。范卿语余曰：“盛夏来苍山，非时多雨，云气蒸蒸然，往往失山之全体。”是行得睹真面，为不负矣。方流览间，更拟访罗筌山、铁雨崖诸胜，阴云忽合，大雨欲来，惩日昨之累，买舟而西，舟才容八九人，中流大波轩然，同人相戒不敢动。逾时登岸，疏雨滑途，喘行十馀里，雨侵其表，而汗透于里，周身衣鲜干者，幸伍、蔡亦久习艰辛，不重为游人咎也。

初九日(7月23日) 雨，夕霁。晤罗级山（炳元）游击、马瑞圃（应祥）都司。

初十日(7月24日) 晴雨不定。巳刻，过黄侯光军门茗话。军门粤东人，年六十有二，和平清俭，无宦场气习，谈及少时艰难，深以持满为戒，亦贤矣哉！夜，杨畅亭守备过访，述咸同间杜文秀叛据迤西事。文秀，永昌回人，故无赖，好结客，值大理汉回械斗，回人闻文秀潜踪蒙化，可计事，遣使迎之。是时文秀有众八百来援，汉人闻风溃，大理遂陷，戮附郭汉人殆尽。文秀既据大理，发兵四出，连陷郡县，蹂躏及省门，远近土司皆纳款，势张甚，遂自称大元帅，改服色、易官制，服色以白为上，官制有十八大帅、骠骑、扬威等将军之名。顾文秀无远志，且心多忌嫉，枭桀者终不为用，是以其兴虽暴，覆亦易焉。虽然，文秀自咸丰甲寅迄同治辛未僭位号，自雄长，十有八年矣，岂非乘中原扰攘，而又藉山川之悠阻哉？

十一日(7月25日) 苍山产石，白质黑章，间或黄绿色，初甚模糊，必以蜡沃之，然后山林云物之状始出。唐李德裕平泉庄命曰醉酒石，香山白太傅命曰天竺石，皆谓是也。是日，出街市物色之，贾人分外居奇，实无动目者。

十二日(7月26日) 日昃，蔡范卿招饮，酒后得《榆城晚眺》一律："西来登眺一开颜，斗大山城罨画间。岭际泉随高涧落，海东人待夜船还（滇中多大风，昼动夜息，故洱海操舟者率候夜行）。劫销佛土留三塔（大理即古妙香国，为佛氏阿育王地，往时浮屠甚众，今唯城西北三塔寺近古），戍老滇陲阻二关。六诏纷争等泡幻，天威今已慑群蛮。"

十三日(7月27日) 屈星垣以是午接提标中军印，治酒劳客，其戚萧石卿明府惠虎威骨二枚，云"骨在虎胸颔之交，凡虎之有威，全恃此骨，佩之入阵，胆气益壮"，其信然耶。

十四日(7月28日) 萧石卿导游三塔寺，西北去城数里，大祇树园也。寺创唐开元初，一名崇圣，今毁去，才存三塔：大者高十六级，青铜覆顶，光华耀目；馀二差小，置之他处，尚为浮屠之冠。余闻大理属东天竺，尊尚佛教，缁流多迂怪其说，莫可究诘，《佛经》尤夸鹫岭鸡园之胜。游大理始知鹫岭即点苍鸡园，宾川州之鸡足山也。寺观虽众，略无神异，且天竺诸种悍且陋，至今慈氏之教，以度世为主，何其不自近始耶？三塔寺傍，土人数十家，率追琢点苍石为生，所居皆石屋，流水曲折旁通，行处相似，夜月甚皎，感成一律："戍鼓动榆城，轻寒薄暮生。天临山路近，月傍海波清。塞险输蛮诏，乡怀逐雁程。日南朝贡地，闻道未销兵。"

十五日(7月29日) 申刻，雨。先数日，谂罗级山、李庆林有事滇省，与约是日就道重过观音寺祷焉。寺当圣应峰麓、感通寺之前，圣应峰，点苍之十六峰也；感通寺，即杨升庵演六书转注处，今毁。憩龙尾关，闻关南数里有天生桥，乘暇往观，复嶂巉崖，隔水嵺刺，山之麓各突一石，如二人吐舌相向不及，复一巨石掩而续之，笋接天然，叶榆水至此南泄，触桥有声，闻桥南尚有龙关晓月、不落梅花诸胜，无暇往矣。折而南，至龙尾关外，观万人冢，明将军邓子龙吊以诗云："唐代南征以捷闻，谁怜枯骨卧黄昏。惟有苍山公道雪，年年披白吊忠魂。"吾闻唐天宝中征南诏，阁罗凤前后丧师二十馀万，阁罗凤收尸瘗之，以为鲸观，且不止万人也。暮宿赵州，得《观龙尾关天生桥》五古一章："山灵好奇谲，蓄势何峥嵘。一峰影东倒，一峰首西凌。苍翠欻翕合，中有石梁撑。硉矹谢雕凿，信以神工成。初疑爪牙交，两虎出穴争。又如人吐舌，相对不相能。洱水中注之，雷鼓齐砰訇。常恐蛟龙起，因之风雨生。迢迢永昌道，峨峨太和城。地险已如此，人力兼经营。堞堵罣岩壑，楼橹依崚嶒。百夫当雄关，其气骄万兵。成皋不足数，虎牢安可称。炎徼多阻艰，去去劳余情。"

十六日（7月30日） 逾定西岭，得七律一首："昆弥层嶂划西东，才上峰头更有峰。百道水泉经雨急，半山云气和烟浓。鸟如唤客迷苍翠，花不知名任紫红。行过白崖更回首，始知来路入清穹。"宿白崖，闻之级山云"白崖南十里许，有唐时铁柱，高四十馀丈，大且合围"，拟乘骑往观，不果。

十七日（7月31日） 倚江铺一带崎岖难行，悯舆夫之苦，徒步十里，憩万花溪畔，两岸冈峦稠叠，林莽蔽亏，听水声潺湲，出峡兀坐，久之，百虑俱清矣。宿小云南驿，录《匡州道中作》二首："'九鼎山前不断淙，万花南去一泡东。如何依样相离水，未许蒲帆片片通。''十里明漪映落晖，刺桐花发鲤鱼肥。扁舟一叶摇双桨，惊起凫鸥逐对飞。'"

十八日（8月1日） 上沫滂岭，西望水目、天华诸峰，虎踞龙盘，苍翠不断；东北望老青山，崔崔律律，界普昌河、一泡江之间，尘眸豁如，不欲竟去。夜宿普淜，距前此宿时二十日矣，逆旅主人若尚相识也。

十九日（8月2日） 普淜至沙桥百里而近，投宿后，闲步村外，夕阳欲下，清风徐来，缕缕炊烟，穿林如织，隐约山谷间，有荷樵驱犊缓缓归者，相对画图，飘萧意远。中途经鹦鹉关，随赋一律："箐密峰回石蹬盘，前途车盖尽云端。水鸣松涧雷初动，日暖藤稍露未干。谢客几曾扶杖过，王乔应更化凫还。碧鸡金马名空负，何似移文到此间。"

二十日(8月3日) 阴雨，巳刻霁，夜大雨。夜宿吕合，与级山谈同治辛未官军克复大理事，大理负山临海，南北扼上下二关，回贼恃天险，营碉垒为负隅计，我军数万不能进。日方攻天生桥，值二关守将同日约降，贼见天生桥事急，促队往援，城中亦出贼声应，当是时天生桥炮声雷动，二关降将则开门纵官军分道入，出贼不意，我军奋力抟战，沿海碉垒悉拔，遂进营距城十里之观音塘，持数日，城中出悍贼万馀来扑，旗尽白，望之如荼，故当日兼有白旗之号。贼来，殊死斗，我军几溃，而复振，自五月围攻至十月，贼中骁将曰小扬威者，杜文秀婿也，见外围日急，募敢死士二千，皆披发执械，垂冥镪于鬓，衣裤纯墨，胸背标"死勇"字，鼓角声惨凄，狂奔向敌。我军当之辄败，度不可力争，但从壁上以火器击之，如是数日，而敢死士伤亡殆尽，我军即薄城仰攻，贼誓死守堞堵，随圮随筑，终不可下。是时大兵四集围久，费不赀，督师怒甚，令军中穴城从隧道入，入而营者将及万人，昼夜巷战不少休。于是，贼始凶惧，约降，其酋杜文秀诣我军服罪，犹然龙衮黄舆，多其卤簿。文秀之将降也，取孔雀胆吞之，比至，毒发不能言，督师即斩以徇，并降众二万馀人诛之，城内外膏血都满，尸积山邱，凄风苦雨，三日始霁。大抵回性傲很，至死不变，倚村堡抗命，所居屋梁、楼柱，预以油沃之，事危则聚家中老幼与米粮、金玉、牲畜之属，闭户自焚，不欲为他人有也。是役也，始于汉回械斗，继而汉戮于回，终则回歼于汉，扰及数十州县，前后死者，无虑数十万人。余尝欲采其本末叙次，以备观览，顾力不之逮，因级山言，姑志崖略如此。

二十一日(8月4日) 阴，午后雨。至楚雄府，得五律二章："'路转峰回处，山城豁远眸。云开平野阔，风定晚烟浮。足国征盐井，防江倚戍楼。乡人遗泽远，庙食重炎陬(吾邑彭雨峰太夫子曾守是郡，以清惠祀名宦祠）。'‘滇西三百里，山国此称雄。白鹿恹蛮部（段氏据大理时，以此为白鹿部），青蛉说汉封（今大姚县即汉青蛉县）。驿连巴蜀远，言并冉駹通。曲曲虹江水，安澜喜再逢。'”投宿，过市一览，土产鸡㙡、虎掌、黎窝绝佳，皆菌之属。

二十二日(8月5日) 阴，夜雨。宿广通县，沿途石蹬多坏，桥梁或不整，阴雨泥泞，行者病之。闻之西南夷，若力些、普特、古宗、窝泥、猡猡、爨蛮、哀牢、棡方之属，不下数十百种，及是见所谓古宗者，发辫百缕，披垂前后，毡衣圆领，跣足为人负重，性懒秽垢，与牛马同圈，寝起不辞也，因谓之臭古宗矣。

二十三日(8月6日) 雨旋止，夜复雨。甘露庵，山之最高处也，指顾众峰，纷涌如海风吹涛，漫无畔岸，欻焉云气轮囷，随风散布，顷之，所谓纷涌者不复睹已，造物之不测如此。过此，憩蒙七铺，遇胡鹏秋来自省门，讯知鹏秋有代理宾川州篆之喜，歧路匆匆，只益感叹。宿舍资驿。

二十四日(8月7日) 夜雨。是日过九盘山，赏其奇奥，长歌纪之："九盘之山天下奇，蹲踞虎豹蟠蛟螭。乱峰镠辖不可解，昂首入云云纷披。悬崖嵚崎日月隐，石涧湍激雷霆随。林树蓊翳失条鬯，槎枒横茁藤倒垂。此时石蹬盘其中，低者坠渊高摩穹。途人对岸已相见，行行十里方追踪。平生看山得大概，到此眼界迷西东。初疑武侯图八阵，离奇变化无终穷。又疑钟馗役百鬼，面目狞恶眼方瞳。更疑海上方壶涌，波涛震撼邪龙宫。半为怍愕半欣赏，停车坐对神冲融。有山如此委荒僻，点缀楼阁稀人工。得毋山灵甘寂寞，瑰奇未肯供凡庸。不然移置向中土，泰华恒嵩伯仲之。竭来欷歔复感叹，层岚欲起长风吹。"向夕，至禄丰县宿，闻滇俗于六月二十四日为火把节，至是见之，夜间家家燃炬，照耀田野，有悬远如星宿者，有排列如火树者，有狂奔如燧象、游行如烛龙者，好事家兼碎朽木为屑，投之炬端，其光腾腾，男妇彼此对爇，欢呼追逐，夜分始息。

二十五日(8月8日) 阴。薄暮，宿老鸦关。滇至叶榆千里而近，所经关隘大概有九，曰碧鸡关，曰石门哨，曰响水关，曰回蹬山，曰鹦鹉关，曰沫滂岭，曰定西岭，曰龙尾关，其一则老鸦关之狮子山也，莫不山险天然，有井陉、函谷之势。

二十六日(8月9日) 阴，酉刻雨。前此宿安宁县，曾与李怀勋谈石淙温泉之胜，至是仍宿安宁，怀勋来候，言此间迂道温泉去省，裁远十馀里，灵皋密迩，不可失也。顾同人无暇往者，乃以舆易骑，决意独行，兼嘱同人以行箧至省。

二十七日(8月10日) 晴雨不定。黎明率健卒三人策马出北门，为温泉之游。循螳螂川西岸行三里，隔川望岱晟山，双峰峻举凹其中，如笔架，土人因以笔架名山，一名坎山，相传神僧张善信除妖坎山即此。又北三里，从石淙渡螳螂川而东，石淙，明杨少师(一清)筑精舍读书处，李长沙(东阳)有赋。过此复循川而北，山川窔窕，松石离奇，渐即于幽胜，约五里许，飞岩绣错，石瘦而多窍，接连七洞，傍临水际，题咏满岩壁，北距兹千馀武，即温泉矣，泉方广盈丈，深半之，甃而屋其上，其沸也如珠莹澈，如玉气之和也，不寒不暖，浴之适温，然天下温泉如骊山、零陵、渝峡众矣，类皆磺气逆人，兹独和甘，且上出不肯留垢秽，故杨升庵品为天下第一汤矣。泉傍有寺，及人家三五，尝饮是泉，是以无疾病夭札，惜间之僻壤也。浴已，揽辔出故道，西望曹溪寺，秀结如绘，隔于川，不获往，回顾温泉之上，则白云如幂气淋漓相属，悔游踪之仓促矣。复之安宁州，时已过午，疾驰抵省门，留宿屈鹄臣处。风雨长途，夜益困惫。

二十八日(8月11日) 晴雨不定。日中，复居节署，同人来讯，而向之怪余者，乃无不以四旬中往返千八百里为余壮，余亦自喜大理之游有类夫独断勇往者矣。

七月初一日(8月14日)

初六日(8月19日) 晴雨不定。过李文山茶话，因之访岑楚卿(毓宝)观察，并过李星莹小酌而返。是日，刘怡庭同年至自新宁。

初九日(8月22日) 会饮倚松书屋，长松怪石，幽静宜人，亦署中之一景也。此外若海天阁、若宜园、若双桂轩、若选石亭、若致爽轩、若碧鸡台、若春雨轩、若双仙阁，皆有佳致。

初十日(8月23日) 余我如招饮湖广会馆。

十一日(8月24日) 周厚旃招同王怀钦、刘力吾、怡庭昆仲、张小云同年(坦)饮其家。先二日，厚旃命其次子(安恺)和叔来受业。

十二日(8月25日) 定期归长沙。日昳，李文山偕屈鹄臣招饮张家花园，兼饯别也。

十三日(8月26日) 往各处辞行。

十四日(8月27日) 印帅治酒饯别，同座余我如、张小云、唐夔友大令，夜过汤幼庵宿。

十五日(8月28日) 早起，曹六皆姻丈致饯。日暮，汤幼庵招同王怀钦、刘力吾、怡庭昆仲饮其家。是日，印帅暨滇中诸相识各惠贶有差。

十六日(8月29日) 大雨。初拟是午首涂，雨阻不果，同人亦坚意挽留，良朋雅意不忍拂也。

十七日(8月30日) 雨。当午，招同喻守备德馨戒舆从就道，屈鹄臣、李文山、王怀钦、周厚旃皆送别南门外之东岳庙，黯然歧路，相对魂销，不觉泪之承睫也。暮宿板桥。

十八日(8月31日) 雨，午霁。宿杨林驿，是行汤幼庵观察派亲兵数人致送，而驻防杨林之参将刘春廷者亦饬属送之，可感也。

十九日(9月1日) 晴雨无定。宿易隆驿，道中偶成一律："滇南三载客，重此驻征鞍。浪静杨林海，云回木密关。俗安夷汉久，天定雨晴难。何事悲歧路，殊风且纵观。"

二十日(9月2日) 阴。途次红旗哨，戍卒进糊米茶，烧米煎之即成，虽极无味，然渴者仍易为饮也。宿马龙州，土产荞麦面，颇佳。

二十一日(9月3日) 阴。宿霑益州，州南侧交河恒有水患，西北龙华山蜿蜒下趋，近城阜起如龟，基其上尤可望远。

二十二日(9月4日) 阴晴不定。滇俗呼潴水曰海子，水曰洟，岭曰坡，沟曰龙江，虹曰水椿，云曰云彩，初生月曰月牙，松炬曰松明，画角曰画晓，高田曰雷鸣田，坡曰和，城曰笼。宿白水驿，见有以松明照物者，戏拈一绝："水椿收去月牙生，乍听洟笼画晓声。海子龙江浑不辨，有人坡上爇松明。"

二十三日(9月5日) 阴晴不定。棠梨湾而东，中途再过小河，不知其名，憩多罗铺，询武弁龚某，始知所过即清溪河上源也。出棠梨湾南，曲曲数十里，东流迳多罗铺南，左纳桂花洞水汇为海子，折南流稍东至扬威岭，伏流里许至清溪洞，北复出合宣威州南境水，南流迳清溪洞东、平彝县西，又南流为块绎河入北盘江。其伏流始出有潭，圆径丈许，水势坌涌，瀺瀺有声，亦奇观也。宿平彝县东，汤幼庵观察云："竭来书剑总飘零，瘴海蛮山取次经。一代车书同绝徼，百年心事付长亭。那无热泪倾知己，尽有闲愁悔识丁。闲赋归来重惜别，倦邮风雨响檐铃。"

二十四日(9月6日) 阴，巳刻后晴雨不定，夜雨。出滇南境至亦资孔驿宿。驿东北岩石奇古，下有朝天洞，门高丈许，广可七八尺，中虚如室，可容数十人，视之顽石磊砢无异也。归询土人，知洞之幽奥处有口极狭，仄身而入，则豁然开朗，石乳穷形尽变，如是曲折达山顶，有似朝天之意，故名，则余亦失之皮相矣。

二十五日(9月7日) 阴雨不定，午刻霁。亦资孔驿东数十武，过小水，即拖长江上流也，出平夷所北山东，流经驿南，又经驿东折而北，经毛政营西，又东右纳海子铺水与两头河水，折而西北近云南之宣威州境，又折而东北经土城、长沙岭等处，又东右合普安厅水，又东当西林渡上游六十里入北盘江。土人之言如此，诸家图说则以为拖长江东流至软桥，右纳普安厅水，又东经普安县北，又东右纳三一溪水，左纳猪场河水，入北盘江，亦似拖长江未尝西北流矣。然以余足迹所经，自亦资孔东过拖长江上流以来，东行八十七里即过猪场河，并无所谓拖长江者出猪场、普安二水之间，是拖长江决然绕向西北，至近北盘江数十里处，始折而东北右合普安厅及猪场河水，又东入北盘江，明甚。诸家之说，殆未可据。宿两头河，市南山麓有二石洞，水出伏流，合而西北入拖长江，故名两头河，尝至洞口观之，滔滔不绝，不知所自来也。

二十六日(9月8日) 刘官屯东距猪场河十有馀里，山林幽阻，时有瘴雨，猪场河当即桑经所称豚水，出普安厅西北孔官屯以东，屯西则拖长江所经也，河东南曲曲数十里，与普安厅水合。暮宿杨松。

二十七日(9月9日) 宿罐子窑，中途经南京桥，水出普安厅西南境，东流至三板桥，折东北流，又折而西北，左纳猪场河水，又北经南京桥，又北至上寨塘东北，右纳普安县北境诸水，又北稍东与拖长江合，东流入北盘江。昔人谓东合拖长、猪场二水，流经安南县北，即东入北盘江者，非是。

二十八日(9月10日) 夜雨。罐子窑至下寨塘三十馀里，沿路小岑锐峦重累大山之上，如笋出林，如签满架，及老鹰崖始下峻坂，惟山多戴石，其生不蕃，农夫耕石隙中，终岁之粮，咸恃包谷，间有稻田，亦硗确耳，贵筑以西，往往如此。宿花贡。

二十九日(9月11日) 大雨，巳刻止。阻雨未行。午后，出门缓步，市东有阜隆起，上建寿佛寺，倾圮过半，丐僧二人居之，人岂悟空，衣谁无垢。拜如来之座，佛顶尘封；问香积之厨，禅心水淡。噫！可恻已。

八月初一日(9月12日) 阴。茅口河两岸峰头巉巉，具弩张剑拔之势，既渡而宿，出观金刚锁，亦呼霸王鞭，碧干而猬芒，节续而生，别无枝叶，形肖刺桐，有白汁，捻之能杀人，土人尝密种以当篱落。

初二日(9月13日) 阴雨不定。午后，上老王山绝顶，两度经此，皆遇云气，山之真面终无得而睹矣，得七律一首："拉邦山势接天来，云雾经年郁不开。何必蓬壶称世外，却疑神鬼出岩隈。林梢怒马嘶残照，涧底惊泷走薄雷。灏气罡风相对久，果然游屐绝尘埃。"暮宿郎岱厅。

初三日(9月14日) 阴，微雨，东风甚寒。宿坡贡，夜寒益甚，薄绵在身，不觉其暖，知夜郎秋气深矣，得句云："木落夜郎国，秋风生晚凉。山围深箐雨，瘴带野花香。夷獠悦清化，游人悲故乡。夜灯相对久，为汝一倾觞。"

初四日(9月15日) 阴雨。宿镇宁州。

初五日(9月16日) 晓雾，阴，酉刻微雨，夜大雨。早餐来坡哨，自滇中启行，沿途日中小食仅煨包谷数枚啖之，至此饮食较便，宿安顺府，值场期，苗汉熙攘，犹及富有景象，郡东西各有小水贯城，而南入宁谷河，人家际水，蒲苇绉波，为城居增胜。

初六日(9月17日) 晨雨，旋霁，夜雨。夫役谓休憩曰打坐，至是以长途况瘁，为打坐一日。《志》称郡城有胭脂井，汲水炊饭，色如胭脂，又称府城东北有双眼泉，左红右白，甘咸亦异。次第访之，胭脂井在东门内，已秽浊不可食，双眼泉在源泉书院之前，外虽二孔，下实相通，无所谓红白甘咸之异，岂地灵有时而变，抑文人之笔墨半属子虚耶？

初七日(9月18日) 阴晴无定，夜雨，旋止。早餐头铺，夕至安平县宿。城内东西隅二山对峙，东山圆尖如笠，上耸孤塔，山腰庐舍悬构，远而望之，若挈蜂房。

初八日(9月19日) 风，夜大雷雨。五马塘数峰相向，如骏马并伍而驰，故名。传餐之际，相对怡然，以不尽登陟为恨，中途过的澄河，宿清镇县。

初九日(9月20日) 阴晴不定，夜大雷雨。午后，过龙场，黔人互市，以十二辰为别，如辰日所会之地则曰龙场，酉曰鸡场，午曰马场是也。黔地食盐皆来自四川之富顺、犍为二厂，其色微黑，质如土块，坚不易碎，土人恒以小块就食品中融之，名其盐曰锅巴矣。餐黑泥哨，见其如此，询知黔俗类然。逾马王庙而东，道西江河之间，薄暮侨贵州省，随过杨子川世叔小酌。

初十日(9月21日) 阴雨。往拜吴诚斋观察(自发)、何铁琴刺史。

十一日(9月22日)　晴雨不定,夜大雨。拟至贡院观黔人入闱,涂滑不果,兀坐竟日,有若枯禅。

十二日(9月23日)　阴。过子川世叔,晤其叔仁山太世丈于座,即与至周启南姻丈处,姻丈习刑名家言,时客曹咏芝(昌祺)幕中。

十三日(9月24日)　雨,巳刻阴。日午,周启南姻丈招饮其家。

十四日(9月25日)　阴,微雨。晤柳小汀(元翘)茂才、谢鉴臣(景春)军门。贵阳城北有小水贯城,而南入图明河,寓楼侧水,观之成趣。

十五日(9月26日)　阴晴无定。以中秋之故,过杨仁山太世叔午酌,剥菱雪藕,犹是故乡风味也。夜月甚佳,出自旅人之目,终为悄然。

十六日(9月27日)　近午发贵州,过大水桥,时已薄暮,疏篱犬吠,老树鸦栖,环顾乳山,苍紫欲合,少憩月出,益前数里,达龙里县宿。

十七日(9月28日)　风。晨餐麻子铺,而东经新安塘,道左岩涌如台,高可七八尺,三面阻绝,唯西向石级可通,上建石宝寺,倾圮过半矣,竹荫藤悬,幽赏自在。又东经牟珠洞,初入有门,俯行数武,开拓如厅事,绝顶天日下漏,积石璘璘,云飞绮错,中一石柱自顶注地,围可二人合抱,皆石乳凝结而成者,穿插其外,如悬缨珞,造物之巧,真不可思议。再入而左,闻其中尚可游行数里,然窅黑不敢问津矣。宿贵定县,土产黄丝烟有名。

十八日(9月29日)　晨雨,旋止,申刻霁。贵定城南北各有小水至城西合流,又西入瓮城河。晓起,出东门溯北水行五里,餐玉春观,又十五里至谷濛关西麓,便得水源,自关而东,水无巨细,大概皆无沅之所受矣。是夕,宿西阳驿。

十九日(9月30日)　阴,北风甚寒。晨餐土地坡,益东至羊老驿宿,有羊老河,即平定河,北流与麻洽河合,又北入沅。

二十日(10月1日)　晓雾。早起,过平定河,随上黄茅岭,未半而餐，悬磴拗折数里臻其巅，云雾空濛中，间见崖树，讶为魑魅，西来如点苍、拉邦诸山云气盛矣，似此尤迷离也。憩清平县，久之宿大风洞。视日尚早，往寻其胜，甫入洞轩然豁然，约略容千人，折而右，深暗不测，春夏尝有巨浸涌出，今已秋涸，而沙石错落，流痕宛然黄河故道；出洞而左，石级折旋，上有小口，侧身入亦开朗，可容数百人，盖洞上叠洞，如人张口仰鼻，各自为窍也。上洞之左复有小口，蚁穿至其地，崖壁间佛舍数楹，又出二洞之上，如列眉然，凭栏注目，寒碧飞空，清旷无际，洞之妙，盖层出不穷矣。《志》称洞深二十馀里，后穴达羊老之西，余维羊老距兹五十五里，且平定河界其东，似未可据。

二十一日(10月2日)　阴。晓行十馀里至观音山授餐，忍饥久矣，途经重安江之铁锁桥，近桥一带相戒不施网罟，俯视沉潭，群鱼泳游，有相忘江湖之意。宿黄平州，其地山势回翔如鸟张翼，城践其上，三面皆高，唯北城亘平田中，乘堙望之，民庐四百馀家，历历可数。

二十二日(10月3日)　阴。餐五里桥，而东接次过十里桥，所经皆无水，上流也。又东经飞云洞，福地重来，相看不厌，洞左稍后山腰有瀑布，虚悬百尺，是前此所未见者。宿施秉县。

二十三日(10月4日)　阴。晓渡西门河，渐见舟楫，途次餐沙坪，东经镇雄关，两山之趾，界以深谷，行者上下其间，相隔数里，犹然对面，故亦呼相见坡也。向晚，侨镇远府，计自今可舟达长沙已，欻逢水伯，嗟我马之已瘏，笑却山灵，愿布帆之无恙，虽恶劳好逸，不免世情，亦缘归程由是近耳。

二十四日(10月5日)　阴。申刻，观剧两湖会馆，久之，过太和山，寻崖洞之胜，相逢陈迹，喟然无尽。

二十五日(10月6日)　阴。午后，登舟视船主人，即前此送余来镇远者，蓬窗问讯，如对故人，殆释家所谓因缘矣。

二十六日(10月7日)　阴，大风。日出，发镇远府，九十里清溪县，四十里泊河口，思州府境，诸水入无处。

二十七日(10月8日)　微雨，辰刻大雨，旋止，夜大雨。二十里玉屏县，三十五里大鱼塘入湖南界，山莫莫以掩青，水油油而泛绿，故乡风景不见二年矣，倚舷闲眺，不厌反复。二十五里晃州厅，舟中得七绝一首："布帆轻曳五溪烟，苇白枫丹九月天。试把归怀比流水，两情都似箭离弦。"十八里泊曹家溪。

二十八日（10月9日）　阴雨不定。百有二里沅州府小泊，舟中得五律二章："'鸟奋凌风翮，人安下水舟。短篙争急濑，缓棹狎回流。岸远花先露，岩高树并浮。无阳三百里，秋色满汀洲。''长风生巨壑，新涨没危滩。石阻鱼梁密，潭深蟹舍寒。人家残照外，山市翠微间。乡景浑如昨，蓬窗耐久看。'"四十里泊螺洲。

二十九日（10月10日）　辰刻大雨，巳刻阴雨不定。百六十里泊黔阳县，往谒黄梧春封翁（作梴），封翁，余友赞忱父也。留酌，返舟垂三鼓矣。县城西有芙蓉楼，唐王昌龄赋诗送辛渐处，泊舟垂暮，不及往观。

三十日（10月11日）　阴，巳刻见日。六十里洪江小泊，自镇远往常德府，水程得半，忆庚辰冬由此道镇远，历十有五日，今镇远至此才四日耳，水之盈涸，即人之苦乐，舟之迟速，判然矣。七十五里泊黄狮滩。

九月初一日（10月12日）　阴晴无定。夜，长星见东南。三十五里新乐河，土产茶油甚佳。沅水之大利在油与木，故售木者以托口为归，而售油者则争走新乐河焉。百里泊白面岩。

初二日（10月13日）　三十里辰溪县，二十里浦市小泊，六十里泸溪县，十五里泊三洲。

初三日（10月14日）　四十五里辰州府小泊，过蒋秋泉司马茗话片刻。六十里泊北溶，辰州府境，万山丛薄，水壑其中，如下建江，出巫峡也。

初四日（10月15日）　午后阴。六十里青浪滩，沅江节节皆滩，此尤首屈一指，然夏秋涨后，水荡涡成，浪回花吐，巨石见波间，如龟如鳖，扁舟直下，有高屋建瓴之势，比之冬寒水落，利钝不侔矣。下滩之际，有鸦瞰舟而飞，榜人辄黍肉饲之，云是神物，不敢忤也。百有十里泊挂榜山，灯下得《过马伏波祠》长歌一章：“盘瓠有遗种，孕育溪峒间。崖壑恃深阻，椎跣鸣刀环。建武号神圣，选将溯辰沅。迢迢五溪道，溅溅百曳滩。刘尚敢深入，将士无生还。伏波奋请缨，垂老犹据鞍。当其顾盼时，气已吞群蛮。日赤草木枯，火云堆为山。羽林四万众，触热逾重关。临乡报大捷，丑虏号且奔。师行重险要，决策为其难。挥骑向壶头，磴道相旋盘。万峰西激水，雷鼓随波澜。天时与人事，二者皆屯艰。欲守罹酷暑，欲战阻崖峦。扶病殡已死，壮士摧心肝。生平誓裹革，一死非所患。所嗟功未就，谮人犹有言。焉知千载下，庙貌惟严尊。翩翩神旗降，箫鼓娱忠魂。高山何郁郁，流水何漫漫。我来载拜谒，秋风凄以寒。”

初五日(10月16日) 阴晴不定。七十里桃源县小泊。九十里至常德府寄碇。

初六日(10月17日) 雨。更雇沙窝船往长沙。

初七日(10月18日) 微雨，东北风甚劲。日出开船，九十里泊沧港。

初八日(10月19日) 阴，夜雨。三十里龙阳县小泊。五十里泊流星潭，产鱼，价贱于他处。

初九日(10月20日) 微雨，大风，夜雨。三十里羊角脑，南嘴山之西南境也，山在西湖中延袤百里，水大，舟经其西南，水小，经其东北。三十里天心湖，北属洞庭，渊渟一气。二十里沅江县，别称药山，地当资水入湖处，饶鱼米之利，顾习俗淫靡，水潦不时，见流民杂处，盗贼多有，治者难之，自此南溯资水。行五十里齐湖口，折而东顺资水支流，十里泊大林港，两岸居民数十家，倚树临流，烟景入画。

初十日(10月21日) 阴，暴风。向闻操舟者言风暴之期历历不爽，如九月之重阳暴，亦其一也。是日，风果大至，舟人才张数幅帆，犹极簸荡。四十里箍头圩，风力逾猛，簸舟将危，仓促命泊，为举篙助之，舟横篙曲如弓，弹身落水，藉浅草无恙，然昧保身之戒已。

十一日(10月22日) 微雨，暴风。守风牌头圩。是行，觉舟子有利客心，每夕戒从人、倚刀剑，更番坐卧达旦，如防大敌，貌示宵小以不恐，意实懔懔，石尤阻之，忧来如痗。

十二日(10月23日) 阴，大风。是日风力犹急，属舟子勉强开行，十里篚口，三里乔口，十里靖江小泊，方话堂兄葶汀处，风势欻北，急登舟，六十里抵长沙，时已初更，仍宿舟次，由常德府经沅江、乔口等处，至长沙水程四百六十里，越七日到家。

癸未会试日记卷六

左图右史，扬推古今，著述之乐也；航海梯山，流连风月，宦游之乐也。二者得其一，已足摅怀抱、名世宙，然求其考核乎舟车，祛耳目之所疑，议论于道途，通古今而为一，则才或限之，遇亦窘焉。粟子赓笪归自昆明万里，居湘郊月馀，出洞庭，而北沿江水，而东跡六朝之故都，揽两浙之全胜，泛沧海，观京师。已，乃渡黄河，循清淮而南，探其行囊，裒然有书一卷，随其所见，证以所闻，间出谈言以讯当世，若有心，若无心，若纪行之偶作，若经世之宿编，回视畴昔公车，兹行又别有一天地已。赓元与粟子相见石头城畔，询其所游之地，赓元亦尝游之，而茫然无所得也，则遇未尝窘而窘于才也，赓笪之才于是乎多矣。书之柬端，即以赠别。

愚弟邓赓元拜读

光绪八年(1882)壬午冬

十二月十四日(1883年1月22日)　阴。日昳，附小柏舟往新堤，时笔堂叔、季能、谷青两弟皆送别水次，南风顺利，登舟即行，泊扁担夹，日才西也。余以是年九月归自滇黔，岁事云莫，更上公车，季能弟赠别句云："细数归期才九十，旋惊客路渺三千。"谷青云："蓬飘才绝域，梗泛近残年。离合亦偶尔，悲欢重惘然。"篷窗默诵，堕劳人之泪已。

十五日(1月23日)

十六日(1月24日)　微雨。守风扁担夹。

十七日(1月25日) 微雨,北风有声。早饭后勉强开行,不数里风浪大作,急就乌龙箐泊焉。

十八日(1月26日) 阴,夜雨。泊虞公庙。

十九日(1月27日) 阴,午后微雨。琴棋望夜泊,依韵答谷青弟四首:"'秋风动地起,万里还南乡。还乡见予季,栾栾素冠裳。失怙不百日,哀怨倾同堂。并言去年春,曾折双鸳鸯。''死别非偶尔,生离宁适然。嗟予本劳人,逐逐风尘间。复此都门去,言从炎徼还。难为临歧泣,乃在薄暮年。''妖星烛翼轸,丑类环神州。时事方望治,哲人多隐忧。错盘见利器,砥柱谁中流?吾弟亦宏才,努力崇清修。''长剑指远道,飘然湖海行。残年满风雪,客路怀湘衡。万物各有托,孤舟何所营。载赓赠别章,去去劳余情。'"

二十日(1月28日)

二十一日(1月29日) 微雨,暴风终日,阻风琴棋望。

二十二日(1月30日) 阴,酉刻风暴。日中渡湖而北,泊晒网洲。相传洞庭冬涸,辄胶数舟,及春始脱,云洞庭君留以守洲者,予始惑之,至是果见两艘搁于洲际,而操舟家亦若为及瓜之代,无敢怨违者。世事荒唐,固如是哉!

二十三日(1月31日) 阴,暴风竟日。守风晒网洲。

二十四日(2月1日) 晓雪,朔风甚劲,夜雪深尺。晒网洲虚无人烟,非寄碇之所,值小除夕,舟子乃退泊高山望就食,距洲十里而遥矣。

二十五日(2月2日) 阴晴不定。凌晨开行,复过晒网洲而北,至岳州府小泊,上岳阳楼一览,时傍黄昏,舟人更鼓棹以进,比及新堤,鸡声达旦矣。

二十六日(2月3日) 大风。绝晓,寄装家柚公局次。

二十七日(2月4日) 是日立春。新堤,沔阳州属南境也,又称茅镇,江流至此亦曰茅江,皆以距兹十馀里茅埠得名。堤创自明万历中张江陵相国,外障大江,内护田泽,屹然金汤之固,沿堤居民千馀户，为武汉以上巨镇。

二十八日(2月5日) 阴。与宗伯寿、仲笏昆季观龙王庙闸工，沔阳州属以南一带，滨江非堤防不为固，而长堤以内如白石湖、官湖、洪湖、子具渊等处，环贯田舍，冬春恒有积潦之患，因时蓄泄，又非石闸不为功，当事请之朝，发帑十馀万浚河建闸，惠政也。

二十九日(2月6日) 阴。过刘少卿(子元)游击茗话。

三十日(2月7日) 阴晴不定。是夕，爆竹声熚烞达旦，旅梦迷离，似携团圆饼与家人共啖也。

光绪九年(1883)癸未春

正月初一日(2月8日) 夜风。俗于黎明燃炬门外，聚男女环拜曰烧发把，此与《吴中风土记》所云"除夕，人家各于门首燃薪满盆，无贫富皆尔，谓之相暖热"事正相类。又彼此贺年，入门惟向主人祖龛一揖而出，主人在傍，客亦不为礼也，土俗相沿，殊堪喷饭。

初二日(2月9日) 大风，微雨。

初三日(2月10日) 近午，附倒扒船往汉口，船小如瓮，劣容栖止，迤北经下茅埠，东岸即岛口，黄盖湖水入江处。夜泊蛇口。

初四日(2月11日) 午后阴，大风。亥子之交，舟人即解缆下驶，向晚泊东江脑。

初五日(2月12日) 阴，午后微雨。过午抵汉口，侨长郡会馆。

初六日(2月13日) 雨。萧鉴章、熊荻楼、彭笙陔诸孝廉自长沙来会。

初七日(2月14日) 阴。夜，匡策吾、张汉卿过谈。

初八日(2月15日) 雨，午后止。日暮，邓司马良甫(赓元)约往金陵，挈装上北京轮船。

初九日(2月16日) 阴。五更发汉口，水浅舟重，其行趑趄，薄暮至武穴，虑有浅阻，复停轮待旦。

初十日(2 月 17 日) 阴雨。平旦展轮，当午过马当山，大雨如注，而舟行自若，见火轮之利矣。

十一日(2 月 18 日) 阴，辰刻微雨，旋止。近午，抵金陵，易小舟溯秦淮河，曲曲十馀里，至三山门登岸，秦淮二源一出句容县北之华山，一出溧水县东南之东庐山，北流合于方山，复西流分四派，此其北流一派，绕城而西入江者。侨湖南会馆，故粤逆之伪王府也，壮阔为白下诸馆最，而是时流寓殆满，与良甫就厅事草草下榻，几不成寐。

十二日(2 月 19 日) 雨霰，巳刻后雪。与良甫移寓承恩寺，先是，去年九月罗仙樵有金陵之役，约期往会。至是侦其所在，犯风雪，策马访之，并晤其东道主甘子谦军门(大有)，围炉欢宴，夜不知寒。

十三日(2 月 20 日) 雨。早餐后，策骑归承恩寺，僧徒炊爨自私，不以饷客，客之酒食，咸取给市门，每饭之求，正不易易。

十四日(2 月 21 日) 阴。往拜李次云观察(家骅)，金陵气象雄伟，形势便利，东南都会无过此者。国朝休养百馀年，尤极富庶，遭发逆之变，城郭萧条，瓦砾弥望，城南稍复市聚，馀则桑田菜圃，结茅沿涧，往往墟墓，敻不见人，徘徊中道，愀然悲矣。

十五日(2 月 22 日) 霰雪。移寓三元栈，随过罗仙樵夜话。

十六日(2 月 23 日) 阴。郑佑星明府过访。

十七日(2 月 24 日) 辰刻，小雪。往谒左季高侯相及赞臣将军。午后，同人宴月华楼，为罗仙樵贺生日。

十八日(2 月 25 日) 阴。近午罗仙樵来谈清凉山之美，且导而前，直北陟鸡鸣山，上有北极阁，夷敞豁目，阁左倚志公台，僧宝志施食处也，西接耆阇寺，陈后主命樊毅屯耆阇寺拒隋师，即此。阁之高处可北眺元武湖，近若钟阜，远若燕子矶诸峰，山色与湖光相属也。出阁而西，径坡陀之间有磴，曲曲达清凉山绝顶，虎踞龙蟠之概，豁然并露，江城烟树，郁乎苍苍，盖其山视鸡鸣为高，而其中亦特饶丘壑，自昔盛时，园林精舍遍山之左右，本朝随园其最著者也。今并湮灭，惟南向小仓山存有袁简斋墓碣，百馀年来变故如此，何有于六代之兴衰乎？方太息时，而清凉山寺钟动矣。归路多歧，几不可辨。

十九日(2月26日) 阴晴无定。日晡，李次云观察招饮，同仙樵赴之，迂道桃叶渡，白门烟柳，是时不及三分之一，然楼台临水，弦管流风，六朝韵事，犹得而仿佛也。

二十日(2月27日) 阴。先数日定计同仙樵走吴入越，遵海而北，税于津门，谬欲尽湖海之大观矣。是日趁买舟之便，至朝天宫展晋卡[①]忠贞墓，朝天宫本吴冶铸处，一呼冶城，今新其地为孔子庙，冈阜隆桀，眺远者眷之。夜，伍秉仁军门饯饮其家。

二十一日(2月28日) 雪，未刻止。早起，陈子富军门(家贵)招饮，及午，同仙樵冒雪策骑出石城门，今呼旱西门，登舟欲行，雪霏霏未止也，乃更对酌，以遣夜寒。

二十二日(3月1日) 晓雪，微雨。早发金陵，十五里龙江关，近呼下关，左带白鹭洲，右倚狮子山，为秦淮水入江处。二十里燕子矶，石岩阻江，具飞翔之势，江中有寿带洲，芦荻弥望，矶洲之间则草鞋夹也。二十五里泊江北之划子口，滁河分泄处，有宣化镇，列肆千百，自镇而南渡江曰五马渡，以晋元帝渡此得名。江之南岸曰靖安镇，北人自滁州全椒来者，必问津于此，与采石、瓜州并为津要矣。

二十三日(3月2日) 风，小雨。三十里避风瓜步口，滁水入江处，水出含山县西北黄山，“宋绍兴三十年，金亮南侵，造三闸，潴水，塞瓜步口，虞允文自采石还京口，命张深守滁河口”[②]即此。历三时许风定，鼓棹入黄天荡，韩世忠与兀术相持处也，苇洲交错，烟波无际。四十里泗源沟，十里泊江北之十二圩，维扬盐引转输之所也。鹾船分队寄碇，修樯林立，番舶通商以来，夺长江舟楫之利几尽，唯盐务一节，曾文正力与之争，留归民运，迄今商民赖以存活者，无虑数十万。仁人之泽远矣哉！

---

① 当为“卞”，即卞壶。

② 见《读史方舆纪要》卷二十。

二十四日(3月3日) 微雨,午后止。四十里镇江府,趱程不得泊,望江山之胜,倚舷成七律一章:“扬子江头水更东,扁舟如叶不惊风。城开铁瓮来番舶,山数金焦见梵宫。春树万家朝雨足,海门千里夜潮通。中原且喜澄清久,莫忘洪流击楫功。”三十里丹徒口,江南运河之支港入江处,由镇江泛棹吴门皆主运河,水大从镇江府城西之京口入,水小从丹徒口入。既入丹徒口,二里至丹徒巡司西,二流仍合,司故丹徒县治也。十八里月河市,东有山介立,因迴为高曰独山。十里新丰镇泊。

二十五日(3月4日) 晓雾,巳刻后阴,大风有声。入春阴雨兼旬窘人,曈曈日色忽射船窗,如郁而嚏,当之愉快。二十里张官渡,自此而东南,运河经大夹冈之下,亦呼夹冈河,上下百馀里间,地势高邛,水易浅涸,历代理漕皆引练湖济运,故有“湖水放寸,渠水增尺”之论。二十里丹阳县,本楚之云阳邑,秦皇以其地有天子气,截直道使阿曲,改曰曲阿矣。二十里陵口,齐梁诸陵所在,烟墟灌莽,无复陈迹。二十里吕城,旧有吕蒙所筑城,故名。吕城以东,河较深广。二十里奔牛镇,灯下成《曲阿舟中》一律:“蒲帆片片曳云过,运渎湾环抱曲阿。流水半篙桥偃月,人家十里户凌波。长陂雨过翔鸥鹭,野郭春寒老薜萝。想得练湖芳草色,年年分绿上渔簑。”

二十六日(3月5日) 大风,酉刻小雨。舟行运渎中,佳植馀荫,清风绉波,蟹簖鱼梁,时常侧客舟而过,依稀人影,似隔疏篱,目之所谋,辄适于趣,不徒流连往复,永行子之幽情矣。四十里常州府,本吴之延陵邑季札所居,亦春申君封地也,感赋一律:“毗陵南去思依依,城郭春融水四围。潮上柳桥通海市,路回芦渚见渔矶。春申宫殿馀芳草,季子祠堂有夕晖。便欲买邻烟树里,手披荷芰制裳衣。”二十五里戚氏堰。十里寄碇横林铺。

二十七日(3月6日) 大风。三十里洛社铺,歧流四达,小艇潜通,湖上人归,杂英满鬓,而松竹荟蔚间,时或茅屋窗虚,出钓丝于外,鸥眠鹭浴，市远无哗，摩诘辋川之图、季真剡曲[1]之里，当如是矣。二十五里泊锡山驿，吴泰伯始国于此，今为无锡、金匮二县治。县西有慧山，一名九龙山，出泉甚甘，陆羽品为天下第二矣。慧山之东别有峰曰锡山，圆秀特立，并建祠宇，振衣千仞，可望太湖三万六千顷也。县境赡足兼山水之胜，纪以四绝句："'锦幌瑶窗面面开，水心亭子碧成堆。恰宜菡萏香时节，纨扇蕉裳约再来。''慧山幽块锡山圆，楼阁参差出树巅。好是读书台畔路，雨馀风定试甘泉。''才指松关又竹关，烟波如画路如环。吴侬含笑摇双桨，知入梁溪第几湾。''春城一角水平流，对岸笙歌对面楼。乐酒不须愁日莫，更邀明月上帘钩。'"

二十八日(3月7日)　风。五十五里至浒野关，去虎丘不远矣。虎丘为吴会丘壑之表，顾尝企其胜而未得至也。由虎墅三十里过枫桥，有阜隆然，上举孤塔，与帆俱转，心知为虎丘，亟舣舟与仙樵步上岸，不三里入寺。寺故晋王司徒珣、司空珉之别业，所谓舍为东西二寺者。既入，拾级登望，岩崿绝异，有亭翼然，趋视，得颜鲁公所书"虎丘剑池"四大字，径尺许，磨于岩。岩西裂，即秦皇掣剑击虎处，今名剑池，绿湛湛然，云壑风泉，为是丘最幽处。虎西走廿馀里至浒墅，浒墅，虎疁也。去池复来亭，亭名二仙，摩陈图南、吕纯阳像，亭之东篆千人坐，及生公讲台迹，在崖之巅。由崖而下，石广轮十数丈，其荦确者下入涧，清远道士放鹤涧也。过涧北上东山庙，即短簿祠，钟梵寒云，尘想不杂，独慨然念珣，感夫今之视昔，怅惋无已。绕祠后西憩可中亭，亭北生公说法台，亭南千人石，又西登浮屠，东望姑苏城，缭白萦青，楼台如画，若夫平芜千里，淡日寒烟，殆茂苑耶？绕塔之右，度石梁，梁跨剑池，深不可俯，西南一庵，宋和靖书院故址，以时逼暝，匆匆反蹊路。路左得真娘墓，选事者亭其碑，玉瘗香埋，不知几何年矣，顾犹得识其处。吁！水银为灌，金银为坑者，竟安在哉？或曰，阖闾葬之三日，金精上浮，为白虎蹲其上，丘以"虎"名，名阖闾也，然而岩

---

① 唐玄宗李隆基送贺知章赐《镜湖剡川》一曲。

壑之势出于天然，升降窈窕间，别有会心，不尽关前人陈迹也。既去，望鸡笼山郁葱葱者，晋陆玩葬此，掘地得石凤飞去，因又名凤凰墩。余舟舣其下，过而凭吊，世亦有爱才如公者否？夜泊阊门，去枫桥十里，挑镫录所得诗，凡五章：“《虎丘》云‘虎阜起平地，东南此大观。灵崖幽寺里，孤塔白云端。石暗苔痕旧，池深剑气寒。夕阳归路缓，怀古意摧残’。《放鹤涧》云‘朝放白鹤去，暮招白鹤还。泉清石愈静，野阔风无边。偶尔向林壑，终焉翔远天。黄冠不知处，涧草为谁妍’。《短簿祠》云‘烟草凄迷短簿祠，独怜枢府爱才时。桓公喜怒归谈笑，何事轻还灞上师’。《真娘墓》云‘松楸萧瑟阖闾坟，宝剑千金托旧闻。惟有真娘遗碣在，年年花草竞芳芬’。《枫桥》云‘咫尺寒山寺，春游且系船。日斜江路净，潮落石梁悬。虎阜标孤塔，鸡峰有断阡。青枫三五树，漠漠绕寒烟’。”

二十九日(3月8日) 杨莲士茂才(锡年)总角交也，闻其客苏台，同仙樵出入于阊门、胥门之间，访之不得，遂过李丹卿少尉小酌，丹卿居近桃花坞，询以唐六如故宅，无能指其处者。席间谈及苏、常二郡，府库建康，枢纽吴越，而财赋所出，苏尤胜于常焉，然则东守吴淞，北有江阴，南重具区、洮滆之防，以制其变，农桑沟洫，熙熙乎冬夏不更有赖耶？

二月初一日(3月9日) 近午李丹卿招饮，酒阑，谈及吴门园林，若篬筤亭、狮子林、漫园、留园之类，几于名满天下。是时唯留园距酒楼近，亟棹而往。留园者，创自邑人刘蓉峰，原名寒碧山庄，咸丰朝毁于兵，盛旭人方伯购而新之，易名留园，刘、留音相似，不欲没其旧也。园之中廊回榭复，花木禽鱼，增妍水石，风日清丽之际，吴侬辄命俦啸侣，嬉游不辍。方之鸡鸣埭口，绣襦初回，长安水边，罗衣乍拂矣。久之，复棹而归，更约明日为怡园之游。

初二日(3月10日) 向午，与仙樵如约入城，丹卿适牵于事，乃属其友傅伟臣、汪柳堂为之导。途经吴太伯祠及范希文义庄，世之竞富贵、私货财、弃亲故若弁髦者，闻太伯、文正之风，可以愧矣。又次经元妙观，大祇树园也，裙屐合沓，百技纷陈，仙樵比之京师隆兴寺，信然。观后有楼，揽吴城之胜，登眺久之。去观数百武，则怡园也，旧为吴氏漫园，子山顾氏葺之，故又呼“顾园”。园之结构略如留园第：留园以华，此以朴；留园以密，此以疏；留园陈珍玩、侈丹漆，此则图书、彝鼎座致，水竹对之，悠然有远意，洵乎得园林之秘者。游竟，伟臣、柳堂谂余将南向武林，复送别舟次，丹卿多情，于其友征之矣。薄莫开船，三里泊胥门，手灯过杨莲士营幕茗话，回舟，值其居停焦军门（安邦）招饮，未赴。是日得《李丹卿招游留园怡园》七古一章：“姑苏城外春水长，金昌亭前春酒香。云间二月饶风光，欲往从之心傍徨。太原公子云锦裳，招手坐我朱雀航。偶过金谷倾其囊，一斗不醉连百觞。座中有客皆清狂，停杯笑向寒碧庄。园林错落烟云乡，排闼直入神扬扬。初经小榭继回廊，叠见复阁连华堂。楼台倒影池中央，红桥画槛相扶将。锦鳞跃跃文禽翔，槛之曲曲桥之傍。是时裙屐纷成行，披拂花柳扬芬芳。佩环已近声铿锵，珠珰欻隔琼瑶房。冶游若此心意偿，矧闻顾园能颉颃。水边城阙遥相望，诘朝更约排吴阊。吴阊阛阓何攘攘，金碧照耀东西厢。何人大隐垣一方，断绝尘块生清凉。泉石点缀老且苍，宜琴宜咏宜茶抢。信有丘壑胸中藏，画图十幅披斜阳。清风坐对疑羲皇，意之所得言皆忘。嗟予家隔衡与湘，此游汗漫劳帆樯。明发扁舟指馀杭，翩然回首日色荒，烟波渺渺风浪浪。”

初三日（3 月 11 日）　十五里澹台湖，子羽南游遗迹也，上跨宝带桥，下启五十二窦，唐王仲舒捐宝带创此，故名。薛氏《竹枝词》云“生憎宝带桥头水，半入吴江半太湖”。二十五里吴江县，与震泽县同城而治，城南笠泽与城北十八里之鲇鱼口，皆太湖尾闾，言水利者重之。四十里泊平望镇，控杭嘉湖三郡之要，明时倭患尝中于此。

初四日（3 月 12 日）　自吴门入浙，渔村蟹舍，缭绕无际，麦田菜圃之间，桑柘却满，纪以二绝：“‘柳暗花明路几湾，一渠流水碧潺潺。浮家顿忆烟波侣，苕霅溪头日往还。’‘豆苗初茁麦苗肥，傍水人家竹掩扉。想到春风三月暖，小姑无数采桑归。’”六十三里乌镇小泊。二十里连市，既泊，同仙樵散步，披曲径之清风，软红不到；弄小桥之流水，寒碧欲生。

初五日(3月13日) 连市至新市凡四十里，并产丝之场也。四十里泊塘栖镇，夹水为市，凡数千家，土产绵绸、藕粉有名，灯下次韵和仙樵咏桑云："二月湖州路，晴风遍女桑。树惟经岁老，枝欲出林扬。大利归机杼，先时戒筥筐。谁知春社起，直到买丝忙。"

初六日(3月14日) 四十里北新关，有闸叠石壅土，因时启闭，舟底摩泥涂，上下必数十人挽之。十里抵武林，从艮山水门入，泊菜市桥，江南运河，始京口终临安，计程六百七十八里，吐纳众派，时分时合，丽景当前，平流不滓，刺舟其间，有江湖之乐，忘风涛之险已。

初七日(3月15日) 进泊万安桥，往拜唐砚农廉访（树森）、李幼梅观察（辅曜）。归与仙樵上吴山绝顶，石磴盘折，翳以竹树，宫观凌虚，逮扪星斗，俯视阛阓，鳞鳞如绩，市声隐振，漏尽犹喧，右顾西湖镜澈群峰之里，左盼钱塘江浩浩汤汤。寒潮欲上，既慨然念越王钱氏之烈，而立马吴山，敌烽远迫，又愀然为南宋君臣悲也。循山而西，憩过玉书（铸）明府处茗话，归来船窗月满。

初八日(3月16日) 天生胜境，非人不传，浙之有西湖旧矣。自唐白太傅守杭，苏玉局继之于宋，筑堤浚葑，凡以便人也，而杨柳芙蓉，遂成佳话，得钱武肃、岳武穆、林和靖诸贤祠墓其间，由是西湖之名益著。虽然，湖亦独有其胜，如《志》所称十景，"词人墨客过者，未尝不流连以尽致"，而余之浮长江，迂回运渎，棹笠泽以指钱塘也，徒以是湖耳。是日，与仙樵泛舟涌金门外，南上雷峰塔，西憩三潭映月处，今彭宫保雪琴退省庵在焉。庵北为湖心亭，又西北为阮公墩，及庵与亭皆水中高地，略不相通，如孤山之中浮也。然孤山以北有白堤，南苏堤，西得西泠桥，分属于岸，故游者便之，舟由湖心亭舣孤山之前，便至俞楼，今太史俞荫甫因宋太乙宫故址改筑，中具岩壑，辟若洞者曰东坡庵，甃外而莹中者曰六一泉，践岩而耸者曰西爽亭。出楼而南数十武，乃折而西，憩西泠桥，望里湖云水不波。湖本一也，孤山界之，故谓山后里湖，前外湖。林处士墓在里湖之滨，梅花数百本，错以修竹。墓左就瘗鹤处封林少尉墓，少尉咸丰朝殉贼者，与逋墓不朽矣。逋墓之右，别为放鹤亭、梅花泉，时当春仲，犹时时有寒香飞到。自此北迤，复出孤山之前，见苏白二公祠、水仙庵，并委林莽，遂去，之平湖秋月处，近水有亭及榭，界其侧为沼，游鳞时见，与仙樵茗话久之，益南走文澜阁，规制视京师文渊阁稍逊，御赐四库书于上。前辟行宫，为仁庙、纯庙驻跸之所，左邻圣因寺，亦敕建也，兵燹残缺，为之永叹。文澜阁右曰蒋果敏祠，因柏堂竹阁为之，竹树轩槛，接武俞楼，其上数峰，亭亦与西爽亭并举，至此环孤山一周矣。复棹而西，至西泠桥畔，观苏小小墓，西南经曲院荷风处，再前则岳武穆庙也，庙后岳林古柏一株，枝森森南向，遗封巍然之下，后世铁肖秦缪丑夫妇及张俊、万俟卨四人像向封而跽，固无解于武穆之愤然，忠奸之辨，抑何昭昭哉！方瞻仰间，听南屏山钟杵已动，乃东渡湖，舍舟，谒钱武肃祠，读长公所书《表忠观碑》，生逢末世，若武肃者，亦知能之魁矣。绕城而北，访丰乐园旧迹，至涌金门，欲入，回首烟景，晚来如画，而灵隐、天竺诸峰，缥缈凌虚，恍兮若真人游于天际也。冀日之游，乌可已耶？

初九日(3月17日) 西湖三面皆山，独缺其东，迤西灵隐、天竺诸峰，林壑尤美。日昨，从舟中望之，中宵犹眷眷也。方旦，促仙樵复出涌金门，北绕郭，竟湖之委折而西，拂白堤杨柳，得断[1]桥残雪处，长虹卧波，界湖为二，过桥可南上孤山。还循宝石山道葛岭之侧，徘徊里湖，寻半闲堂遗址，不得，遂西南上栖霞岭，重过岳林。岳林之外，古墓累累，以张宪、牛皋之碣为最著，毅魄依依，生死不渝如此。自此西向六七里间，松篁掩映，渐益幽奥，目极峰峦，若垂天之云迎面而起，去灵隐天竺不远矣。灵隐之山，旧名武林，厥状如屏，内抱林谷，灵隐寺倚其麓，游者从山门入，望石门涧南岩石嶙峋，上摩法相，郦氏所谓“孤石开散，状似莲花”者也。迹之下有玉乳、纯阳、罗汉、蝙

① 原作“段”，据文义改。

蝠四洞，窈曲互通，偏左飞来峰之下，更启一洞，曰一线天，仰视天光，如从窗隙中出，其宋僧呼猿之处乎？复北绝涧，憩冷泉亭，亭创于唐刺史元玙，与春淙亭并听泉佳处。灵隐寺广大凡数百楹，僧徒万指，纯庙南巡尝布施之，今毁于兵者六七，然不失庄严气象也。入寺，茗话片刻，数五百罗汉相而出，便南向天竺，山脉络与灵隐青苍不断，阻上衍下，势若函谷。相传是时为观世音诞辰，号佛而步拜者，不远数百里来集，随之，以次历上中下三竺，佛舍并辟，推上竺为盛，然余闻天竺之奇不在是也。陟山之巅，可望东海，南俯钱唐江，潮来如银，拨云搜箐，幽异时显。是行匆匆，惜不著几两屐耳。下山东折向茅家埠，方议从风篁岭徒步入城，而日暮足困，遂呼舟渡湖而东入钱唐门，归与仙樵论湖山之胜，谓此游较早，四五月间尤娟娟宜人也。

初十日（3 月 18 日） 闻杭城有岳武穆故宅，访之，即今按察使署。署左百馀步，有孝泉，武穆幼女闻风波亭变，抱银瓶投井处。又左为忠烈祠，合祀继忠侯岳云、烈文侯张宪，忠义之气，类萃一门，后世犹有是秦而非岳者，则不知何心矣。

十一日（3 月 19 日） 巳刻大雨，旋止。韬光寺泉、龙井山茶、海宁州菊为杭中三绝，合之极美。然茶、菊易求，泉难得也。舟居无事，汲他水饮之，味终不及。

十二日（3 月 20 日） 与仙樵至过玉书处话别，玉书工绘事，为写纨扇，尽花卉之妙。归经镇海楼，钱氏朝天门旧址也，厥制宏敞，望倾一城。日中，舟发武林，四十六里泊临平镇，以临平山得名，近镇有明因寺，元兵趋临安，文天祥奉使见伯颜于明因寺，是矣。

十三日（3 月 21 日） 三十六里长安镇，河流悬绝，舟从淤泥中牵挽而下，如北新关也。十八里石门县。二十里石门镇，古御儿地，《国语》“句践之地，北至御儿”；一作“语儿”，《越绝书》“女阳亭者，句践入官于吴，夫人从，道产女此亭，养之就李乡。句践胜吴，更名女阳，更就李为语儿乡”；或云御儿乡，有语水，语与御通，故又作语儿，今运河至此，亦名语儿中泾矣。四十里泊陡门。

十四日(3月22日) 北风甚劲，夜雨。三十里嘉兴府，春秋檇李地，秦以其有天子气，发囚徒污之，改曰由拳，夫秣陵、丹徒何尝不被以恶名哉？佳气郁葱，何知乃在丰沛也？天之所兴，谁能废之，祖龙徒自愚耳。三十六里泊嘉善县，舟中得五律云："又泛嘉禾棹，舟行应接忙。城开吴子国，亭拥语儿乡。野阔云依柳，村遥路入桑。范湖春涨满，怀古意苍茫。"补录西湖所得七律四首："《泛舟西湖》云'西子湖边翠绕峰，澄渊如鉴影晴空。莺迷柳屿生轻浪，燕掠苏堤趁晚风。行处烟花诗卷里，谁家楼阁画图中。隙听钟杵南屏寺，敲落斜阳一艇红'。《钱王祠》云'割据诸藩让冕旒，江东王气早空侔。潮回白马三千弩，劫挽红羊十四州。能使儿孙存铁券，肯教吴越外金瓯。东风杨柳馀杭路，想见神旗整队游'。《和靖墓》云'半倚山隈半水隈，隐庐深处碧成堆。亭虚夜月谁招鹤，墓绕寒香尚种梅。不为虎丘留杖履，更难凤诏起蒿莱。剧怜湖上春如昨，手拂烟萝酹绿醅'。《灵隐寺》云'灵峰飞到武林西，崖渐玲珑径渐迷。出峡寒泉经雨急，倚山乔木入云齐。断无尘梦侵松竹，定有神丹授枣梨。行过春淙亭畔路，试凭清啸访禅栖'。"

十五日(3月23日) 午刻雨止，大风竟日，夜复雨。日出解缆，三十里枫泾。午潮上逆泊，候二时许，潮落复行。时已入暝，微风漾波，倦云翳月，橹摇向春申浦。浦上承嘉兴秀州塘水，与苏州之淀山湖水，至三泖毕汇而东，或以为即古东江与吴淞江、娄江并为三江矣。将五十里泊豆腐帮，距松江府治甚近，灯下得《忆西湖》一律："湖里烟云湖外山，楼台多少夕阳间。沙禽水鸟自歌舞，画舫珠帘时往还。柳入春风才著眼，荷经夏雨定开颜。苏堤葛岭轻为别，临去吟怀更破悭。"仙樵和作尤清切，并录之："涌金门外好湖山，剩得扁舟想像间。总觉后游难失约，记曾当境不知还。是登临处皆回首，入梦魂中暂解颜。比似风花刚瞥过，泥人春色一般悭。"

十六日(3月24日) 大风竟日。子潮初退，乘流张帆八十四里，午潮复至，暂舣舟。日暮潮落，复行二十里，泊龙虎湾，得《黄浦夜泊同仙樵书怀》一首:“春申开别派,源委贯三江。夜月澄孤渚,寒潮没浅矼。怜君怀郢璞,期我泛吴艭。欸忆潇湘曲,无言对短釭。”又《黄浦夜泛》云:“黄浦飞孤棹,行行暮色催。冻云蒸海曲,淡月翳林隈。江迥夜逾静,漏稀潮欲来。空濛复何有,渔火正迟徊。”

十七日(3月25日)　阴。十六里上海县,武林至此计程四百二十六里,更附新南升轮船往天津,初游吴门,与李丹卿为上海之约,及是访之,而丹卿果至,亦信人哉。日夕,邹瑞卿招同仙樵、丹卿、李德林、郑厚馀饮益庆楼。酒阑,过陆昭容侍史茗话。归船,夜漏垂尽。

十八日(3月26日)　薄暮,李丹卿招饮太和馆。

十九日(3月27日)　黎明,潮至,才展轮出洋。曩洋舶出入沪渎,无候潮之事,近吴淞口外忽拥一洲,坚如铁沙,不可淘汰,亦造物界限中外之先机欤?

二十日(3月28日)　风,巳刻息。风定浪柔,舟行黑水洋面,极为平稳。

二十一日(3月29日)　凌晨,寄碇燕台。移时,开行,海风从北来,舟行稍荡。

二十二日(3月30日)　大风。向晨,入大沽口,河曲水浅,舟载畸重,迟回终日,卒不得达,乃寄碇以息。

二十三日(3月31日)　大风。午后,达紫竹林,晤蔡黼臣(遇唐),相约买半跨船赴通州,以道里准之时日,通州距天津三百六十里。又四十里入都,较陆行多二三日程,然安逸过之矣。既易舟进泊天津府城外,登岸小酌。

二十四日(4月1日)　大风有声。近午发天津,夜泊马家口。

二十五日(4月2日)　酉刻风息。泊河西务,夜半,望纤月一钩,水流不竞,倚舷久之,觉森森有寒意。

二十六日(4月3日)　二月春深,草木焕发,客舟容与之际,时有惠风苒苒袭襟。日夕,泊马头。

二十七日(4月4日)　日晡抵通州。

二十八日(4月5日) 车行入东便门,侨杨梅竹斜街之鸿升店。

二十九日(4月6日) 报名礼部。是岁,会殿朝考各卷费皆湘阴左侯相赀送。过长沙郡馆,留酌周晓渔处。

三月初一日(4月7日)

初二日(4月8日) 至长沙郡馆,留酌王怀钦、龙首腾处,谈及云南节署同客情状,如在目前,然南北相去万里矣。

初三日(4月9日) 晨雨,旋止。午后,黄觐虞太史招饮,同座何莼轩、王仲霖、李淑和、刘补初、葛药桥、欧阳节吾。

初六日(4月12日) 贾榴生司马(良荣)来候,是日仙樵以事别居内城。

初七日(4月13日) 与蔡黼臣、张少恒、李仲牧、李梅田假寓内城之观音寺。

初八日(4月14日) 巳刻入场。

初十日(4月16日) 酉刻出场,值罗仙樵来别,仙樵以事为某御史所劾,将以明日归长沙也,携手歧途,感愤无尽。

十一日(4月17日) 巳刻入场。

十三日(4月19日) 微雨,未刻出场。

十四日(4月20日) 巳刻入场。

十五日(4月21日) 夜,大风。

十六日(4月22日) 卯刻出场,与蔡黼臣返鸿升店,李仲牧亦移寓于此。

十七日(4月23日) 风息。

十九日(4月25日) 薄暮,刘怡庭同年邀同常石林、郑朴臣、张镜人酌聚宝堂,归值李丹卿以海运事至自上海,因留信宿。

二十二日(4月28日) 与李丹卿夜酌馥云录事处。

二十四日(4月30日) 夜雨。出拜潘峄琴世叔(衍桐)及同乡诸先达。亭午,刘怡庭柬招诸同年,公宴陶然亭,凡二十四人。陶然亭,江郎中(藻)建,取乐天诗“与君一醉一陶然”意。

二十八日(5月4日) 卯刻大雨。送李丹卿之通州。

二十九日(5月5日) 大风。潘任卿夫子,丙子乡试座师也,以去年秋简授陕西潼商道,未莅任卒,讣闻,其弟峄琴世叔既迎柩秦中,属家人护之回籍,旋来京,假财盛馆为位以祭。是日,约常石林、李仲牧往吊。呜乎!师邃于学,性情尤真挚,年才四十有五,遽尔即世,可痛也。日昳,同邑官京师者集长沙会试诸君,宴乐椿花厂,至者凡四十有一人。近厂有灵椿坊,传为窦燕山故宅所在,诗云“灵椿一株老,丹桂五枝芳”。

四月初一日(5月7日) 与李仲牧过陈子元太守(善),授餐,而后更去玉钦堂小酌。

初二日(5月8日) 小雨。

初七日(5月13日) 夜雨。

初十日(5月16日) 刘印渠年伯以去年八月遂入觐之请,及是将至,约王怀钦迎诸彰义门外之天宁寺。寺极开广,花木蔚然,于夏纳凉尤宜。其内铜佛一尊,浮屠十三级,云是千馀年物也。归酌泰丰楼,与怀钦纵谈时事,相对慨然。

十二日(5月18日) 榜发,不第。贺彭少湘、黄笠云、郑绍侨举进士。

十四日(5月20日) 走谒陆凤石夫子。

十六日(5月22日) 夜雨。

十七日(5月23日) 日昳,刘怡庭、谷怀昆仲招致歌童数辈,饮万福居。稍酣,移酌景春堂,歌童稚芸寓也。稚芸名金桂,姓冯氏,年十四,保定人,侍余饮者屡矣,比玉能温,效花解语,徘徊顾影,尤深人情。

十八日(5月24日) 戌刻雨。

十九日(5月25日) 大风。夜,杨彦珪太守(鸿度)招饮忠华堂。

二十一日(5月27日) 是夕,陈子元置酒忠华堂,为余贺生日,会者十馀人，歌徵菊部，酒递花天，咸谓极觥筹之乐。顾余也三十四年，忽如梦过，当筵酕醄，只益怆恨。

二十二日(5月28日) 是日，蔡黼臣、李仲牧别去，因移寓湘潭会馆。

二十九日(6月4日) 陈晋笙(周礼)过访，夜，杨彦珪、黎岷江、周芸青(朝澍)先后招饮。

五月初一日(6月5日) 与郑绍侨、黄笠云、魏元仲斗牌竟日。

初五日(6月9日) 阴，酉刻大风雨，旋止。午刻，刘印渠年伯命酌。

初六日(6月10日) 魏元仲同年相约从清江浦陆路往金陵。

初七日(6月11日) 都俗自初五日至十五日为会，于永定门外六里之兰汀，香车骏马，络绎衢路，拟与元仲往观，不果。夜，周芸青置酒安义堂，为余饯别。

初八日(6月12日) 近午，与元仲就道出右安门，亦呼南西门，即金时之丰宜门也。四十里黄村，村东北曰南苑，为本朝射猎之所，行宫在焉，草木鬯茂，禽兽众多，驺牙之诗，犹堪三复。

初九日(6月13日) 二十五里庞各司。三十五里固安县尖，先此涉永定河，水才没辐，记丁丑二月入都经此，尝避涨走芦沟桥，大抵西北之水涸，则搴裳可涉，潦则问渡维艰，情形与东南异也。八十里孔家马头宿。

初十日(6月14日) 大风。向风行四十里雄县，十三里赵北口，旋过十二桥。五十七里任丘县尖，是时南风愈劲，日烈尘飞，至不敢张目视，暑行尤不易易矣。五十里宿二十里铺。

十一日(6月15日) 风。二十里河间府，汉河间国，后魏瀛州，宋瀛海军，人家零落，榛莽为墟。三十里商家林尖，土产草帽颇佳。二十八里献县，县南北皆滹沱河分派所经，河即《禹贡》卫水，出山西繁峙县东北泰戏山，东南流入直隶界，经献县西南分为二派，至天津复合。四十二里宿富庄驿，驿至张夏一带，皆有女伶抱琵琶度曲，湖北某生题商家林旅壁云："莫道无情却有情，莺莺燕燕早知名。春来豆是相思子，雪里梅何太瘦生。采药因缘迟再到，落花时节欲三更。不堪酒尽灯残后，一片铃声杂雨声。"

十二日(6月16日) 南经阜城县，至漫河打尖，行六十五里矣。三十里景州，三十五里刘智庙，旧名刘智社，元蓨尹吕思诚尝行田至此，劝化社民，故名益著。二十五名渡运河而南，宿德州，土产凉帽有名。

十三日(6月17日) 与元仲往拜黄宗华军门(兆昇)，军门起自行伍，谈及时事，洞中肯綮，于直东水利，尤言之有要，殆铁中之铮铮者，随惠酒食及赆仪有差。是日，溽暑异常，偃卧土坑间，身热如燎。

十四日(6月18日) 午后暴风。晓发德州，云："车声辘辘走轻装，破晓征途露气凉。戍鼓乍催城一角，邮亭远隔树千章。天垂海岱开平野，地划燕齐识旧疆。好是风微尘定候，马蹄轻快鸟声忙。"八十里尖平原县，时已向午，暴风从西北来，尘沙蔽天日，疾驰六十五里，投宿禹城桥，引镜自照，几如黄土抟成，不可识别。

十五日(6月19日) 五里禹城县，七十里由齐河县南渡大清河尖焉，地当玉符河口，《水经注》"出泰山朗公谷，旧名琨瑞溪，西北流迳玉符山，又曰玉水"即此。四十里济南府，侨泺源门外之二花店。饭后与元仲徒步泺水之侧，春秋桓公十八年，公会齐桓于泺是也，俗谓之嫁姜水矣，水出趵突泉流迳城西，视同隍堑。

十六日(6月20日) 雨。往谒陈隽丞中丞(士杰)，兼晤其幕客莫觐廷司马(炳琪)、徐葆生刺史(树璟)，觐廷言泺水及章丘县之绣江、白云湖诸水，其始入小清河，继改由柳塘口入大清河，自黄河北夺大清河水道，淤垫日高，绣江诸水不能下注，乃泛滥历城、章邱等处，郡城北门不启者数年，见拟改导诸水，仍从小清河入海，小清河漯也，大清河济也，济未为河夺，尚可容漯之半；济夺于河，即不淤高，且不可以漯益之。觐廷亦善于审时矣。

十七日(6月21日) 阴。历下七十二泉，大抵济水伏流所发，趵突其一也。泉在城西南，凌晨与元仲至其地，方池澄莹，有泉上出，岔涌之势，若连三峰，渠而出之泺水，吕祖祠其后，前辟厅事，为觞咏之所，恭逢高庙、纯庙两朝驻跸于此，而趵突之名益著，故历下游屐不北泛大明湖，则徜徉斯泉，以为笑乐。大明湖者，导源珍珠，濯缨诸泉，亦七十二泉之数，自巡抚署潆洄北出，潴灌及郡城之半。日中，更约元仲从莫觐廷泛舟湖中，迤北达历下亭，即古客亭，子美诗所谓“海右此亭古”也。亭西为铁公祠，祀明尚书铁铉，而国朝大学士(佛伦)附焉，复北上北极阁，阁负城绝高，南望岱阴诸峰飞翠，城郭楼台烟景指点夕阳，湖之中疆蒲界柳，禽鱼上下，号登眺之佳境。憩久之，棹而南出历下亭之东，得汇泉寺，寺与亭若祠，轩槛并幽坱隔水，是犹西湖之阮公墩、湖心亭乎！然余三月间尝至西湖，烟波清旷豁目，此乃从芦苇中鼓棹，曲折易淼，溟而幽奥，亦造物者之幻也。游竟，觐廷为治酒北渚楼，余谓历下名胜，如历山、灵岩、华不注，栖栖者不及往顾，晨夕之间，得泉与湖，此行不负负矣，相与輾然，尽数觞而别。

十八日(6月22日) 晨发济南，五十里开山，合南去清江浦大道，十五里崮山小憩，十五里张夏宿，市南有通明山，石骨嶙峋，幻若蜂拥灯下，方集妓高歌，适得《泛舟大明湖》七律二章：“‘万斛泉源百琲珠，明漪十里辟城隅。芦蒲划水时分涧，荷芰成田不计区。尚有遗亭追北海，偶疑飞棹入西湖。蓬壶清兴凭谁占，半付吟僧半钓徒。’‘马足车尘此暂停，叶舟新喜泛浮萍。风欹杨柳侵衣绿，烟荡菰蒲拨棹青。城郭半看波滉漾，楼台时共月珑玲。岱阴山色飞空翠，添作明湖水墨屏。’”

十九日(6月23日) 阴，时有微雨。四十里长城岭，《战国策》“燕王曰齐有长城、巨防”，《齐记》“宣王乘山岭之上，筑长城，东至海，西至济州，千馀里”，此其故城所经矣。十里垫台尖，五十里泰安府，日斜投宿，与元仲登城，望岱宗苍翠，知城北有岱庙，急趋之，庙凡五重，外为墉堞，属之郡城，南向五门，东西北各一，中建峻极殿，即宋之天贶殿也，邃宇九间，重檐八角，祀泰山之神，殿前曰露台，上树扶桑石，左右铁桶二，具大数抱。宋建中靖国元年建，台右稍南有石如幢，不知何代物，高约二丈，剥蚀无字，遂谓之无字碑矣。殿门以外，东西别为祠宇，迤西曰公输子祠，又西雨花道，院中奉纯庙宝圭，长三尺五寸，宽八寸，晶莹如雪，首刻涛纹，腹镌“乾隆年制”四字，近尾作黯碧色，抚之，首尾温凉颇异，故亦呼温凉玉也。天家之宝，永奠山门，胜东坡之玉带矣。自此穿环咏亭，观勒壁诗画，曲折达延禧殿，祀汉茅盈、固、衷兄弟，殿今剥落，遂出而东，之炳灵殿，后有堂曰“迎宾”，绮窗奥室，致斋者宿之，余维庙之中老树数十百株，枝干轮囷，如牛鬼蛇神，不可殚状，其尤著者为汉柏、唐槐。柏，纯庙所褒；槐，则明人甘一骥表之。吁！草木之寿且数千年，坚如金石，若秦汉唐宋之所封禅以侈张者，反漫患剥裂，不可卒读。山岳之灵，盖有在哉！久之出庙，望丈人峰顶白云英英如车盖，岩岩气象，庶几仿佛，而山雨欻然落襟袖间矣，触石肤合，岂不信耶！

二十日(6月24日)　午晴。晓涉汶水，出莱芜县东北之原山，西南合牟汶、柴汶、嬴汶诸水，流经泰安府南境，又西南经徂徕山西，而南合小汶水，始称大汶河，本西入济，今引之由南旺入运，南北分流，非复故道矣。午尖荏家庄，至翟家庄宿，计程百有三十五里。饭罢与元仲蹀躞村外，西北望泰岱，云气上举，北顾梁父，想高吟之迹，西指徂徕山，是李白诸贤之所游也，林藿绵濛，莽苍切汉。

二十一日(6月25日)　午雨，旋霁。二十五里新泰县，春秋鲁平阳邑，随涉小汶河，出县东北四十里之龙堂山，西北合大汶水，时当旱涸，涓流在沙砾间，不足语汤汤滔滔之势。二十里嶅山驿，《左传》“申繻曰：先君献、武废二山”谓具、敖也，敖山指此。四十里蒙阴县，县西有蒙山，《论语》谓之东蒙，孟子曰“孔子登东山而小鲁”，东山即蒙山也。山顶有白云岩幽翳产茶，世谓之云茶矣。蒙山之趾，西属于龟，故诗以龟蒙并称，龟山以北所谓龟阴之田也，维孔子之行止，感慨系之。十五里公家城尖，四十五里宿垛庄，秉烛和壁间韵，云：“触热向邹鲁，征车好是闲。灵源探汶水，灏气被蒙山。雨过瓜初熟，田低麦遍删。不须悲远道，樽酒暂怡颜。”

二十二日(6月26日) 风。桥南店西北去垛庄五十二里，东汶河所经也。东汶河即沂水西源，郦氏谓之桑泉水矣，出蒙阴县西南五女山，东南流入沂。四十三里伴城尖，二十里鹅庄，南涉祊河，河以春秋之祊田得名，出费县之大崖阜东南流入沂，《水经注》所称治水也。三十里宿沂州府，城北有涑河支津，出费县南境，东流至府西北。分为二派，一南入江南邳州界与沂水会；一流经府城北而东入沂。府城于南北为兵冲，明太祖之平山东也，命徐达先下沂州，岂非以北据益都之腹，则登莱中断，西遏济汶之流，则济南、泰安二城势且坐困哉！

二十三日(6月27日) 风。四十里涉沂水，而东尖李家庄，沂水出沂水县西北之东镇沂山，西南合东汶河、祊河、涑河诸水注运，浩浩乎青州之浸也。六十里宿十里铺，上倾盖桥，流连久之。

二十四日(6月28日) 六十里尖红花埠。六十里峒峿镇宿，《汉书·地理志》“东海郡司吾，或从山”，今镇在峒峿山下，或曰故司吾县也；梁普通五年，魏东海太守韦敬欣以司吾城来降，即此，应劭以此为钟吾子国都所在矣。

二十五日(6月29日) 阴，夜雨。宿顺河集，距司吾六十里，自伴城至此，东介淮海，西引泗沂，车行原隰间，望眼自阔。

二十六日(6月30日) 雨，东北风甚寒，夜大雨。五十里仰化集，方食而风雨大至，乃止，宿陋室数椽，阶除泥潦，与元仲对酌，得《途中杂诗》二首：“‘比屋事耕作，农功入夏忙。挥锄乘晓露，驱犊趁残阳。大陆初登麦，中田更艺粱。青徐民力苦，不敢倦蚕桑。’‘伏轼情何极，风光入醉哦。泉循清济出，云傍岱宗多。野市笼驯雀，高车走健骡。旧封频指顾，曾此被弦歌。’”

二十七日(7月1日) 阴。中途又得《杂诗》二首：“‘越国真忘倦，重来俗渐谙。枣糕香入市，豆粥暖盈甑。水气连淮北，山光混济南。及今烽火靖，随意驻征骖。’‘海右标名胜，川原一望收。山兼蒙羽秀，水合泗沂流。霸业夸齐乘，肤功记鲁侯。客行殊未已，何以答吴钧。’”是日，大雨之后，泥潦载涂，才五十里，宿重兴集。

二十八日(7月2日) 四十里尖鱼沟镇，亦曰金城乡。三十里西坝，南渡盐河，自顺河集南，凡四经盐河，惟西坝河流稍大需舟，馀则搴裳而已。河皆鹾贾浚之，自海滨西达运渎者，一里淤黄河，本淮水入海故道，元明以来，为河所并，近年河徙淤存，淮亦不能自振，于是全淮之水东乘运河诸闸，分泄高邮、宝应一带，且有南溢于江者。孟子云“排淮泗而注之江”，本当日记者之误，今乃实有其事矣。九里达清江浦，是行与元仲雇车京师，不暇详审，途次几为舆马所窘，得抵所届幸已。

二十九日(7月3日) 戌刻大雨，旋止。往谒杨石泉漕帅(昌浚)，并拜其幕客徐小浦明府、欧阳节吾内翰。日暮，黎岷江同李云泉、杨子辰、子聪昆季过访。

六月初一日(7月4日) 清江浦距扬州三百五十五里，买舟之次与元仲会，同黎岷江至清河县署，侯杨子辰昆季。子辰之父伯昂时宰是邑也，邑旧为漕运河工充斥之区，近世河淮分徙，粮艘强半，由海运津，职事较简，而市亦中落。

初二日(7月5日) 阴，夜大雨。朝发清江浦，四十四淮安府，长淮二千馀里，唯独此水南通于江，重以漕运，郡寄益艰，不徒襟喉南北也。六十里黄浦，泊后，沿堤缓步，居民才数十家，长堤而外，湖荡相续，云水极观。

初三日(7月6日) 申刻雨止，阻雨未行。

初四日(7月7日) 时有小雨。二十里宝应县。三十五里氾水镇，里下河一带米麦率输此地，近世岁漕往往取办焉。二十五里界首，先此数里，有子婴闸。五里泊某处。

初五日(7月8日) 大风，戌刻雨。牵行十五里，马棚湾小泊。三十五里高邮州，近午风逆，系舟柳阴中，未几，西北风大起，帆行欹侧，漱湍有声。三十五里露筋祠，古烈女子过此，独宿草莽以蚊死处。三十五里邵伯镇，就泊。

初六日(7月9日) 风。三十里茱萸湾,一名湾头镇,运河自吴城邗沟通江淮,历代漕渠或由孟渎渡江,而北溯泰兴之运盐河,或东泛射阳湖,或西绕高、宝诸泽,间有堤闸,率多迂回,又不无漂溺之患。有明规画多次,于是南自江都,而北属清江浦,水道径直,堤闸始通。而以马棚湾为水脊,脊以北分受淮水,随闸吐纳;以南则白马、宝应、高邮、邵伯诸陂及塘水,济之而东泄诸茱萸湾闸,又南流迳扬州城东,至三汊河,分为二派,一东南流至瓜洲入江,一西南流至仪真入江,故昔人于瓜仪二渠建闸,启闭以时,涨则启以纳潮,涸则闭以蓄水,无敢忽也。由今观之,瓜仪二渠,无复有闸,水反南自江分流向北,至三汊河合,而北流迳州城东,又北至茱萸湾,与北来之湖流相迎合,遂东溢出闸,流迳仙女庙,而东南复入于江,其复入之处,曰芒稻河也。揆其沿注,今昔悬殊,岂江狭流高之故,抑脉络有时而变也。

初七日(7月10日) 戌刻大雨,旋止。同元仲过胡炳墀,并晤其叔绍荃世丈,谈久之,约炳墀来寓小酌,兼招玉芙、素怜、金凤诸录事茗话,漏尽始散。

初八日(7月11日) 未刻雨,旋止。扬州介江淮之间,枢纽运渎,旧只一城,明嘉靖间备倭,更筑新城,以比于旧日。值出拜李健斋观察(光久)、黄沛皆太守(波)之便,迂回城市,新城阛阓,渐即完好,旧城则公廨而外,类皆场师、牧竖之所游矣。归过胡炳墀午饭,元仲亦来会。

初九日(7月12日) 闻欧阳节吾、杨覲圭来自袁浦,过其舟午饭。时覲圭将官云南,以余旧游,询其山川风土不辍,覲圭之虚怀可见已。

初十日(7月13日) 薄暮,胡炳墀、甘澍生、曾鲁斋过谭,乘兴招女闾数辈,为销夏之会。瓜李沉浮,烛再见跋。

十一日(7月14日) 申刻大雨,旋止。与元仲过胡丈绍荃谈次,大雨歘来,丈为授食,肩舆以归。连日溽暑异常,得雨少解。夜,余苹皋秀才过访。

十二日(7 月 15 日) 酉刻雨，旋止。是日，约同胡玉泉、炳墀叔侄与元仲往金陵。

十三日(7 月 16 日) 酉刻雨。近午，挈行李随元仲登舟，玉泉、炳墀叔侄所乘则水师之舢板船矣。摒挡初定，过曾清泉(德麟)都司小酌，都司雅好客，气度豁如，席终，复来舟话别，戒所属之舢板，篙师沿途供余辈饮食唯谨，可感也。暮发扬州，是时月薄淡云之表，凉风习习，簇波扇暑，倚舷茶话，清兴十倍。十五里泊扬子桥，故扬子县治也，桥本滨江，自此济京口，江面相距四十馀里，唐宋以来，洲渚日增，江流日狭，唐齐澣为润州，始就北岸积沙，开伊娄河，自扬子镇达于瓜洲，其时江阔犹二十馀里，宋世瓜洲渡口，犹十八里，今京口瓜洲对渡，才七八里耳。

十四日(7 月 17 日) 距扬子镇里许，为三汊河，有仪征县水首受大江南自县境来会，余舟至此，东南溯伊娄河。二十五里瓜洲，洲与京口形势控扼，为南北之兵冲，而由海入江，言之崇明，其外蔽也，次吴淞，次狼、福二山，次江阴，次圌山，又次京口，皆为要害矣。小泊移时，南渡江，舣金山之麓，金山，一名浮玉，石质戴土，孤秀中流，殆所谓豪杰之士能自树立者也，自昔为选佛场，今江天寺被其上，凡登山者，必先入寺，崇基邃宇，缘山递高，尤以至游堂，妙高台为风月之所宜。迤北岩巉巉然，下豁法海洞，洞之上即金鳌峰，石塔层举，当是山最高处，江山胜概，挹之无遁。磴而下，试刘伯刍所品第一泉，味不少异，吾闻中泠泉在大江中，昔人详取泉之法，似不如此。徘徊间，询苏学士玉带，僧沧竹者出之什袭，围径四尺馀，玉凡二十枚，后失其四，纯庙补之，并镌御制诗于上，带之荣，实山之宠也。

十五日(7 月 18 日) 风，辰刻雨，旋止。守风金山。早起，将往石簰山寻郭璞墓，不果。近午，与炳墀再上金山，假蒲团趺坐，移时，炳墀亦取《金刚经》喃喃声诵，疏钟几杵，尘想不杂，乃知彼教中别有境界也。夜月正圆，将与元仲上妙高之台，门扃不得入，因北循山麓，至朝阳洞，值法海洞之下，苍藤怪石，俯波而倒影，洞口有水通江，桥其上，曰玉带，倚栏望江月，乘潮而涌，逸浪欲上，寒气侵人，懔乎不欲久留也，遂东出山之背，穿林觅径，栖鸟数惊，折而西南，登舟望月华水气之中，楼阁凌虚，如将飞动，尤悔不陟其巅矣。日中，得《金山》七律一章："扬子江头偶系舟，寺门高下辟丹邱。塔巢飞鸟云深护，石侮潜蛟水逆流。匝地潮声兼蓼岸，半天钟韵落瓜洲。妙高台畔宸章焕，不数仙家十二楼。"

十六日(7月19日)　四十里十二圩，闻李次云观察理鹾政于此，缆舟候之，留酌，返舟时已黄昏。

十七日(7月20日)　风，申刻雨。早饭后，帆风行，数刻风力渐减，舟人篙桨并施。八十里泊划子口。是日，天气阴阴，过炳墀舟中手谈数局，意致陶然，忘舟行之近远也。

十八日(7月21日)　酉刻雨止，阻雨划子口。

十九日(7月22日)　二十五里燕子矶小泊。二十里下关，进至石城门，登岸，与王怀钦、龙首腾、黎岷江相见旅次，怀钦为余言陈舫仙方伯(湜)有见招之信，时方伯已入觐，独其长公子子元太守服官于此，约余留金陵候之，乃不果归。

金陵日记卷七

今夫陟崇椒、测广渊，登临之所壮也。过帝王之旧都，隽藻辈出，矜式百祀，穆然慰遐思也。哀怨豪竹翠袖，嫣然解佩，留髡缕之芳泽，是亦世俗之所缠绵也。此在磊落抑塞者，傥不惜往来游聘，取快于一时，客子于斯，则又不然。音声之发也同节，而悲乐异其致，水月之惬赏也，或顾而叹生，人之怀感，固不可同日语哉。余尝游金陵，循石城而北，踄钟阜，俯元湖，慰然念南朝遗迹，打桨清淮，顾曲板桥之侧，中间泛长江，寄食歇浦。浦自与外夷互市，浩穰甲海内，越女吴姬，强丰艳高訾而至；弦歌比闾，而又时时错以异方之闻见。游如是，其足以乐乎！然而强仕之年，记室之暇，愧江南风物多矣，余负江南，江南何负于余哉！光绪丙戌夏五自序。

光绪九年(1883)癸未夏

六月二十日(7月23日)　原陈舫仙方伯见招之故，留候金陵，客居多暇，盖得浏览昔人之陈迹，以自排遣。孟春客此，闻城南有雨花台，以梁僧云光讲经雨花得名。是日，约王怀钦、龙首腾往游，并骑过朱雀桥而南，出聚宝门，有长干桥跨秦淮之上，桥左右则长干里也，南向里许，达聚宝山之麓，磴而上，展方正学祠，祠南连木末亭，楹桷劣具，备时祭而已，遂去，之高座寺，寻雨花台遗址，今其存者惟雨花泉及石，石纹五色，似吾楚桃源产；泉凡二眼，甘洌擅白下，豪贵因之以符调水。少焉，上聚宝山绝顶，见江山之胜，喟然念二十年前，红巾据此僭号，几于天下縻烂，赖中兴诸贤戮力廓清，而吾湘人士膺懋赏者独多，抚近世之废兴，奚有于往古耶？历二时许归，经秦淮水榭，值陈子元、姚菉淇置酒秦淮，为王可庭大令贺生日，促余入座。听琵琶于水上，不隔银河；隐楼阁于波间，皆成金屋。当夫皓月增妍，清歌忘倦，酒则蒲萄出酿，筵则芍药初开，虽物换星移，而独新于罗绮，虽山残水剩，而尚富于朋尊。江左风流，于兹未艾。

二十一日(7月24日) 夜来沉饮，匆匆达旦矣。旭日在途，凉风举袂，乘醉过邓良甫，少坐，归卧，久之复出，约胡炳墀茶话得月楼，楼倚秦淮，俯槛视游船往来如织，为纳凉佳境。

二十三日(7月26日) 石头城西南二里有莫愁湖者，其初以卢家女子得名，自有明徐开平围棋于此，后人因筑胜棋楼，供开平遗像。本朝同治中，复绘曾文正像悬之楼上，开创元勋，中兴硕辅，相望于四五百年间，于是湖之名愈重。胜棋楼前后辟厅事，廊槛相属，楼之下拓为郁金堂，张莫愁女子小像，自来题咏，多以英雄儿女为言，然拟之失伦矣。循楼而左，有径通华岩庵，莳花木庵中，阑干曲折，交于台榭，是时湖畔垂杨与中央菡萏花推红让绿，明漪百顷，溽暑都消，呼同伴王怀钦、魏元仲、刘补初凭栏瀹茗，眷兹风景，益低徊于前人之盛烈也。

二十四日(7月27日) 送王怀钦、龙首腾归长沙，怀钦为人真率，积学能文章，才气超逸，尤肯究心当世之务，与余交最厚，于兹别也，惜其早衰多病，数言珍重，伤如之何已。

二十六日(7月29日) 送魏元仲、胡炳墀归长沙。向午，移寓陈子元、姚菉淇处。

二十七日(7月30日) 同人具酒秦淮舟中，为谢枝先司马(陶)贺生日，集者凡十有二人。

二十八日(7月31日) 夜，谢枝先酬饮秦淮，得七律一章："利涉桥边曲涧通，白蘋风闪角镫红。河房水榭分香到，画舫珠帘载酒逢。一曲晚凉歌宛转，五更残月话从容。南朝多少伤心事，都付零脂剩粉中。"

七月初一日(8月3日) 夜泛秦淮,其水自通济门外分为二派,其正流绕城而西,支津从东水关入,与青溪合流而西,至桃叶渡复分南北二派,并西出城,与正流合。此近日水道之可纪者,颇改六朝之旧矣。

初二日(8月4日) 夜,大风雨。上新河,西南距城十二里,而近闻宗雨田军门(龙山)屯军于彼。早起,约甘子谦往候,遂留宿,并晤其幕客刘斐如、袁海门、宗寿藩(钧)学博。

初三日(8月5日) 雨。上新河,秦淮分派所经也,楚蜀巨腹贾,多贩材木来者,相尚侈汰,酒食征逐,声伎雏鬟三五,率结茅编竹以居,逐之买笑,色艺较优,则搴裳去之矣。日中,既过市一览,遂与甘子谦、刘斐如策蹇入三山门。

初四日(8月6日) 辰刻雨止。子元、菉淇有姑苏之役,属余留守,约二十日,乃复相见也。日入,刘斐如、唐晋乾、赵子方约去秦淮水榭,为叶子戏,并饮极醉。

初七日(8月9日) 江宁西郭之胜,无逾清凉山者。春间,尝至其地,残雪晚风,莫能竟也。是日,复往迹之,循石头城而北数百武,将入山,道右林壑绝异,询知为乌龙潭,实颜鲁公放生池也,一名芙蓉池,池长而曲,绿波沉沉,然涵槐濯柳,中建肥月亭,堤以属之侧,池南北各举一峰,南曰蛇山,云即武侯入吴驻马处,今依山有祠,奉侯遗像,与灵应观同门异室,北曰钵山,其阳即龙蟠里,曾文正、马端敏、沈文肃三祠在焉,祠左为有叟堂旧址,全椒薛慰农(时雨)就而新之,轩亭花木,视数祠尤胜,然皆乌龙潭之所助矣。清凉山坡陀与钵山相接,南向如张箕,山巅因南唐暑风亭址建翠微亭,壮阔苍凉,瞻瞩万象。循山脊东南俯行数十武,得九华寺,内有巢云阁,昔之崇正书院也,门临大壑,松竹交荫,磴道从林箐中盘屈而西,当山之阿有清凉寺,方南唐盛时,筑宫避暑于此。笙歌游宴无虚夕,吴姬越女望幸而妒宠者,不知几何人,其视今之清凉道场,为何如耶?感咏二章:"《乌龙潭》云'蛇山何郁葱,钵山亦苍莽。窍为乌龙潭,澄然绝氛坱。亭影圆入波，柳丝低罥桨。鳞泳而羽翔，熙熙外罗网。何必西子湖，为足惬清赏。夹岸丛祠多，临风快瞻仰。昔贤怀贞亮，王事纷鞅掌。俎豆固馨香，鞠躬要慨慷[①]。即今遘时艰，白昼嬉蝄蜽。海南既狼贪，漠北犹虎养。庙堂靡遗策，镇静胜扰攘。何为贾傅忧，谬学杞人想。东南泉石佳，肆志天地广。悠哉素心人，披襟独来往。稚圭眷初服，宏景娱鹤氅'。《清凉山》云'江南瘴疠地，溽暑不可支。郁极思高旷，策马将安之。望望石城陬，山势何岧峭。白云为招手，松竹迎路歧。翳翳清凉寺，峨峨九华祠。对此顽襟解，何为世网羁。振衣翠微上，云物纷四陲。长江一线耳，天险安足奇。如何有兴废，今昔等弹棋。笳鼓出戍垒，旦暮声凄悲。山谷未改色，宫殿委茅茨。下马俯苔础，云是南唐遗'。"

初八日(8月10日)　宗雨田军门见过，并赠旅赀若干。

初九日(8月11日)　阴。禺中度朱雀桥而南，过乌衣巷，方将寻前明宫阙之迹，迂道东折，上周处台，石阜荦确，从平地涌出，巉巉之势，若断若连。距台十馀武，更见岩崿，就崖摩观音像，甚伟，俗谓之石观音矣。自此循青溪以北，历白下亭，仍东折入满洲驻防城，前明皇城也，其故宫因燕雀湖于皇城中，更筑禁城，方各一里，南向门五，双阙巍巍，具在北三门，东西如其北，循阙而入，有五石桥分跨御沟之上，石道修广，南自阙迤，北属于门，云矩龙文依然参错，适中一石，碧血痕缕缕可辨，云靖难时方正学先生沥舌血成"篡"字处也。石道左右，农夫野老隙瓦砾而耕，其当年之殿陛乎，灌莽荒榛，凄其风露，非绅笏所班列耶？遗础荒台之外，虫鸣而乌号，是歌舞之尽期而宫徵之变调也。呜乎！太祖以布衣起淮泗，数年成帝业，定都江左，号有德之主，曾不几时，而黍油麦秀，过故宫者慨焉。夫太祖其大焉者也，匹夫乃欲肆其诈力，攘窃货财、鬻田舍、广第宅为不朽之业，不更惑哉？穿城而北，道野田之间，求如陆氏静修、王氏半山，所谓园若

---

① 原作"慷慨"，据韵脚改。

亭者，皆无可指点，又不徒野草夕阳，悲旧时之王谢矣。

初十日(8月12日) 雨。日昨，过明故宫，感赋一律："江东王气未全销，虎踞龙蟠入望遥。岂必断蛇夸汉史，如何飞燕出童谣。藤悬夕照连双阙，草倚寒流上五桥。相见故宫恩宠遍，彩衣仙仗试云翘。"

十一日(8月13日) 闻甘澍生至自竹西，约之出太平门，观所谓元武湖者。湖故桑泊，一名蒋陵，又曰昆明，旧时周四十里，今湮其半，西南阻于城，而东北则钟阜、燕子矶诸山绕之，菰蒲菡萏之属，弥望葱茜，中具五洲，惟龙引、莲萼二洲堤通行人，沿堤而西，鸟鸣鱼泳，柳依依相向，约四五里，达龙引洲，茅屋三五家，率捕鱼、种菱芡为业者。又西，莲萼洲也，洲有湖神庙，更为院落，轩其后而亭其前，有楼张曾文正遗像，拜之，惟轩与楼大抵蔽于竹树，独其西空明。及远视，双双鸂鶒起莲叶间，想棹歌之乐。茗话至日昃，乃循堤入太平门而右，上覆舟山，北注全湖，万绿如洗，山为刘裕破桓玄处，其阳东游苑也，苑西是华林园，若夫崇墉仡仡，乘覆舟而西属诸鸡鸣山者，殆台城之故封耶？日淡烟荒，慨慷何似。

十三日(8月15日) 补录《同甘澍生元武湖》七律一章："秣陵城北蒋山西，湖上青莎快马蹄。泛月似嫌荷盖密，经秋才觉柳丝齐。桥连蟹舍添新涨，寺隔螺洲续短堤。何日与君双桨约，酒樽茶榼记分携。"又《桃叶渡》云："古渡新分一线潮，寻芳人上木兰桡。那无别恨牵桃叶，剩有情丝付柳条。隔岸楼台邀月话，中流弦管入风飘。青溪祠畔离离草，曾见吟魂几度销。"

十四日(8月16日) 未刻雨，旋止。

十五日(8月17日) 过邓良甫茶话，因循青溪而东，求段侯故宅，不得。昔时江令更无论矣。夜月极佳，有力者延浮屠为盂兰之会，铙钹达旦。

十七日(8月19日) 与刘斐如、王可庭约同禹级三观察，谢枝先司马命棹秦淮，方为叶子戏，而刘谷云、周子方、罗春阁来会。子夜潮生，凉入襟带，乃维舟水榭之侧。谋薄醉于新秋，杯倾翠袖；证知音于流水，板拍红牙。

二十二日(8月24日)　雨，大风。

二十三日(8月25日)　霁。

二十七日(8月29日)　周子方、翁佛生招饮。

二十八日(8月30日)　与甘澍生骑行上清凉山，俗于近时以谓地藏王生日，金陵城内外，男女烧香清凉寺日以万计，近寺一带，或为精舍施棚帐、剧①金以祝神者，无虑数十处，如沸如狂，概呼之曰会矣。

二十九日(8月31日)　夜，刘斐如招同贺竟成、喻海帆饮秦淮舟中，燃灯数十炷，他舟往来如之，每岁暮春至于秋尽，江南人率以灯船相夸耀，游船之举，浸以成俗，不独狎客夭姬自来迎接也。

八月初一日(9月1日)　未刻大雨，旋止。

初六日(9月6日)　子元、菉淇至自苏州。

初七日(9月7日)　微雨。

初八日(9月8日)　阴。子元招饮秦淮水榭，先此，泛舟大中桥畔，以旁有白下亭，亦谓之白下桥矣。

十五日(9月15日)　早起，菉淇招饮。日晡，子元招饮，同席刘斐如、刘谷云、周子方。酒将阑矣，诸君以佳节之故，集青溪歌妓数辈大开茗战，其时金风扇凉，月华如洗，曼声清越，满座无哗，何必南楼乃云兴复不浅也。

十八日(9月18日)　阴，夜大雨。薄暮，杨秋臣军门(西平)招同子元、菉淇、邓良甫、刘斐如宴刘家河亭，酒数巡而大雨欻至，席终，与良甫唤船循桃叶渡而北，抵四象桥上岸，留宿其家。

二十二日(9月22日)　夜，刘斐如暨邓良甫、王可庭以余将归长沙，先后招饮。

---

① 疑为“醵”。

二十三日(9月23日) 留金陵六十馀日，而陈舫仙方伯尚无简放之期，是虽樽酒朋俦，良多佳会，当此秋风莼脍，莫解归思，遂与甘澍生相约旋里，僦装待发，而同人必欲款留一夕，情挚不能却也。夜，周子方饯于秦淮。

二十四日(9月24日) 红暾初升，市门才启，骑行十馀里出仪凤门，城垣践狮子山为之，山本名卢龙，飞峦出堞，倒影沉江，城内诸山此为杰出，胜代于其上建阅江楼，今圮。里许至下关，当秦淮水口渡而西，顿装旅店，候轮舟不至，因过掣验局，访李德林、邹瑞卿，谈次，留酌。

二十五日(9月25日) 阴。与甘澍生重过掣验局，时总局事者为李观察石渠，留食尽欢，归与吴少芝明府相见旅次，少芝将去九江也。

二十六日(9月26日) 风。晓气溟濛中，闻江上汽筒放声者再，知轮舟将至，促装附之。船名江裕，招商局设之，以通行旅者。洋人通商以来，中国创招商局，师洋智，造洋舶，分龙断之利，而角制器之能，谋国以权，规模远矣。虽然，轮舟在大洋风涛出入，履险如夷，水程百更，计日可至，诚亘古独得之秘，若夫内地篙师舵工，因之坐废，行场野市肩挑负贩之属，生业荡然，财聚于富人，漏于外国，而民以日穷，当事知其害而坦然行之，抑亦不得已之为也。争便捷者，乃欲更扩其制何哉！是日，过芜湖，停轮片刻，复驶向大通镇，时夜将半矣。

二十七日(9月27日) 平旦，过安庆。夜半，停轮武穴，其地无墩船，旅人以小划仓促上下，历具危险。墩船者，缆船如墩，因以输载者也。

二十八日(9月28日) 未刻阴，微雨。日午，抵汉皋，即挈行箧过小柏船。

二十九日(9月29日) 未刻雨止。守风汉口。

三十日(9月30日) 食时，发汉口。北风顺利，船头触浪有声。

日晡，泊东江脑对岸之牛市街，遇盐知事周葆生（锡祉）前来附舟，知事前夕于东江脑地方遇盗胠其箧，呼救声嘶，迄无应者，询之则孤舟野泊，舟子合谋之故。客路险巇，亦可戒已。

九月初一日（10月1日）　由牛市街穿港而西，二里当花口下游，仍入大江。较之北绕排洲，近五十馀里，水落时无此捷径也。傍晚，泊鱼马头。

初二日（10月2日）　帆风。过新堤，时已二更。度不可复前，乃维舟龙王闸口。

初三日（10月3日）　牵行至螺山，风逆就泊。

初四日（10月4日）　夜泊磊石山，自螺山至此，凡二百馀里，中阻洞庭，非箕伯之力不能也。

初五日（10月5日）　黄昏，泊靖港。

初六日（10月6日）　日昳，抵长沙，闻家大人以族人讼事需次省垣，随往省视，越二十有三日讼解，始归。

金陵日记卷八

光绪十年[①](1884)甲申春

三月二十五日(4月20日) 阴晴不定。去年秋归自金陵,凡七阅月,将复为白下之游,适菊生从祖以炮艇返新堤局次,约是午附其舟北下,季能、谷青两弟皆来舟送别。

二十六日(4月21日) 日出,发长沙。南风送客,春涨速流,向芦林潭寄碇,犹未暝也。

二十七日(4月22日) 橹行近老庙台,风逆就泊。久之,夕阳在波,视西南云气莽苍,疑烟疑雾,占为风信。

二十八日(4月23日) 夜半,东南风大作。比晓,张数幅帆渡湖而北,风顺水流,使船如马,抵新堤,时方亭午,就宿柚公局次。

二十九日(4月24日) 大风。柚公出岳武穆书、武侯《出师》二表见示,龙跳虎卧,笔意在鲁公、松雪之间,希世珍也。

四月初一日(4月25日) 南风甚劲,辰雨酉止。

初三日(4月27日) 大风。

初四日(4月28日) 风。约吴中陈菊生(涛)秀才雇小舟往汉口,日中解缆,夜泊小林夹,戍鼓渊渊,愁不成寐。

初五日(4月29日) 风。过金口小泊,访周晓岚守备于簰洲参将署,午酌,返舟复行,泊船官浦,灯火满帆柱间矣。船官浦,俗呼鲇

---

① 原作"光绪八年",误,今改。

鱼套，浦南背城，面江则黄鹄矶也，西北望夏口，烟火迷离，幻如蜃市。

初六日(4月30日)　夜，大风。比晓上黄鹄矶，访李奉章、曹静生于宋楚卿军门营次。未几，移泊汉口，别陈菊生，侨居既定，值张翰卿过访。

初七日(5月1日)　晴雨无定，夜雨。渡江入武昌城，访贾榴生明府，不遇。涂经南楼，想庾亮玩月之兴，折而西，出平湖门，重过李奉章营幕午餐，辞出，泛舟翼际山之下，江汉滔滔，辄滋感喟。

初八日(5月2日)　酉刻，雨止。

初九日(5月3日)　阴，北风甚寒。李奉章、张翰卿先后过谈。

初十日(5月4日)　西洋人奉天主教，越七日一礼拜，必星房虚昴四宿循环值之。凡礼拜日，商贾罢市，轮船无开行者，颇似中国旬日休暇也，日当礼拜，故志于此。夜，谢海楼招同戴寿甫张饮某处。

十一日(5月5日)　长沙曹少芬校书，旧识也。闻其客汉皋，迹之，连日未得，而青鸟之使欻焉飞到，挑镫话故，天涯之感深矣。

十二日(5月6日)　日昳，戒从人挈行囊附福和轮船往金陵，闻起碇之时刀列，洋人谓甚晏曰“刀列”，其谓甚早曰“刀宣”，因过少芬处话别，转计飘零，何知后会，依依歧路，为之怆然。

十三日(5月7日)　鸡鸣临江，而福和轮船已夜半开去，傍徨之际，同人劝余改由华利轮船，且为调护一是，侦知开船需时，遂从张翰卿就宿怡和洋楼，花木扶疏，弄影华月之下，西洋风景，如或遇之。

十四日(5月8日)　日晡登舟，相随形影，略无长物。吾所谓吾犹将为悬疣，为附赘也。方踯躅间，有同船江小洲者，谂余茕独之状，约共眠食。小洲，新宁人，忠烈公(忠源)之侄，而壮节公(忠济)之子也。节烈之风，闻者犹当起敬，况其后人乎！薄暮，发汉口。

十五日(5月9日)　方过安庆，视朔方白气蒸蒸如雾，顷之，厉风大作，至不敢张目视。入夜，小雨移时，风力愈劲。

十六日(5月10日)　时有小雨，向午风济。亭午抵金陵，常时出门为行箧所累，此次飘然上岸，迄不回顾，谬谓得大解脱者，仍随江小洲唤棹秦淮，从西城水关入，溯流至心字湖，寄宿旅舍。

十七日(5月11日) 晴雨无定。侦知从人所在，先二日至矣，相逢问讯，喜旧物之不失。

二十二日(5月16日) 阴。易幼春姻丈自长沙来会。夜，马心源招饮，座间晤其戚赵松轩参将，云南大理府人，为谈珥海、苍山之胜，昔年游迹，如在目前也。

二十三日(5月17日) 雨，夜大风。

二十六日(5月20日) 风。移寓王秋白、刘斐如处，光丰间红巾之乱，吾乡伟人辈出，武功相业，彪炳一时。余生也晚，与闻先正事，辄向往不置。秋白，名诗质，盖忠介公(开化)之子，而壮武公(鑫)之侄也。谈次，出壮武遗稿，忠勇朴茂之气，溢于楮墨，当其兵疲饷绌，强敌在前，纯以忠义激发士卒，谋定后战，故能以少击众，所向有功如壮武者，可谓独为其难矣。

三十日(5月24日) 先是，去年六月以陈舫仙方伯见招之故，留候金陵，久之归去。及今重来，值方伯总两江水陆军政，与斐如谒之行辕，谬谓书生投笔，可以步宗悫之后也。方伯则以为方今泰西各国事务倥偬，湘人士罕明其意者，乃属斐如习洋务，而余习机器局事。余维通商以来，岛夷麇至，沿海细民久焉识其语言文字，不肖者甘为非族奴仆，黠者又以中外隔阂之故，因缘为奸，而西人益肆，其故在上之人不以为重，而世之儒者丑诋之也。夫洋类众多，山川风土之不知，而制作之不明，及其有事，又乌从审其情伪，因而制之哉。特机巧之事，非拙者所胜，强颜其间，适滋笑柄耳。

五月初一日(5月25日) 夜，过张愚庵(翰)刺史茗话。

初三日(5月27日) 探知主机器局事者，为龚仰蘧(照瑗)、郭月楼(道直)两观察，因往拜之。

初五日(5月29日) 申刻雨，旋止，大风。当午，观龙舟秦淮，便至得月楼，茗饮以归。

初六日(5月30日) 夜游秦淮，值周伯兮(寿祺)招饮。

初七日(5月31日) 巳刻,风息。

初九日(6月2日) 午后,马心源招饮,晤同座蒋翰臣、刘声和,心源习回回教,其馔虽盛,然肉不以猪,戒无饮酒,当筵瀹茗,清谈而出,无复醉人归也。

初十日(6月3日) 龚仰蘧观察来约入幕。

十一日(6月4日) 日昳,假馆机器局,局在聚宝门外,因长干寺遗址为之,其右大报恩寺也。旧有阿育王塔,极高,俗谓之琉璃塔矣,今毁,惟其顶尚存冶铁,成覆釜形,围径二丈有四尺,浮屠之巨,盖可想见。近局一带于古为大小长干里,江东人谓山陇间曰干,地势高邛,南与雨花台岗巃相属,曹彬下江南,登长干,北望金陵是也。晤同局饶子敬(应祎)别驾、任慎安(文澜)。

十九日(6月12日) 文垓五弟自长沙来会,杨晓岚少尉以合肥《黄烈女传》索题,烈女许字同邑余氏,夫亡,抱栗主庙见,既为立后,乃不食死,为题一章:天柱挺健气,巢湖扬清澜。山川蕴灵淑,何必儒衣冠。吁嗟余烈女,只身为其难。入门相夫子,但见新题棺。夫死不独生,钗折不复完。强颜语双鹈,饮泣翔孤鸾。重为夫立后,聊与姑承欢。家人互慰劳,冀兹心少宽。焉知浃旬馀,新妇乃断餐。是时天地惨,风雨来无端。都闻烈女烈,道路为感叹。感叹一何长,愿言披忠肝。殉夫与殉国,均之心所安。不见平梁女,绰楔排江干。

二十日(6月13日) 闻王秋白僦居妙相庵,日午访之,庵饶泉石,竹树弄影,鱼鸟亲人,廊槛西偏与三闾大夫祠踵相接也。

二十九日(6月22日) 雨。近世泰西火器之利愈益精巧,兵交恃此,几于贲育无所施其勇,羿蒙无所用其技,为亘古一太惨酷之事。金陵之有机器局,所以师外夷、饬火器也,公廨而外为厂者五,曰弹壳厂,以制小枪子;曰枪炮厂,以攻枪炮铁弹;曰卷铜厂,压铜使薄如纸;曰翻沙厂,铸炮及弹;曰木厂,备治枪柄、炮车、弹簏之属。炉炭沸水积汽发机,日役工匠七百馀人,颇能得外夷之法,然物料犹购自远洋,工作按图学步,犹不能出自新意,其传未广,即匠之能者犹然居奇。

讲求功用以殚其业，是在冥悟之士矣。

闰五月初一日(6月23日) 雨。

初二日(6月24日) 阴。

初三日(6月25日) 雨。

初五日(6月27日) 以闰端午之故，与杨晓岚上雨花台茗话。是时微云暖日，寒风拂衣，仲夏天气凉于新秋，因忆去年六月同益阳王怀钦过此，怀钦有雨花台诗词，极凄咽，不图今年正月而怀钦物化也。追随陈迹，言念逝者，能勿悲哉！

初七日(6月29日) 雨。

十四日(7月6日) 夜大雨。

二十一日(7月13日) 日暮，同钟云卿循长干山而东，约略里许，有庙半间，丐僧二人奉古佛以居，云是前明独恩寺也。残碑断础，仿佛巨观，傍有井刻"元至正戊子"年号，今呼雷井，试之颇甘，与僧闲话久之，榛莽沉沉，晚风潜动，固逃禅之寂境，抑逭暑之逸致已。

六月初一日(7月22日) 晴雨不定。晤龚佐臣孝廉(良举)、冰卿秀才(心镜)昆弟。

初三日(7月24日) 大雨。

初四日(7月25日) 早起，送杨晓岚之上海，初局中翰墨多出晓岚之手，余以闲散，几遭白眼，自晓岚去，始朝夕治文书不暇，伴食之讥，庶几免矣。

初七日(7月28日) 彭同年少湘庶常自长沙来会。

十五日(8月5日) 与查松山秀才泛棹青溪，避暑大中桥下，酒阑月上，更值陈子元招饮河房，顾曲飞觞，卜昼卜夜，举头望圆月沉矣，遂就宿刘斐如处。

十七日(8月7日) 日暮，缘山冈一里，而近当雨花台东麓，谒方正学先生墓，闻俞通海墓相距不远，未识所在，或曰俞墓穴山为之，今其山阿石象人马宛然成列，意非其人，莫当斯制矣。

十八日(8月8日) 黄昏，入城过刘斐如、郭沛吾小坐，二人者居倚清淮，疏绮曲栏，凌波待月，谈次，适巧琳、双宝两录事灯船过此，杯茗流连，凉风入抱，胜歌筵之扰扰矣。

十九日(8月9日) 戌刻，雨。法兰西用兵越南三年矣，今春三月并其地，滇粤边戒严，谋各出师，而法使福尼儿以哀的美敦至天津，哀的美敦，外洋和好之书也，与李相国(鸿章)议约五条，为期九十日。闰五月朔，法兵七百人犯谅山防军，是时期约犹未满，开壁却之，转谓我谅山军召衅，挟战舰来内洋，索兵费甚巨，是月初，天子授两江总督曾宫保(国荃)为全权大臣，会法使巴德诺脱于春申浦议边事，法使阳托岛主之命，请展期如前约，阴嗾其将孤拔于二十五日，帅五舟攻台北之鸡笼山炮台，毁之。鸡笼，产煤之区也，法舟远来，非煤不济，故欲攘之为己有，其阴贼如此。

二十八日(8月18日) 凡暴雨欻作，雨不避日，日不避雨，雨点大而疏，粤人谓之白撞雨。是日未刻，赤日行天，而雨欻大至，殆白撞之谓耶？戌刻复雨移时。

七月初一日(8月21日) 早起，过江春木太守，留酌而返。

初二日(8月22日) 雨。

初三日(8月23日) 大雨，巳刻霁。

初八日(8月28日) 雨。

初九日(8月29日) 晴雨无定。

十一日(8月31日) 雨。过张同年叔琴、左建藩、罗春阁处，晤其居停刘南云方伯(连捷)，留酌。

十二日(9月1日) 辰刻，雨止。毁鸡笼山炮台之次日，法兵四百登岸，我军奋力迎战，殪其众百人，法惧，移舟师，窥福州之马尾江，其地为全闽门户，船厂在焉。七月三日，法燃炮毁之，并熸我轮船炮台，出入长门无忌，事闻朝廷始决战，严备各海口，趣滇粤出师规交阯，布告中外，示用兵非得已，方曾宫保之议约海上也，法使词甚悖，我朝廷宽大，不与校，终不欲为戎首，故鸡笼山既构兵，而马尾、长门之间，将帅仍狃于和局，无有先机却敌者，不然法乌能乘我不备耶？

二十二日(9月11日) 午后阴。闻张叔琴戎幕将以冀日移防江阴,亟往话别,归值郭石年来会。

二十三日(9月12日) 雨。

二十四日(9月13日) 雨止。

二十七日(9月16日) 日午,偕彭少湘策骑之孝陵,明太祖陵也。出朝阳门绕城而北,望钟阜如列屏,冈峦回合,内抱松楸,丹垣缭之,其外翁仲、石狮象之属成列夹道,近垣有守陵者,导之入,门二重,石梁跨涧,涧北有台,中空如城,门径斜向上,趋而前谒陵,鸟啼箐密,凄其以风,郁郁阏宫,嗟哉冥漠。恭闻仁庙南巡者三至,必帅百官拜酹,观御书“治隆唐宋”碑暨诗,极尊礼前代。陵寝之盛,为之子者,乃敢鸣鼓禁廷,操戈同气,其足奠珠襦玉匣之灵耶!太息久之,将更与少湘为清凉山之游,会暮不果。

八月初一日(9月19日)

初二日(9月20日) 阴。骑行过下关,访邹瑞卿于掣验局次。是时法夷扰福建,沿海戒严,徵调纷纷,金陵城内外军卒络绎,而左文襄相国、杨石泉制府先后援闽之师,与李俭斋观察移防山东之师,其最著者也。

十三日(10月1日) 雨,至十六日止。

十七日(10月5日) 阴雨,至二十二日霁。

二十三日(10月11日) 复雨。法氛孔亟,当事属龚仰蘧观察为台湾任后路转输,留上海有日矣。顷之,来金陵招余偕往,遂入城别诸相识,兼送彭少湘同年归长沙。

二十四日(10月12日) 阴,夜小雨。正午,随仰蘧观察乘一壶小轮船驶近下关,上登瀛洲兵轮船,晡时开行,黄昏寄碇瓜洲,秋雨濛濛,不辨江路,妨夜行也。是船管带为叶鹤帆都司,闽人,幼时以学徒历新嘉坡、锡兰、朝鲜等处,遂精驾驶,耻海上用兵中国无济胜之具,而又不见重于上官也,抑郁成疾,言之慨然。

二十五日(10月13日) 雨。卯初展轮,申正至江阴寄碇,与叶鹤帆笔谈移时，鹤帆出高丽不聿见赠，报之以北海碑。

二十六日(10月14日) 霁，大风。巳正，改附澄庆兵轮船，有客何镜秋，故开济兵轮船主也，尝游欧洲各国，明习洋务，言中外事凿凿，以不得要人意，置之闲散，惜哉！得《江阴感事》一律："野郭负东瀛，君山夕照明。大江兹锁钥，巨舰即干城。秋老乡关梦，潮催戍鼓声。西夷玩兵革，谁为请长缨。"

二十七日(10月15日) 寅正，鼓轮出长江，南折过吴淞口，抵上海，时已过午，假瑞生洋行为公廨，层楼异基，间莳花木，盖洋人喜楼居，其为室多意造者，篱落之属，亦不肯苟同俗尚，巧思即此可见。

九月初一日(10月19日) 午后微雨，夜大雨。

初三日(10月21日) 与莫觐廷观剧咏霓茶园。觐廷为山东鬻军械来沪者也，询及山东防务，以精选额兵、少召外兵为主，虽东省海防视他处易办，然镇静少费，自是不易之策。

初四日(10月22日) 日昳，访余柳生于日耳曼洋行，洋商人出加非供客，询之茶也。制加非之法，搓茶成粉，和以饴湩，啜之，色香味均不及，彼族乃以为佳茶。馀更饷吕宋烟一枚，卷叶如将指大，长可三寸，火其首吸之，烟缕缕从内出，味颇芳烈，其视范金截竹嘘吸以筒者，惟便矣。

初五日(10月23日) 闻日本妇有倡于沪者，率假茶楼为藏娇之所。日暮过之，倭女三五，左右笑谑，亦姣好，能稍稍为中国言语，独其粉饰诡不耐观，房门以内，满地铺氍毹五色，膝行趺①坐，袜而入，屦而出，角枕几席，犹若近古，不得以倭俗没之。

初六日(10月24日) 风。往尝过上海，通衢委巷悉燃煤气灯，五步十步，烂然星陈，近复制电气为灯，悬之修柱，譬斫晶以为球，讶擎珠而照乘，每值题红筵散，拾翠人归，瞻对清辉，爽然无极。

初七日(10月25日) 日暮，与王子香观潮春申浦，涂遇黑奴三

---

① 原作"趺"，据文义改。

五，有腼面目，望之如墨云，此类皆满剌加、印度、锡兰诸岛，番西洋人，多兽蓄而犬使之者，彼昏不知，亦可怜哉。

初八日（10月26日） 夜，酌赵宝卿录事处，从余柳生之请也。席间晤欧罗巴人，名伊礼者，应对之际，非译不通，其取食以叉代箸，强之用箸，如小儿学食，心手不相应也。临别握手为礼，犹中国之有揖矣，或须扣头，则脱帽以挥。

初九日（10月27日） 莫觐廷以重阳之故，招饮陆月舫校书处，兼为校书贺生日，醉把茱萸，纪胜筵于千里，笑拈黄菊，证夙约于三生，亦海上韵事也。

初十日（10月28日） 雨。陈亦渔（兆璜）公子过访，且约饮公阳里，黄昏赴之。富北海之朋樽，同来异地；艳东山之丝竹，尚有遗音。酒阑过徐瑞芝录事，避雨移时，归将漏尽，听窗外雨声淅沥，深人秋思。

十一日（10月29日） 申刻，雨止。洋衔左右，辄有巡捕昼夜伺守，所以禁盗贼、平争斗也，故沪上号比匪之薮，无敢肆志市门者，犯则拘之巡捕房，苛罚倍至。人有讼狱，则赴会审公所，中外并设官为之听断，远人之严整以此，而其虐我民人、侮我缙绅，亦以此。

十二日（10月30日） 送李文谟归长沙。夜，过杨啸云，即与上第一楼茗话，楼高三层，男妇游观上下如织，女闾之贱者，则熙熙攘攘，为色之囮；或以野鸡目之，鹑奔鹊彊，莫斯甚矣。啸云因言有所谓台基者，媒思妇于秘闼，号荡子之行窝；又有所谓白蚁者，蜂媒偶托，蚁蚀潜加。至若呼樵青于竹里，私语并头；期孟弋于桑中，不嫌饶舌。斯皆青楼珠箔而外别开生面者，故类志之，以刺淆俗。

十三日（10月31日） 酉雨，戌止。同人夜酌锦秀堂。

十四日（11月1日） 郑厚馀来约观剧丹桂园。

十五日（11月2日） 阴。东洋车而外，更有西洋马车，轮毂电掣，騄駬风驰，极磬控之能事，沪之人效之甚，或扶伎命俦，招摇过市，善自戏虐，不谓变于夷矣。晡时，同人乘马车北向驰，三四里至芦浦，浦有静安寺，宋祥符间因唐永泰禅院故址改建，今更围亭其侧，为宴游之胜地。茗馀凭眺，野阔沙平，海云苍苍，幕乎天际，偶对旷荡，顿医烦俗，比归而清辉照涂矣。犹有纵马车玩月芦浦者，踶狂诲淫，何知其非耶？

十六日(11月3日)　大雨，夜止。比得谍报，法夷以兵轮船游奕台湾洋面，中国兵民船无敢东渡者，饷械之需，皆假外国轮船以济，往来十馀次，幸不辱命，然眼慑风涛，心惊仇敌，任斯役者，罔不惴惴已。

十七日(11月4日)　夜雨。送刘伯海秀才(朝宗)之厦门。初，法夷由鸡笼西犯马尾，亦不敢深入，则息兵马祖澳，月馀复蓄锐攻鸡笼，而以偏师注沪尾，鸡笼南距台北府治六十里。沪尾，淡水口也，东与府治相去三十里。其时，伯海之叔祖父省三中丞，督湘淮诸军，为鸡笼守，八月十三日，法率死士上岸，距鸡笼左近之仙洞，湘军帅曹仁祥(志忠)谋夜袭之，或以沪尾之儆报告中丞，谓沪尾去府治近，府治根本也，麾诸军退守，不二日，鸡笼陷。已，沪尾守将曰孙庚堂军门(开华)者，窥法氛甚恶，伏兵山谷间诱之，且避炮弹，法谓我军亦退如鸡笼，悉舟师潜上，军门出不意击之，斩溺甚众，法自是不敢犯沪尾，然踞鸡笼山险不退，且知中国兵轮船弱，无与争衡海上者，日益战舰环台而巡，杜接济，断声气，为困台计，军报久不达，伯海谋有以消息之，余谓澎湖卅六岛，台之枢纽也，厦门，辅车也，人近而习可用，徒消息夫台耶！伯海于是有厦门之役。

十八日(11月5日)　巳刻，雨止。

十九日(11月6日)　风。

二十日(11月7日)　连日为泰西赛马之期，约莫觐廷往观，不果，乃过平康巷闲话。薄暮，而朱羽卿来会，初羽卿就婚沪上匝月，及兹有闽峤之行，其妇家治酒饯别，羽卿因招余辈，集妓欢饮，席间晤朱丙堂总镇、彭荔樵大令，询知荔樵即归长沙，丙堂亦旦夕赴闽者，酒阑，送荔樵登舟，寒潮涌月，凉风袭衣，别话江干，撩人归思。

二十一日(11 月 8 日) 雨,夜分止。

二十二日(11 月 9 日) 大风。

二十三日(11 月 10 日) 同人宴聚丰园,飞觞听政,坐妓成围,极一时觥筹之乐。

二十四日(11 月 11 日) 入城观城隍庙,云神即汉博陆侯也,具曲水园亭之胜,顾行廛负贩,日夕叫呶其侧,侯如有灵,其能享诸。

三十日(11 月 17 日) 阴雨兼旬,旅居多闷,薄暮,约莫觐廷过周静香小坐,兼晤其女兄来宝,方瀹茗间,而檐溜复动,流连风雨,不觉夜谭之久。

十月初一日(11 月 18 日) 阴。

初三日(11 月 20 日) 羽毛鳞介之属,《山经》、《尔雅》举其名矣,未睹其状;李麟、戴嵩之画,得其状矣,未留其形。洋人之巧者,扃物椟中,鼓气使彘,更傅以药,经久而形不化,转购中国,以资多识。是日,同人见之茶寮,爪牙鳞甲,栩栩欲活,奇观也。

初四日(11 月 21 日) 大风。晡时,与王锦屏大令(毓藩)出游,遇莫觐廷、郑厚馀,过酒家小酌,乘醉至咏霓园,观剧而返。

初八日(11 月 25 日) 高昌庙距县城西五六里,平畴广莫,临侧黄浦,为近人制造机器之所,闻戴裕之于彼作寓公。日午,约莫觐廷往候,归值何丹书招酌谢二宝校书处,一席之费凡数十金,而粉白黛绿争妍以取怜者,乃无不谓巨腹贾为海上之豪矣。

十一日(11 月 28 日) 凌晨,有洋人意密过我,意密能为中国言者,时值严霜,衣尚单薄,问胡不裘,曰:“我国逞血气,重矫健,裘之必笑,抑畏寒乎?”曰:“虽畏必强支之,终不欲为是翩翩者,说果尽然耶。”

十六日(12 月 3 日) 大风。何子质世叔(绍彰)招饮,辞之。

十七日(12 月 4 日) 日昳,与刘阆仙观剧咏霓园,沪上观剧多卜夜者,是时观者不过十馀人,优伶登场,亦虚应故事而退,昼伏夜动,真犹鼠矣。

十八日(12月5日) 薄暮,同人酌西洋酒楼,具陈华赡,几圆而长丈许,宽可四尺,布幂之供具,以刀、以戟、以勺,肴至,分盘以饷,如其人之数,食毕而代,无处前处末之节,食并腥膻,无嘉蔬佐之,故其味专一,于食品中别具一格,不徒加非之茶、巴得之酒,为陆羽、杜康思议所不及也。席终,吸吕宋烟,握手为别,宛然泰西风景。

十九日(12月6日) 与龚茂才云壑过也是楼,闲话片刻。

二十日(12月7日) 日暮,樊时勋、何丹书、胡二梅先后招饮,续欢仍醉,问夜将半矣,而锦瑟香钿,尚尔填溢,扬州好梦,奚止十年一觉耶。

二十一日(12月8日) 落日在地,晚风动林,信步过王宝卿录事,嫣然启箧,出西法小照见赠,画里真真,呼之欲出,觉宋玉之言美女,陈思之赋洛神,犹多仿佛矣。去,之洗心亭,偕余子务广文,听女先儿度曲数阕。

二十二日(12月9日) 客上海久之,时近黄昏,辄思出游,而侘傺无聊之馀,尤为特甚,究之醇酒妇人,强自排遣,如典衣疗饥,饱不几时,又重之以寒,未见其愈也。方愁想间,会金陵机器局相需记室,因便请之居停,人以为弃要津,投闲散,而不知有难言之隐矣。

二十三日(12月10日) 朋辈谂余复有金陵之行,先后来别。

二十四日(12月11日) 与戴裕之、莫觐廷别话,皆宜楼握手,临歧并致珍重,而觐廷肫挚之情,尤足感也。夜半,登舟就睡,食顷展轮。

二十五日(12月12日) 夜半,抵下关,移行篋墩船,寒侵饥迫,倚装待旦,劳劳行役,究何为也。

二十六日(12月13日) 黎明,呼小舟至机器局,为别两月,同人相率慰劳,何知燕入故巢,愁来无端耶。薄暮,姚云汀及文玹五弟来候。

二十九日(12月16日) 文玹五弟将以明日旋里,来别。

十一月初一日(12月17日) 早起,与刘斐如送陈舫仙方伯归长沙，时方伯罣吏议解组，当其握兵符，江南宾客将弁，奔走其门者，殆穿户限，不谓崇朝失势，供祖帐者，寥寥无几人也。“一贵一贱，交情乃见”，是翟公之深慨矣。

十一日（12月27日） 朝鲜国东海秉正朔，衣冠文物有汉唐风，于泰西诸部尤深恶而痛绝之。光绪初，洋人强市其地，未几，有效法泰西者，于是国之人分守旧、开化两党，守旧迂阔固执，薄泰西而不为者也；开化反是。二者如冰炭水火之不相入，顾其国君向任开化，于是守旧之党以光绪八年六月奉大院君为辞。大院君，王之生父也，中国发师船戡定之。今年十月十七日，守旧党人复煽日本兵诛杀大臣，幽其王于宫，事闻中国，疑日本之觊觎其侧也。发兵往诘，果得日本安危利灾之迹，当是时，法兰西困台湾，窥粤边如故，惩马尾江之败，未便复与日本为难，致多迁就，或谓日本之寻衅朝鲜，法夷实嗾之，事无左证。要之日本通法夷，玩中国，窥朝鲜，意中事也。悠悠时局，其谓之何。

十二日（12月28日） 阴雨。

十三日（12月29日） 雪，午霁。

十五日（12月31日） 日跌，饮蒋苹笙同年于留叶楼，酒阑，遂与过萧启鲁孝廉（大猷）、文砺峰司马（炜）一谈。

十九日（1885年1月4日） 查松山招饮秦淮水阁，薄暮赴之，比归，而冷月浸水，繁霜被涂，更柝甚急，城门已扃，呼钥而出，寓中灯荧荧一点而已。

二十日（1月5日）至二十四日（1月9日） 阴雨。

二十六日（1月11日） 雪。

二十九日（1月14日） 黄昏，与杨晴川、龚冰卿访伎心字湖，往尝青溪、板桥、桃叶渡、枇杷巷一带，青楼珠箔，歌吹相闻，今其存者，裁七八家，金粉飘零，即此为南朝增感矣。

十二月初一日（1月16日） 近午，蒋子衢招饮。

十三日（1月28日） 送蒋苹笙入闽，是时法夷扰闽海益亟，中国援师风从云合，固志士功名之会也。苹笙此行可谓壮矣。

二十四日(2月8日) 初，江南大吏以台峤受困之故，调兵轮船五往援，是日，泛宁波海面而南，遥见法船，我船逸其三，馀二避之石浦，法船追及，阻浅不能近，遂遏其外，胜败不可知，然台峤失此援兵矣。论者谓其时朝鲜与日本苟且修好，中国既大度置之，辽海无事，速以师船拟石浦为夹攻计，幸而一胜，非唯台湾受其惠，马江之辱于是焉洗。予谓中国之师船弱，难与敌，夫人知之争衡海上，何可徼幸。顾洋人之性，惟利是趋，大都耦国，具不相下之势，与我为难者法耳，不惜重金赁他国之船，以夷攻夷，阴离其交，而阳获其利，而我但以师船接济侦探，分防海口，亦自立不败之一道也，因彼己而权时势，岂有他哉！

二十八日(2月12日) 雨，夜霰。

二十九日(2月13日) 雪。

三十日(2月14日) 霁。入冬以来，聚宝门内外，米薪之属，充斥于道，偶值阴雨，则泥泞不堪。是日，拟入城一览除夕之景，竟阻而返。

光绪十一年(1885)乙酉春

正月初一日(2月15日) 易幼春姻丈与姚云汀来贺，因之上雨花台瀹茗，话故乡年事，南望衡湘，我思何极。

初二日(2月16日) 小雪。局中各同事相率行团拜礼会者，凡四十馀人。

初七日(2月21日) 雨雪。

初八日(2月22日) 雨。新春无事，辄与同局诸君为意钱之戏，连次中隽，不下番佛数百尊，久涸鲋鱼，竟尔活泼，亦年来未有之遭矣。

十一日(2月25日) 与严步衢出浴，便过巧琳录事，高烛双辉之际，佳果盈盘，爆竹彻户，宛然以事神者事人矣。吴下诸妓家，遇新年客至，大类如此，不独秦淮也。

十五日（3月1日） 吴中新年，家家炒冻米，和饴为团，互相馈遗，命之曰欢喜团，甚有意义。至于糕以年名，圆因汤熟，则几于行处皆同矣。

十六日（3月2日） 土俗以是日纵男女上城嬉游，其事与锦城游百病正复相似，上巳祓除，重阳登眺，因缘成俗，殆犹是乎？

二十六日（3月12日） 王芝友招饮秦淮水榭。

二十七日（3月13日） 与刘斐如招同马牖云观察（先松）、颜芝云、潘子全、张南薰、姚菉淇、刘冠卿泛棹秦淮。

二十九日（3月15日） 雨。

三十日（3月16日） 寅刻，雨止。

二月初一日（3月17日）

初四日（3月20日） 丑刻大风雨雹，雷电逾时。

初八日（3月24日） 同人酌高小凤录事处，小凤，伎而隐者也，闭门读画，闲调鹦鹉之声；送客留髡，别谱鸳鸯之调。自非渔郎，罕问津者。

初十日（3月26日） 向晚，与任慎安过张红宝校书小酌，红宝与高小凤比邻，亦避喧秦淮之滨者，问其年，财十有七，生小娇憨，娉婷自惜，顾制于假母，不能当意，玉之锢也以璞，兰之纠也以榛，天下若此类者多矣。

十二日（3月28日） 得莫觐廷书招游山东，先日得罗仙樵书约赴台湾，质之同人，咸以为山东土厚水深，去京师近，于计为得也，遂决。

十三日（3月29日） 雨。送刘伯明太守（思详）官四川。

十四日（3月30日） 小雨。

十五日（3月31日） 夜，大雨。

十六日（4月1日） 霁。

十九日(4月4日) 阴雨。我援台兵轮船之困于石浦也,使陆师不存畛域之见,船尚可保。坐令至三月朔,两船者皆为法击沉,其三船逸,至镇海,赖镇海守将欧阳军门(利见)护之无恙,不然,亦石浦之续耳。入春以来,法益治战舰,绝我海道,二月十八日复攻澎湖,陷之,台湾之枢纽也,东距台可百馀里,西南距厦门五百里而近,卅六岛棋布海上,寄泊者所必争。国朝康熙、乾隆间,凡三定台湾,皆由澎湖进取,失兹不守,惜哉!而是时日本亦以高丽之故,百端要我,与法狼狈,初,法夷之谋越南也,余适客滇,与王怀钦舍人为居停草奏,锐意请朝廷问罪日本,规复流虬,将以复流虬者保越,而以罪日本者慑法,不谓曲突徙薪,无过问者也。生值时艰,可为长叹息矣。

二十日(4月5日) 雨霰。

二十二日(4月7日) 大雨。

二十四日(4月9日) 陈子元谂余有山左之役,是夕,饯于秦淮,积雨添流,春灯荡影,一曲《后庭花》,不减旗亭韵事也。

二十五日(4月10日) 先数日,闻法兰西受款,期以三月朔罢战,论者谓是时中国援台师云集闽中,沿海守备咸具,而粤西关外之师近已收复谅山,与滇师声援相接,有饮马富良江之势,法称兵有年,供亿死伤,亦于是告弊,惜不坚持月馀,待其穷而议约,因以慑法者慑环海诸夷也。惩前毖后,君子不能无亡羊补牢之思。

二十六日(4月11日) 雨。日中,郭月楼观察致饯。夜,刘斐如招饮钓鱼巷。

二十七日(4月12日) 与任慎安招同郭伯刚、龚景张、王芝友、沈仲礼张饮秦淮。

二十八日(4月13日) 雨止。欧阳甫之秀才(俌)自十闽来会,因与过雨花台茗话良久。午后,禹级三观察出乡味致饯。

二十九日(4月14日) 日昳,饮饯王芝友处,芝友谂余以明日俶装,即席赠别,有“他年共数湖山胜,历下还同白下无”之句,清切可诵。

山左日记卷九

光绪十一年(1885)乙酉春

三月初一日(4月15日) 夜雨。去年首夏为客白门，匆匆十有二月矣。人事蹉跎，将去之齐鲁，同人谂之，争相饮饯。是午，饶子敬复盛筵招饮，既醉，过秦淮诸录事小坐，久识黄莺，都知惜别，毋谓此中人漫无情绪也。久之，出聚宝门，时近黄昏，风怒如虎。

初二日(4月16日) 晡时，俶装。刘斐如相约送之竹西，遂与溯游至下关旅次。是夕也，倚装辗转，乡梦依稀，不徒眷朋辈之仳离，伤征夫之况瘁矣。

初三日(4月17日) 日中，附江孚轮船往京口。连日大风从北来，下水舟无敢行者，而轮船历二时许即抵所届，计程百八十里矣。薄暮，上银山一览，山脉自京岘诸峰逶迤而北，石峦突起如台，左撷金山之秀，右则焦山之所砥柱，势既鼎足而名或逊之，亦有幸有不幸欤？夜，召丹徒妓过寓，拨弦低唱，只益无聊。

初四日(4月18日) 与刘斐如过庆乐园观剧，移晷，而严步衢来会。步衢，丹徒人也，问讯之馀，邀酌第一楼，酒酣凭栏，视铁瓮城西北，列屋成鳞，浮舟若蚁，独其利权为泰西各国攘窃已久，枯中腴外，致足慨矣。是夕，雇邵伯船往清江浦。

初五日(4月19日) 微雨，夜止。晓发京口，帆东南风，渡扬子江，缘瓜洲而北，入伊娄河，细草沿堤，杂英满甸，“烟花三月下扬州”何如此耶！泊广陵城，过午久矣，谂胡炳墀客授此间，访之，留宿。

初六日(4月20日) 城西四五里有山蜿蜒而南，势若垣墉者，蜀冈也。冈之麓，浚泉引流，为九曲池，以东属于城，尝时名园别馆交错，夫水滨画舫歌菱，红桥问柳，携客而命妓者，莫莫朝朝。自宋欧阳修为郡守于蜀冈，辟平山堂，我朝高宗南狩，又从而褒嘉之，蜀冈之名，于是益重。虽复兵燹摧残，至今而江上之陈迹，致足眷也。是晨，同人出天宁门，经天宁寺而北数十武，上梅花岭，史阁部可法瘗衣冠处，今祠其侧，并供遗像。呜乎！可以慰忠魂矣。折而西，聚级上蜀冈，佛殿巍巍然，楼其左曰平远，阁曰晴空，右则平山堂也。纯庙御制诗并摩堂上，宸藻辉煌，穆然想圣世容熙之乐，登堂望远，则江南诸山拱揖槛前，北极平芜，莽苍无际，渺兹江都，非王濞之所经营，而帝炀之所流连耶！盖盛衰之感，自昔而然矣。方徒倚间，寺僧出伊蒲馔相饷，并导之观院中花木及张，又新所品第五泉，因更试茗，而下缘九曲池，东向憩湖，上草堂复东，过桥观法海寺，浮屠七级，劫馀泉石，寥寥若此，则夫玉钩金带，曾何足云哉！日夕，入城投宿彭子熙处。

初七日(4月21日) 黄昏，招同胡炳墀、段和山诸君酌香云校书处，浊酒浇愁，娇歌眷别，匆匆夜将半矣，炳墀更送之出城，就宿舟次。

初八日(4月22日) 巳刻，与胡炳墀、刘斐如作别，南风江上，春日更融，满曳布帆，过露筋祠，夕阳荡波矣。是夕，泊北车路。

初九日(4月23日) 闻易姻丈熙潭客高邮州，辰刻经其地，招之来会。方畅叙间，舟子以风利促别，恨不少留，与之造文游台畔，继长公载酒论文之乐也。过界首高邮、宝应分界处，长堤小市，映带杨柳，小鸭十馀头，往来唼喋成趣。过宝应县，星月在天，戍鼓初动，顾是时南风正急，长年欲趁夜行，约莫至头铺寄碇，村犬狺狺，殆将旦矣。

初十日(4月24日) 扬帆过淮安府，日朝而市，野叟村姑咸集，驴负车载，渐饶北方风味，至清江浦，视日方中，既舣舟探询前路，陆行偶乏车，水行则天妃闸急溜难上，且淮南运河船无愿去北运河者，乃雇小车，循堤十八里，取道杨庄，地在天妃闸上游，北运河之委也，少有村市，是时，漕艘络绎，役夫数万人，见转输之盛。薄暮，雇小湖船去济宁州，船隘，至不能伸首舒足，委心任运，仍自得之。

十一日(4月25日) 黎明，发杨庄，水清流急，风樯之势，激浪有声。七十五里众兴集小泊，河以西数里当黄河故道之滨，即桃源县，县本宿迁之桃园镇，元初置县，后讹园为源。其时，桃花未尽，菜花已开，目极春郊，麦渐渐盈野。五十里泊大王庙，倚舷望月，乡心如捣。

十二日(4月26日) 三十里白洋河，当巳午之交，风雨颠狂，守候至日昳，牵行五里，泊陆家村。

十三日(4月27日) 帆风。三十里宿迁县小泊，丁丑春初，曾过县城一览，萍梗悠悠，再来已九年矣，故我依然，良用嗟悼。四十里十字河，沂水正流，会骆马湖水入运处。五十里窑湾，邳州属境，街衢亘里许，右纳一水，询之土人，每岁涨发，可溯此水，经骆马湖北，达沂州府也。既泊，观土人赛会，旗盖翻风，金鼓动地，从窑湾渡河而西，欢声发于水上。

十四日(4月28日) 舟行北运河中，长堤如虹，槐枣分荫，萧条茅屋，时艺麦菽，视苏常运河，华实有间矣。三十里猫儿窝，左纳盆头湖及旧邳州水，今汔。二十七里沂水支津，经邳州南境入运河处，泗沂之流至此毕合，今皆引之以济运矣。其时，大雨如注，三里泊徐塘口，雨止而大风复作，夜半始息。

十五日(4月29日) 牵行十八里泇口东，西泇水口也。十七里梁王城，北入山东峄县界。十五里泊台儿庄，前去济宁州尚三百馀里，水浅难上，遂变计陆行，且乐为洙泗之游焉。杨庄至此，计程三百九十里。

十六日(4月30日) 台儿庄，峄县东南舟车之会也。运河自西而南，缘堤列肆，状如初月。是日，雇二人车往济南府，预数客程，凡六百六十六里。

十七日(5月1日) 大风。日出开车，十八里马兰屯，前此过巨龙河，峄县诸泉之所汇也。石梁修整，河以东有萧望之故里碑。三十六里阴平社，道左有碣，题“汉阴平长袁安旧治”，居民数十家，望衡对宇，询之，无能详其事者。十二里周家营宿。

十八日(5月2日) 晓风甚寒。十八里杨家庄，汉匡衡故里。七里沙沟营，六十里官桥，中途过西桑桥，盘龙河水所经，亦呼薛河，近孟尝君封地。感咏一律：“客行感迟暮，徙倚石梁阴。野阔麦苗秀，春残榆叶深。旧封馀断碣，远道重孤吟。宛转薛河水，应怜好士心。”官桥，夏车正奚仲国也；春秋薛国；战国时齐灭之，以封田婴。二十里宿南沙河，于古为漷水，《左传·襄十九年》“取邾田自漷水”是矣。

十九日(5月3日) 车行滕薛之境，峰回嶂叠，郁乎苍苍，而其西则流云委地，远树际天，百里侯封，规模伟矣。二十里滕县，春秋滕国，城外东南隅有滕文公祠，县东六里有郳城故址，春秋郳国后更为小邾，即其地矣。四十里界河，入邹县境，引领望峄山，玲珑峭特，峥嵘接天，云其中孔穴洞达，避兵者恒倚之，孤桐之种，间有存者。北向二十五里投宿二夏店，适当峄山之麓，仰视数峰，浪涌欲断仍连，乃悟“峄”又作“绎”之义，然郭璞之训绎也，谓其山纯石积构，连属如绎丝然，似更得之。

二十日(5月4日) 黎明就道，东望邹绎山，云蒸蒸如釜上气。二十五里邹县，春秋邾国，鲁缪公改邾曰驺，晋时置县，始从邹矣。城南有孟子庙，东西庑并祀公孙丑、万章诸子，坊其外为棂星门，堂殿之制，视郡县文庙稍逊，然丹垣峻陛，极尊严之观。庙后隔隍负郭，更为堂数楹，存孟母断机遗址，凡孟氏子孙袭翰林院五经博士者，署其傍不废。北距兹二十五里凫村，则孟子故里也。村东北数十步马鞍山之麓，孟林在焉，飨殿阒寂，门扃不可入，封其右为孟子父母墓，颓松怪柏，垂荫百亩，孟氏子孙祔葬者累累，今七十代矣。三迁之教，七篇之训，童时所服膺也。庙堂庐墓，仰瞻千载，不尤低徊难去哉！二十五里寓曲阜县，东门外少昊氏故都也。春秋鲁国城南雩水绕之，即浴沂之沂，源出尼山，西北流入泗雩南，旧有舞雩坛，樊迟从游处，亦曾点所云“风乎舞雩”者，时当春暮，想咏归之乐。

二十一日(5月5日) 早起，绕城而北，谒孔林。古株夹道，中途绰楔曰“万古长春”。约二里，长垣缭之，门外有坊曰至圣林，既入甬道百馀步，台门高峻，上覆以楼，再入而西过洙水桥，蘋藻潆洄，清泚可鉴。折而北历墓门、享殿，循石道稍西，拜孔子墓，南向隆起如阜，马鬣封之谓也。蓍草萌其上，墓左列泗水侯墓，左之前沂水侯墓，并峙而三。余既循墓右，憩子贡庐，更东历二亭，宋真宗暨仁庙驻跸处。观子贡手植楷，老干孑然，生意尽矣。出门四顾，林周数十里，丸丸松柏，擎风蔽日，孔氏子孙冢，棋布其下。仰瞻久之，循故道入城，谒颜子庙，仿佛孟子庙制，其东古楷一株，丛枝四出，竞秀林樾；庙前陋巷，井亭其上，综厥庙址，殆陋巷之遗欤？归寓索饭，复入城谒孔子庙堂，因杏坛故址而恢廓之，今其堂前夫子手植桧，犹复葱茏，为唐槐宋果以前老物；庙之中为殿者四，曰大成，曰寝，曰圣迹，曰启圣，趋大成殿，踧踖拜孔子像，像独鲁曲阜有之，周游之迹悉摩之。圣迹殿为石，百有二十方，为阁者一曰奎文，为祠与堂者各二，曰五代，曰后土，堂曰诗礼，曰金丝，并祀孔子父母以上先贤先儒，序之两庑，车服礼器惟备，金元以来，代有宸藻，大成门内外碑林立，本朝尤极尊礼，是时距同治修葺后才十馀稔，金碧丹漆，轮奂崇柯之表，规模气象，视郡国宫墙不侔矣。夙昔读《阙里志》，向往久之，来洙泗，乃得从数千年后亲炙一二，仰止景行，其足喻哉！归过衍圣宫署，沿途访咏归亭、灵光殿，不得，鲁之胜迹，湮没者多矣。

二十二日(5月6日) 露气清湛，晨光熹微，驱车过周公祠，乔柯美荫，殿阁中藏，惜门扃不得入矣。北过洙水，经孔林东，访洙泗书院，夫子讲学处也，强半倾圮。又北过泗水，出泗水县东，陪尾山四泉并发，故曰泗水，西流纳洙、崄、沂、洸诸水，又西南注运河。是时东南望尼山，蒸云被树表，邹鲁之灵秀，悔不少留，以抒景仰。二十四里永康桥，鲁于春秋号秉礼之国，今其风稍衰，然俗尚质朴，人勤而愿，车行所至，良田佳树，蔚然秩然，尤为司牧者羡之。二十六里歇马亭小食，饼粥杂进，但取不饥，无定时亦无定制也。四十五里汶河，浅水微波，沙石弥望，既涉，宿大汶口，濒河巨市，远望如城邑。

二十三日(5月7日) 鸟啼春晓，东望泰岱、徂徕诸峰，烟岚渐辟，快睹真面，如对故人。三十里满庄，道山谷之间，车轮上下，轹石有声。二十里姜家庄，距泰山益近，岩嶂巍巍，耐人遐想。三十里宿新庄，会济宁州王家营大道。

二十四日(5月8日) 二人车前挽后推，校骡车为平稳，然芦棚四敞，不足蔽风雨，且难兼程进矣。八十里宿张夏，是日，大风北来，尘埃翳山岳，南人不胜行役之苦，而北人安之若无事，鱼游大河，相忘其浊，习与不习也。

二十五日(5月9日) 五十里黄山，莺啼柳路，燕掠麦畦，鞭丝帽影之间，时时有杨花飞过。折而东三十里，入泺源门，毂击肩摩，想此邦文物之盛，得七律一章："表海当年竞伯功，遗规千里尚沉雄。云连泰岳迷神鬼，浪卷长河急雨风。壮语纵横双剑在，狂歌容易酒杯空。济南名士终谁属，又拂征尘访旧踪。"

二十六日(5月10日) 往谒陈隽丞中丞，并晤其幕客邓星聚刺史、李循伯大令、徐葆生孝廉。初，余之来山左也，因莫觐廷招之，客黄殿臣(金得)军门处，讵问讯之次，军门先旬日解兵柄，而觐廷又以鹾务南去宿州，千里依人，所如不合命也，谂许荫南同年客此，访之，留食而返。

二十七日(5月11日) 午雨，申霁。历下旅店酒食皆自外来，独其买笑之侣，则又娇藏比屋，乐趁行窝，女闾三百，岂谓是耶!

二十八日(5月12日) 陈粒唐、许荫南先后过谈，即与荫南至趵突泉观女伶演剧，整优孟之衣冠，幻须眉于巾帼，其女乐之遗欤?夜，郝栋臣茂才过我，栋臣，泰安人，与谈岱宗之胜，口讲指画，娓娓不倦，闻之不啻登日观峰头，快摅胸臆。

二十九日(5月13日) 历下泉七十有二，皆济水所发也。最巨曰趵突，曰珍珠，趵突公之城外，珍珠内之巡抚署，游人罕得睹者。日中，过徐葆生，探其胜泉之来不一，侧出上出，累累然牟尼一串，跃至水面而没，既毕疏浚，方圆之曲折之，为池塘沟渠，桥通往来，而堰以蓄泄。凡署之中，绮疏秀闼、亭阁台榭之属，弄影夫寒碧，花草竹树以沉以浮，画船往复其间，枕欹帘静，鸟翯翯以飞也，鱼喁喁以泳也，活泼之致，永人濠濮间，想是游者之乐也，而优游涵育，大吏于此有会心焉。斯泉之德，为益溥矣。

四月初一日(5 月 14 日) 补录《代题梁檀圃方伯乔梓京兆图》七古一章："在昔京兆谁其良，前有赵张后三王。韩傅尤能尚宽简，彪炳史册留芬芳。何如世德重赤县，国恩优渥成家庆。渠亭先生人中龙，鳞甲备具宜腾骧。手握灵珠贡天府，宝气照耀奎璧光。才望逴踔帝心喜，特诏整顿先畿疆。外示严竣内宽厚，扶植良善锄豪强。是时公子貌岐嶷，神驹千里何轩昂。贤生元成瑰生颋，海南再见雏凤翔。不徒木天继清望，星轺更接荆与梁。最奇三辅世衣钵，嗣服恩命镌银章。老吏出拜新内史，似识面目犹傍徨。灵椿丹桂那足论，甘棠致敬如梓桑。侧闻岭表气磅礴，大海外薄山中藏。灵秀郁结不敢逞，钟之里闬皆高阳。长公器识益闳阔，冯翊未足私民望。帝曰江左资屏翰，乃命司隶辞朔方。即今蛟鼍恣海峤，戈船楼楯纷披猖。孰使天堑藉安堵，辕髻壤垢咸熙攘。我知旬宣重召虎，即见圭瓒厘明堂。渊襟矧复持谦退，敬述庭训无时忘。回首神京曳青绶，丹青出箧争琳瑯。高者为桥卑者梓，豸冠赭裾相扶将。遂使同官识异数，审视再拜神飞扬。长歌不足答荣阀，愿益明德酬羲皇。"

初二日(5 月 15 日) 癸未夏五，尝泛舟大明湖，综其胜状，大抵尽之"四面荷花三面柳，一城山色半城湖"二语，金门学史题句也。是日，复同徐葆生由鹊华桥刺舟而北，荡蒲穿柳，徜徉乎历下亭、汇泉寺之间，最后从北极阁舍舟而东数百武，上汇波门，湖之尾闾也，有楼如谯，前亭纯庙御制碑，东北望城外，田畴村落，秩秩畇畇，烟树葱茏之表，华不注亭亭如车盖，而鹊山之方也如屏，回视湖光潋滟，历山苍翠,绕郭以南,疑历城表里都在郭熙、韦偃画稿中矣。久之,棹归,与葆生作别,更过许荫南纵谈片响。

初三日(5月16日) 招同陈粒唐、伍元堂观剧趵突泉,顷之,过酒家小酌,而许荫南来会,既醉,戲[①]为狎邪游,闻齐俗极薄,珠箔青楼,几于满城皆是。夜,过徐葆生、李循伯话别,游齐不遇,将更为八闽之行,葆生闻之,颇深怅惋。

初四日(5月17日) 与陈粒唐、伍元堂茗话曲水亭,历城水泉活泼,沟渠脉通,亭适当流水曲折之处,沿流列行肆,朝而市,食时而散,则捣衣妇接踵至,漂缁濯素,砧杵千声,茗馀,过粒唐、元堂煮酒叙别,而谢冕堂、刘明溪来会,放言时事,求之不必尽当,聊且快意。归过大明湖,于时白日已匿,凉风习习起菰蒲间,绿暗青浓,隐摇灯幌,本息境也。客子于斯,有动象焉。是日,仍雇二人车,往济宁州。

初五日(5月18日) 晓发历下,感咏五律一章:“揽辔入齐鲁,句留此浃辰。泉分河济润,山并鹊华春。弹铗悲前事,分金见古人。风尘犹未息,东望一沾巾。”八十里张夏宿,召琵琶女王金蓉瀹茗剧谈,金蓉,保定人,奏技张夏有年,软语萍踪,深怀老大,闻之戚然,抑自慨矣。

初六日(5月19日) 八十里新庄,折而南,逾山数重,回首泰岱,依依不欲去,得五律云:“岱宗天下望,西向砥中州。彩凤回风立,苍龙出海游。乱云开石栈,群树拥仙楼。不尽景行意,岩岩寄远眸。”薄暮,宿王设店,距新庄三十二里。

初七日(5月20日) 五十三里涉汶水而南,中路郊景娱目,纪以七绝句:“山让平畴水护庄,阴阴榆柳绿成行。麦将黄遍瓜初种,谁识农功入夏忙。”四十五里宁阳县宿,春秋鲁之阐邑,哀八年,“齐人取欢及阐”,既而复归于我是也。

初八日(5月21日) 大风。三十五里高吴桥,十五里南李社,

---

① 疑为“戏”。

九达之衢，尘沙封轨，舆夫多苦之，遂径由麦陇之间，村庄远近相望，绿阴瓜果蔬菜之属，其时其旨，田家乐无以易也。四十里济宁州，绕城而西，过会通河，侪小闸口，州于春秋为任国，“孟子居邹，季任为任处守”，即此，馈饷所经，形势扤要。

初九日(5月22日) 大风。余之定计之闽也，适闻莫覲廷自宿州来济宁之安居店，饩牵欲竭，将从称贷。安居店在州西南十有八里，地濒运河，山左盐筴销及江南徐州、河南归德、安徽宿州各处，此其转运之所。及往访之，而覲廷已先十馀日返宿州矣。是时同乡陈云舫、夏兰亭叹慰交至，余维势处触藩，非仍从覲廷宿州不可，留酌归寓，心绪殊恶。

初十日(5月23日) 任城西北数十里曰南旺，于古为大野泽，会通河水脊也。元初，开会通河转漕至任城，辄胶阻；明永乐九年，尚书宋礼用老人白英策，始筑坝戴村，遏汶全流注南旺，酌十分之四南流达任城，会洸、泗诸水入淮，而以六分北流达于临清，会漳、卫诸水，以北至直沽，堤闸重重，漕始利便。我朝中叶，强半主海运，近世更藉轮舶以漕议者，以河运劳费欲并罢之，蒙谓非独运河不可罢也。当益治陆为三窟计，海梗恃河，河塞倚陆，皇皇饷源，乌可忽诸。日中，上南城求太白楼遗址，不得，因至大悲阁枯坐片刻。

十一日(5月24日) 晓发任城，三十五里王贵屯，四十五里武唐亭，春秋隐二年，公及戎盟于唐；杜预曰“方与县北武唐亭”是也；五年“矢鱼于棠”亦即此处。有观鱼台址，高丈馀，荒祠古墓，阒寂榛莽，观鱼事无足录，不朽者僖伯之言耳。数里日暮途迷，就宿黄罗集，旅馆陋劣，饮寒浆一盂，倚车假寐达旦，兼不能无戒心也。

十二日(5月25日) 夜雨。十里旧城，故鱼台县治，春秋鲁之棠邑，或曰宋之方与矣。十五里鱼台县，二十五里入江南界，麦田中或种罂粟，花时红白可玩，然鸩毒之害苗，烈于稊稗矣。三十里丰县，宿大泽门内。

十三日(5月26日) 霁。登邑城，北望丰，草绿缛，水之所潴，殆赤帝子斩蛇处耶？东瞻沛，云树苍苍，想龙兴之盛轨，遭际良时，材俊并起，而平阳、舞阳、汝阴之侣，皆以闾里故人列土而侯，今岂有所谓贩缯屠狗者哉！独立城头，吊叹久之。过市一览，樱桃正熟，匀匀满盘，不减珊瑚珠。

十四日(5月27日) 日出，乞丰县长差雇一人车，其车咸辫草辅轮，以致柔韧，乃悟蒲轮之妙。十里询朱陈村，舆人指道左绿阴，云即其地，近犹两姓合居，世世为婚姻也，缔好之美，今昔罕遘。二十里东华山，雨过复行，三十二里南孟集，大麦垂熟，农人筑场以俟，镳铲之声，闻诸林表。十八里宿晋安集，沛县境也，得五古一章："大哉泗上长，仗剑起丰沛。西向除暴秦，东归荣车盖。嫚骂罗英豪，亦值风云会。分封万户侯，施及绛灌辈。悠悠三千年，朅来感兴废。树色何葱茏，云气殊叆叇。当其未贵时，君臣俱尘壒。潜龙奋云雨，灵威加海内。"

十五日(5月28日) 徐州之域，平原大泽，苍漭际天，东南山川绵邈，气象伟如也，故刘氏以布衣有天下。项王号一世之雄，寄奴帝制江左，朱全忠父子擅命于五代，考其乡里，皆不出丰沛百馀里间，而将相列土而侯者，又不知凡几，洵由地灵哉！十八里郑家集，二十七里循河堤而南，仡仡如墉，叹工作之不易。十七里平山，十八里经黄河故道，室庐场圃，宛然平地，沧桑之变，有如此耶！入徐州城，晤滕少南、王显甫逆旅，邀酌甚欢。

十六日(5月29日) 夜雨。徐州，古大彭氏之国，春秋属宋，《禹贡》海岱及淮，惟徐州未尝及河，宋世河决澶渊，徐始患水，本朝咸丰壬子，河复北徙，而徐之水患始息。近郊多山，东坡所谓"冈峦四合，独缺其西"矣，平时读东坡徐州诸记，想见其概，及是循堞堵求之，城之四隅，各有楼若亭，西北曰"彭祖"，东北"黄"，东南"快哉"，西南"燕子"，既备观昔人之迹，因思彭城牙错究豫，要兼水陆，称用武之地，项氏之亡也，不行仁政之故，归都彭城，岂尽羽过哉！归值莫觐廷来会，喜询行止，将更有事任城也。

十七日(5月30日) 申刻,雨止。与莫觐廷辔谭竟日,觐廷将以明日之任城,仍约余赴宿州候之。

十八日(5月31日) 城南有山曰云龙,言山有云气,蜿蜒如龙也。闻之往游,二里至其东麓,镵岩为大佛,故又称石佛山,寺随岩构,有磴曲曲悬林莽间,由之达山顶别垣佛舍,苏文忠所记放鹤亭即在其内,亭后出泉,云以饮鹤者,凭栏望山川盘郁之势,郡城斜倚水滨,如碟子大,固兵争之会也。我思古人,悠悠何极。西俯石径,憩大士岩,石刻法相,视东岩差小,自此殿阁参差,门牖洞达,凡三五处,中虚无复陈设矣。纡折至山阴,为黄茅冈,有草无木,石磊磊如阵图,云龙书院即建其趾,摩壁读东坡《上黄茅冈》诗。遂北绕城而东上戏马台,项羽所筑,魏武南侵攻彭城,不克,乃设毡帐台上是也。《水经注》谓之凉马台矣,其高十仞,广袤百馀步,有事屯戍,与城相表里,台南近范增墓,增于项氏托诚信,尊为亚父,卒以谗间死。季札之于徐君,非素相知,然徐君之亡也,犹致其信,贤不肖之相去何如耶!徐君墓在华祖庙中,东距增墓咫尺,摩石镌《徐人歌》:"延陵季子兮不忘故,脱千金之宝剑兮带邱墓。"日昃归寓,值王显甫过谈,显甫即寓凉马台侧者。

十九日(6月1日) 近午,发彭城,循太山而南,四十里宿四铺。

二十日(6月2日) 十里桃山驿,二十里骞山道,左望闵子庙墓,崇祠倚山,古木翳景。二十里新丰集,入安徽界,雷雨就宿,夜大风雨。

二十一日(6月3日) 十里夹沟,新晴途滑,车轮极为濡滞。三十里黄山洞,幽深玄远,罕能测其奥者,来自彭城,道两山之间,过此,始开朗豁目。十里过睢水支津,宿符离集,故楚邑。《战国策》"冷向曰:楚南有符离之塞",秦置县,陈胜令符离人葛婴将兵徇蕲以东是也,今废。张魏公尝覆军于此,诗以吊之:"忍将金帛事和戎,南渡君臣计画同。北狩车旗悲夜月,东来鼙鼓咽长风。才疏未必关强虏,运尽犹劳说伯功。寂寞符离桥畔柳,年年飞絮上征骢。"

二十二日(6月4日) 三里过睢水，出永城县西北，流经砀山、萧宿、睢宁各州县，入洪泽湖。十七里宿州，周为宿国地，春秋属宋，济南至此凡八百六十里，侨莫觐廷处。

三十日(6月12日) 觐廷返自任城。

五月初一日(6月13日) 宿州治，睢、潼二水之间，地形洼下，常时苦淫潦，夫河流变迁，水利之宜修多矣，若直隶之漳、卫，山东之济、漯、汶、沂、泗，安徽之淮、肥、潼、涣、睢、汴，或冲决于河，又攘夺之，或疏浚排决，以利漕渠。向之诸水往往失其故道，考古者难之，然与时消息，水利有在，必执《禹贡》之旧，以求其合，或任其放溢，而不治焉，无或其难通而易害也。

初五日(6月17日) 会饮，宿涡盐局，山左之盐，官运官销，司其事者，持筹握算，岁取其盈，以供国用，播绅而商贾矣。

初六日(6月18日) 雨。

初七日(6月19日) 酉刻，雨止。

十一日(6月23日) 大雨。

十二日(6月24日) 午刻止。

十三日(6月25日) 留宿州二十馀日，安眠饱食，生人所乐，而客子恧焉，因卜游闽之日。夜，觐廷治酒饯别，馈赆甚厚。

十四日(6月26日) 去金陵数月，不与边事，至是闻法兰西以四月二十九日受款议成，彼还澎台之岛，而我弃交趾之藩，余维交趾错壤滇粤，法夷之来中国，海程数万里，形格势禁，一旦据交海之奥，潜窥隐逼，如盗处门，戎狄无信，而我受剥肤之灾矣，非族尚多，能无浩叹。

闽海日记卷十

粟子赓笾与瑞相遇芜城，出《闽海日记》见视一过，未尝不咨嗟叹惜，谓其遇之穷而役之劳也。近世搢绅先生既于伦类罕所臧否，然其意之所注，事待而理，苟非权要潜相请托，则授其柄于左右近习；否则以其人庸懦，无敢枝梧。卑谄欺诈，如贾斯售。粟子出游，无为之先容者，又辄存鄙夷不屑之见，圆枘方凿，欲求其合，宜自集于穷哉。虽然，歇浦迤东，海涛天风，轮舟箭促，长歌彻空，是非国之大观也。赤嵌之野，比诸蓬瀛，二岁有五获之稻，两郡萃百产之英，生番、卜头以出猎，野老、丛骨而叠罴，亦海外之奇也。右旗左鼓，续翠三山，众海曲折，激石扬湍，城山池海，霸功桓桓，有客过之，擘荔纫兰，言访武夷，悠悠云关，斯乃十闽之胜概也。瑞尝辍卷东望，思一浏览而不可得，粟子乃以汗漫觏之，虽穷于遇，曾何害乎不遇之身哉，抑瑞闻之政敝俗衰，人情日趋于薄，且不可以责富厚有力者，粟子程顿之次，顾尝为友经纪其丧，能使其遗槥远道返故里，见有困乏，解衣分金，亦尝量其力之所得为也。呜乎！穷且若是，斯其不穷为何如矣。潭州胡瑞清谨序。

光绪十一年(1885)乙酉夏

五月十八日(6月30日) 游山左不遇，变计之闽，舟车代谢，易视千里，岂好游者之过，抑造物之弄人耶！朝发宿州，莫觐廷、周寿春、刘熙廷、莫雨田均骑送十里而别，车行复三十五里，就舟蕲县，王剪追破楚师至蕲，杀将军项燕即此，故楚邑也，今废。乡市数十家，临侧涣水，水首受蒗荡渠于河南开封府，东南流经此，亦名浍水，又作濊，《战国策》“魏拔赵邯郸，楚救赵，取睢濊之间”是矣。由州城而南，有水涓涓下注于涣，涨发可舟，浚之泄行潦、通贾帆，亦政之便民者。近午，舟人进食，颇佳。

十九日(7月1日)

二十日(7月2日) 《陈留风俗传》曰：睢涣之间出文章，天子郊庙，御服出焉。《尚书》所谓“厥篚织文”者也。今其地甚乏蚕桑，独饶菽麦，舟人转贩苏常间，其利惟倍。风雨舟行，留滞二日，才过蕲州，西距蕲五十许里。

二十一日(7月3日) 霁。帆风行二十里固镇，江淮入京大道也。积雨洪泛侧涣，洲渚都没，时有童梁浮青水际。六十里九湾，西南望荆涂二山，巍然秀拔，作镇长淮。荆山，卞和采玉处；涂山，以方隅校之，当如《水经注》指为周穆之所会，禹会诸侯，疑非此矣。八十里五河县，城东南当淮、涣、潼、沱、濠五水之会，故以氏县，宋淳祐四年，吕文德败蒙古兵于此。是时水波漫溢，环城可舟，便寄碇北门外，然涣水经流固，迳城南而东注淮也。

二十二日(7月4日) 微雨，旋止。黎明乘风乱流，斜趋沱水，水出泗州西北羊城湖，东南流与涣水，先后注淮，犹沩资之注湘也。五十里大柳港小泊，水中高地，梨树百株，实累累如梅李，缘蹊闲步，黄莺乱啼。复行十里，水北得双清镇，或呼双沟，泊焉，自下汇淮水，其流益广，淮水自河南固始县流入安徽界，引川纳派，浩浩荡荡。夫江自巫峡而东，以汉为蔽，皖桐而下，淮为蔽，有江而无淮，犹齿之亡唇也，故合肥、寿春、钟离之间，屹为重镇，南人得之，可以斧吭大夏，北人据之，则吴越不安枕，历观战守之由，可以鉴矣。

二十三日(7月5日) 六十里龙窝，淮南山势逶迤而北至盱眙县，青翠不断，殆所谓都梁山也，产都梁香，隋时建宫其上，号滨淮之阻狭。六十里盱眙县，凭高倚深，不假墉隍以自固，春秋吴善道地，襄五年，仲孙蔑、卫孙林父，会吴于善道者也；项羽尊楚怀王孙心为义帝，都此。既泊，上第一山，山屏抱县治，巨石层累，其悬绝处曰瑞岩，今人因岩前翠屏堂址建清心亭，极望湖淮，浮天荡日，瑞岩之幽，有泉侧出，而伏流亭下。选事别嵌螭首，复导泉从口中喷珠嗽玉，晶莹万斛，故谓之玻璃泉矣。游人乐之，恒有题咏，米襄阳、陆剑南其最著者。

二十四日(7月6日) 县北隔水，旧有泗州治，今悉沉没，闻天阴水际，或见怪异，仿佛曩时城郭之影，则风雨暴至然耶。四更乘月色，东泛长淮，佩带诸水，至此会同为洪泽湖，其始东南一带，冈阜尚多，别有山圆起如龟，祠其上，云祠后有支祈井，是大禹锁淮涡水神处，绵亘至老子山，湖面益拓，鸿濛沆茫，粘天无壁，余尝浮云梦过彭蠡，东眺丹阳笠泽，而西游滇池珥海，浩灏之观，斯乃备矣。又东泊蒋家坝，凡百有十里，湖之东堤也，人家成聚，逾堤有小水，西注堤跟，沉碧不流，自此雇舟东南下淮扬，称湖上之捷径。

二十五日(7月7日) 朝发蒋家坝，长芦茂草，绿上蓬窗，约略十里，而三河来会，水上承洪泽湖，而东约于洲渚，具建瓴之势，舟行甚速，如是五十里泊雷村，自此地势卑下，辄成陂湖，淮扬三百里间，津流迳通，渊潭相接。

二十六日(7月8日)

二十七日(7月9日) 疾风卷雨，连日夕不辍，乌篷沉寂，永昼如年。

二十八日(7月10日) 霁。张帆入宝应湖，洲回岸回，远树若浮，将四十里至涂家沟，约水成涧，劣通舟楫，侧水有华家滩，杨柳菰蒲，弥望绿缛，独其居民所恃生活惟芦暨鱼，因地圩水，安在土不稼穑耶！如是十五里入高邮湖，又南有邵伯湖焉，湖皆洪泽湖支流所加，并东下酾数十道注运，淮之不滥，运之不竭，赖河臣消息之，渡高邮湖三十里，由七里闸入运，又数里泊界首，宿州之蕲县至此六百四十五里。

二十九日(7月11日) 午后过高邮州，晤易熙潭姻丈，询文游台远在东门外，遗基尚存，四达之斋，则不可复识矣。因过高邮妓，煮酒情话，忽夜将半，熙丈笼灯送别舟次，风萧云黯，难为客怀。

六月初一日（7月12日） 夜泊广陵。

初二日（7月13日） 入城见胡炳墀，具述行旅之故，炳墀亟治酒劳苦，因与过方幼山郎中茗话，顾兹嘉会于时无几，更剪烛命妓，作长夜之谈，朋情眷眷，何可忘也。

初三日（7月14日） 黎明作别，橹摇出伊娄河，渡扬子江而南，维舟金山之下，晚钟初动，狂涛如奔，千里长风，顿忘酷暑。

初四日（7月15日） 挈行旅上墩船，候轮船未至，行旅溷杂，蒸溽异常。

初五日（7月16日） 日昳，展轮。

初六日（7月17日） 近午，抵上洋，招余柳生过谈良久。

初七日（7月18日） 夜，过彩宝录事，挑镫话旧，情感无尽。

十一日（7月22日） 雨。

十二日（7月23日） 未刻，雨止。

十三日（7月24日） 晴雨无定。

十六日（7月27日） 闻威时麦轮船将以军械往台湾，日昳，治任附之，仍投宿相识处。

二十二日（8月2日） 候舟多日，食宿皆无定在，信步左右，类夫游骑之罔归者，及是始闻启行之期，乃就宿舟次。

二十四日（8月4日） 卯刻展轮，逾时而堤岸都没，针盘东南指浙洋，水色易黄而碧，澳回岛瘦，错落洪涛，较若樗蒲，可数也。

二十五日（8月5日） 晨兴倚栏，视水色黄浊，迤西山岛连缀，舟迳其间，终日过浙之温州外洋，更东南行，水气浩淼，在夏犹秋，玄涛扬葩，时时出船顶，其犹山东之黑水洋矣。

二十六日（8月6日） 申刻，以千里镜审视东南，波涛之表，隐隐若阵云起于天际，舟人相谓，是为台湾也。历二时许，至沪尾寄碇。

二十七日（8月7日） 早起，与钟子元侨沪尾，淡水入海处，有山南北相对如奁，时出云气，水北市肆，倚山临流，形势要隘，号台北之门户，惟旅馆陋劣，炊爨皆自给，客居恒不便之，适戴澍卿将归长沙，喜相茗话，谓此邦别有一世界也。

二十八日(8月8日) 附小火轮舟溯淡水，三十里侨台北府，城北之大稻埕府，旧为鸡笼厅治，同治朝始置府筑城，今其城中居人犹仅仅也。谂杨厚庵宫保将次凯还，即往谒之，并晤其长公子芝仙观察(正仪)。初余游山左，适罗仙樵以宫保督师援台，遂自其幕中期余偕往，不谓展转相从，法夷已讲解，宫保亦以母老乞归，谋之无成，与山左先后一辙，不亦异哉。是时易岳生同年、梁少衡嵯尹在座，相慰藉藉。久之，归过刘伯海茂才，劣叙阔悰，日云暮矣。

二十九日(8月9日) 罗仙樵、梁少衡来，即与过婊妹小坐，台人呼妓曰婊妹，煮酒讯言，方极欢洽，而仙樵、少衡又将以冀日从厚庵宫保南渡泉州，聚散之缘，瞥如石火，益滋行役之感。

七月初一日(8月10日) 徙寓艋舺郡之西门外也，都市富有，甲于台峤。日暮，过龙山寺，台俗好鬼，其时盛为中元之会，延缁焚镪，略如内地，惟灯塔层举，繁星烂然，喜事者更支木为台，鸡豚上悬，黍稷高累，其他果饵之属惟备，佛号既毕，则纵人攘夺，以广布施，岁糜金钱十馀万，终七月不懈也。

初二日(8月11日) 往谒陈展堂方伯(鸣志)，并晤其幕客赵子方、蒋赓韶，皆旧识也。谈久之，留食。归值蒋苹笙同年过访，先是苹笙渡台，讹传为法兰西所掠，易服断发矣。海外生逢，忻慰何似。

初三日(8月12日) 每值日暮，市人相率为牧猪奴戏，通衢委巷，行处皆是，而其黠者更赁华屋贮妙技，洞门燃烛，歌舞饮博达旦。又其俗贵女贱男，女生而美，大抵买笑以博赢馀，既长，然后嫁之。又晚近阿芙蓉流毒中外，台不产此，而嗜之者众，通计阿芙蓉税，岁入四十万有奇，凡此皆毁家伤生，浸淫以至于死者也，故或谓台地杀人有铜棺、肉棺、竹棺之目。吁可畏哉!

初四日(8月13日) 过侯苹农孝廉、徐子固少尉。台地多风，更时时有地震之异，故居人筑室不取崇高，惟寝门以内多暗而狭，索物冥冥，非烛不见，往往堂宇闳通，入室至不容舞袖，自非燕息，室处恒不适，而台之人以为得计，亦制之不可解者。子固所居之室，偶与余同，故附志于此。

初五日(8月14日) 往谒刘省三爵帅，兼晤刘子扬、伯海叔侄。夜，过蒋莘筌小酌，即送赵子方、徐子凤之台南。台地孤浮海表，形犹弯弓，南北千里，东西二三百里不等，西南北侧海郡县并治，汉人与熟番错处，偏东山谷奥衍，林箐幽翳，生番居之，饮食、言语、嗜欲之不通，榛榛狉狉，如斯终古，然番性猛鸷，以杀人为能事，不可以刑威，亦不可以礼教也，天生非族，殆犹滇蜀之蛮夷、黔楚西粤之苗猺、琼州之生黎矣。

初六日(8月15日) 土产桂圆，亦呼龙眼，实大核小而味浓者良。初尝此味，日啖不厌，闻鲜者性热，不敢多食也。产蔗，制之为饴，得红白二种，为蜀粤诸产所不及。桃李梅梨之属，无甚佳者。波罗蜜实如槌，其色斑斓，纵横成理，剖之甘酸，品在瓜梨之间。槟榔和蒌叶、石灰食之，云可解瘴，生啖味涩，土人以为常珍，食之既久，齿牙焦黑，且有豁落者。

初七日(8月16日) 薄暮，与李竹士出观榕树，枝干横斜，龙拏蛟舞，垂老枝间，辄有根下悬如旒，属地则更生一株，株株比附，千百年古物，往往联青交翠，绵缀数里，蔽亏天日，最为奇观。

初八日(8月17日) 未雨，申止。台为沃土，生植蕃庶，唯独瘴疠不便客居。入夏，气候尤劣，暴雨之后，继以赤日，其气蒸郁，感者多死，比年用兵，吾乡从征之士，死丧尤众，栖魂海表，为足哀已。

初九日(8月18日) 与钟子元为鸡笼屿之游，午刻就道，畴平水活，绿秧初长，农人比偶，膝行而耘，盖台土膏腴，率百四十馀日一获，二岁之中凡五熟云。十二里锡口，千家成市，市北有小水，双源并导，一出狮球岭，一出暖暖庄，至港仔口合流，而西南注淡水，由锡口雇小舟宛转而上，重峦复巘，约清流以泻濑，林木竹箭其属，荟蔚无际。二十里水洞口，少有市肆，于时微云翳月，草虫乱鸣，凉风飒然，扰人秋思。十五里六堵，维舟浅水，激湍有声。

初十日(8月19日) 黎明解缆，重滩咽水，榜人辄负舟以进，水气浮浮，疑烟疑雾，尝试漱之，其波不寒，益磺气之所酝酿矣。十五里港仔口，上岸，逾狮球岭而北，迳鸡笼街，少憩，投宿曹仁祥(志忠)军门营次，并晤王莼农观察(诗正)。

十一日(8月20日) 环鸡笼皆山，独其北缺如，而沪其中，海潮溪潦，互为吞吐，番樯贾舶之所寄息。从狮球岭高处四顾，万峰攒刺，鸟道极天，其或悬绝至不能引猿狖，海寇舍舟而陆，形格势禁，而我擅井陉、剑阁之胜。然吾闻去年法兰西内犯我之鸡笼，前敌垂捷，以无继委之，然则法夷之得志一时，殆有天幸耶?

十二日(8月21日) 台固瘴乡，大兵之后，守鸡笼军士疫疠尤甚，困苦颠连之状，所不忍闻。时余亦冒暑而病，懔乎不欲久留也。日出辞行，仍与子元由去路返艋舺，日犹未匿，同寓周耀庭(之鉴)、刘子卿(建藩)咸相问讯，若有客之归来也。夜，过刘逸清求医。

十三日(8月22日) 服逸清药，比晓而病愈十七，仍往求之。是时逸清将渡海之吴淞，既为主方，又殷殷以葆练相勖，亦爱我哉。郡城中元之会，以龙山寺为最盛，不足又私自为之，甚或支台集伎，弦歌达旦，以求媚于鬼。是夕，同人往观，殊堪喷饭。

十四日(8月23日) 晴雨无定，午后大风，夜大雨。

十五日(8月24日) 表海之地，时有别风淮雨，山岚谷瘴，经旬不开。连日晴霁，则峰峦之间，时乎火气上熥碧空，有似陶冶燎薪中夜，《易》象山火，其此之谓欤?

十六日(8月25日) 霁。全台之境周遭二千馀里，山川雄浑，草木鬯茂，矿硐之饶，物产之富，望而知为奥区。国朝虽稍稍郡县其地，然深山广谷，委诸番族者众矣。方今外洋多事，不及兹恢廓为自固之计。万一远人窥伺，如荷兰之窃踞、日本之狡谋、法兰西之恣睢，暴戾台事，其足问哉?然治台之道，如抚番垦田、开矿练兵诸大政，时人有言之者，或言之不必其行，而行之不必其果，天时人事，岂有待而兴耶？我瞻云峤，职用慨然。夜，李竹士招饮，酒阑，同钟子元过宜兰妓阿娥茶话。

十七日(8月26日) 未雨，酉止。谒孙钦使赓堂(开华)，去年沪尾之役，钦使尝以偏师歼法众数百者，谁谓洋人不可敌耶？

十八日(8月27日) 酉刻，大雨移时。市间货币以番饼为大宗，日用制钱如景盛、嘉隆之类，任意搀和，皆郑氏伪造者，不去何耶？至生番交易，率以物质物，彼此心许，而后售之，不尚银钱，亦无斗衡之属相权度，事犹近古。

十九日(8月28日) 台湾风气朴陋，俗尚强武，物产饶沃，闭关足以自给，故其民多富而可用，地虽环海，外兵可入之口不过数处：西曰打狗港，曰鹿耳门，曰布袋口，曰大甲溪；北曰沪尾，曰鸡笼；东曰苏澳，曰埤南。馀皆沙礁浅阻，舟人惮之。郑氏之据台也，祖孙三世，与我为难，屡烦大兵，然后定之，有以哉！

二十日(8月29日) 定期由鸡笼西渡福州，刘省三爵帅馈赆甚厚。

二十三日(9月1日) 日夕，蒋苹笙、徐映川同人饮饯吴月池录事处，夜分始散。

二十四日(9月2日) 同人再集月池录事处，录事兼招其邻柳阿钿、林阿秀过饮。问瀛峤之踪，都为过客；听水仙之曲，无限离声。饮啄因缘，何可以海外忽之。

二十五日(9月3日) 日晡，舟发艋舺，钟子元、蒋苹笙、刘子卿、徐子固、徐映川送别舟次，依依歧路，离索之感深矣。浃辰之间，每值亭午，云合辄雨，云开即止。是日，乍雨乍晴，寒暑变态，俄顷天时如此，瘴疠所由起也。二十里泊锡口。

二十六日(9月4日) 夜半开船，流水溅溅，声彻枕上。比晓，视四山云起，央央媒雨，孤篷两桨，渐入绿阴浓处，渔簑樵笠，疑隐疑仙，劳人不及也。日午，抵鸡笼，仍寓曹仁祥军门营次。薄暮，同人去马祖庙观盂兰会，陈牲备物，一如郡城。其甚者至巾栉琐屑，具陈几席，亦惑矣。

二十七日(9月5日) 晴雨无定。鸡笼万山、丛薄山皆产煤，质佳于他处，掘地寻丈，即见煤矿，居民赖焉。抑闻之台属金银并产，菁华潜秘，惜无尽其利者，宜泰西各国之眈眈而视哉。白日欲堕，寒潮忽生，与朱子网海滨彳亍，观近日战守之迹，叹天险之不易。

二十八日(9月6日) 申雨，酉止。补录《别蒋苹笙同年》五律一章："海内今多事，天涯独问津。相逢疑梦寐，为别惜艰辛。瀛峤仙踪远，闽江客路新。莫愁青眼少，珍重百年身。"

二十九日(9月7日) 与梁绶生过妓家小坐，蛮语娵隅，咿唔莫辨，如谓人曰郎、烟曰氛、茶曰叶之类，不可枚数，绿意红情，非寄象不达也。

三十日(9月8日) 得《鸡笼感事》一律："千峰万壑砥蛟宫，羽檄经年海国通。守险未消罴虎气，寻盟谁喻犬羊衷。云回狮岭金牌促，雨过鸡笼玉垒空。祇事劫馀重怅望，人家萧索夕阳中。"

八月初一日(9月9日) 与汤玉兰千总夜谈及苏澳台之东北海口也，番族居之，有生熟二种，生者曰高山番，熟者曰平埔番，平埔番尝出其山产与华人互市，华人售辄数倍，天时恒燠，男女或不衣，惟以尺幅蔽其前后，境内多山，有产水晶者，日射悬崖，望之莹澈，林箐蔽亏，草木之异，多不可名状，垦之成沃土，终岁可树艺也，其人率猎山渔海为业，不轻去其乡，春愚乔野，自为风气，近颇知文字矣，劣闻梗概，深人褰裳之思。

初二日(9月10日) 日昳，因申节斋军门(道发)凯旋之便，附万年清轮船，逾时展轮，循山而西，回首鸡笼，云气上接蔚蓝，相去不知几由旬矣。

初三日(9月11日) 夜来风浪甚恶，针盘所指，舵不之应，闻鸡笼与长门东西相值，水程才八更耳，比晚测之，乃北在浙洋也，回就故道，迂远数百里，会日暮潮落，寄碇马祖澳，海中有山可以泊舟之处曰澳，曩者法兰西战舰泊此，肆掠洋面，而我之舟航几困，得地利也。

初四日(9月12日)　雨。巳刻开行，六十里过五虎门，而西入长门，闽江入海处，洪流怒泄，辅以群山，山皆石体，罕有佳植，然崖崿峭逼，又拗折之与冯夷相枝拄，外来番舶庞然以大，经行其间，二舟不并驰。如是六十里至马尾山，始复开拓，天生阻阨，用界闽海，近年马尾之役，纵敌入犯，识者所由叹息痛恨也。既至马尾，更处小舟中，听罗星塔晚钟初动，潮来如奔，得感事一律："十丈楼船据上游，纵横烟火狎夸酋。儒书未解师中怨，玉币真成阃外羞。风岭月移榕树影，虎门波撼石华秋。罗星塔畔潮呜咽，为有青燐漾急流。"

初五日(9月13日)　霁，夜复雨。畴昔之夜，舟人乘潮上驶，六十里泊南台山，未旦也。南台山一名钓台山，相传东越王馀善于此钓得白龙，因名。由山而北，陆行至福州府城，阛阓烟火，缭绕十里。侨居既定，闻汤孟生同年读书乌石山寺，访之，城之中三山并峙，北曰屏，东曰于，西南曰乌石，故郡有"三山"之目，乌石特崇峻，石戴土，土亦戴石，磊砢多奇，如堕空际，踞石而眺，极晋安之大观，摩崖多宋元人手笔，往时山中具三十六奇景，佛老子之宫以数十百，人事代谢，或就湮没，或更创造，易数主矣。与孟生延览久之，留食而返。

初六日(9月14日)　过张叔琴同年，并晤张麓珊太守(铭鉴)于座，因留食宿，为终夜之谈。

初七日(9月15日)　霁。晤王仲霖、夏漱蘅、陈静卿、常午农、翁笠渔，皆旧雨也，喜相问讯，风尘之感深已。

初八日(9月16日)　于山一名九仙山，又名九日山，越王无诸九日宴集之所，因高缘曲，祠宇多崇饰壮丽，楚人鬼而越人禨，有由然也。山石郁律，树为之稀然，却步远望，不失葱蒨之致。日午，与张麓珊游憩久之，饥不可耐，乃过酒家，小酌以归。

初九日(9月17日)　过周云程(鹏翥)军门茗话，云程戎马二十年，磊落之概，不废于抑塞，其铁中铮铮者。

初十日(9月18日)　罗仙樵、许训钦、易玉泉自泉州来会，仙樵侨城南桑棉局，本名绘春园，因逆藩耿精忠别墅为之，闻具园林之胜，因往就宿，晤易岳生、梁少衡、张云衢，亦自泉州来者。

十一日(9月19日) 早起，仙樵导游绘春园，流水曲曲，潆池带沼，树影婆娑之间，鸟鸣鱼泳，望海楼尤高敞，联云："水石为邻，况有桑田百亩；云霞出海，可无樾荫三山。"饭后，同仙樵入城。

十四日(9月22日) 亭午，将出游屏山浴汤池，而罗仙樵适至，遂与循城北堞堵而东达屏山之顶，有楼甚巨，然就倾圮，不知何名也。余尝抠衣乌石，着屐于山，及兹而三山之观以备，窃疑乌石以奇胜，于山以幽奥，兹独童然与二山并峙，其视衣敝缊偶狐貉者，何以异焉？然考诸志乘，屏山一名越王山，当时游宴，此为最盛。又云山之上旧有天泉池，故亦呼泉山，然则亨屯兴废之感，不独屏山矣。更东缘城访汤泉所在，出井楼门，益东近汤门，回望屏山，相去二里许，茶寮、温室错出林莽，汤泉之来，小大不一处，或池之井之，气蒸蒸如探汤，唯其一脉出自溪中者，居民栏以巨桶，涨而汲之，热中寒外，水性不紊，为尤异耳。既浴，入汤门，别仙樵，归来凉风袭衣，倍形其快。

十五日(9月23日) 谒杨厚庵宫保暨芝仙公子，谈次，罗仙樵招之出游于山，石磴横斜，穷历幽阻，观音寺傍，峭壁百寻，榕树冠其上，悬根被石缘缝，如屋漏痕，如史籀书，釃数十枝刺地，诡谲可爱。更西至乌石山上邻霄台，环福州皆山，龙翔鸾翥，怀异孕灵，建江西来，贯群峰而东，每遇潮汐，浪为之却，登斯台者，莫不奇情发于胸次，恨游踪之不数矣。傍晚，过张麓珊，觞酒待月，而大雨忽至，移时始止。

十六日(9月24日) 闽中贱役，半妇女任之，高髻赤脚，巨环贯耳，径数寸，通衢委巷，竞为便捷，日朝而市，卖菜佣尤多此辈也。闻往时此辈兼有卖枣者，负筐旅店，阳呼卖枣，实则淫荡之阶耳。

十八日(9月26日) 阴。还珠门近呼狮子楼，相传五代时筑，楼下即南门大街，列肆富有，尤尚夜市，灯烛多至百馀，炬少亦数十，光辉满目。

十九日(9月27日) 时有小雨。

二十日(9月28日) 阴。合福州、兴化、延平、邵武、建宁、汀州、漳州、泉州等府言之曰八闽,兼福宁、台湾二府,言之曰十闽。闽之中山多田少,岁食半仰给于台湾,且地不产绵,亦无蚕桑之属。闽浙并论,其实十闽之利,远逊两浙,然则通海道以足食,恤邻封以足衣,不其要欤?

二十三日(10月1日) 往拜朱懋勋观察(明亮)、小懋刺史(上洲)父子,刘子卿自台湾来会,袁闰生、刘逸清、周岑青、黄崇厚先后过谈,天涯话故,同深客感。军兴以来,楚人游闽者众,连不得志,由和战之无常,亦以见楚人之勇于任事也。

二十四日(10月2日) 朱小懋之兄幼懋太守(上泮)聘襄戎幕。

二十五日(10月3日) 陪杨厚庵宫保、彭纪南军门(楚汉)宴沈文肃公祠。祠在乌石山之阳园亭,竹木因岩石而胜,游人缘石磴上下,如穿花蛱蝶,时隐时见。南望云山缥缈,江流如带,同游二十馀人,罔不延赏忘劳,飞觞尽醉,谓名山良会,人生不数遘也。

二十六日(10月4日) 朱懋勋观察招饮,既醉,观剧于庭,张灯帏中,灯前置画,高不过二寸,广倍之,而弄影帏上,人物山水之状,皆逾寻丈,盖泰西人合电气灯、显微镜为之,技亦幻已。

二十七日(10月5日) 闽俗斗很,人家有争讼不决,往往纠众械斗,如赴大敌,地方官稍拂其意,尝有杀身之祸,近吾乡黄沛皆太守即因此死,事甚惨,亦可戒已。

二十九日(10月7日) 杨厚庵宫保、芝仙观察父子,暨罗仙樵、许舜卿、杨勉旃、张云衢、颜芸斋诸君言归湖南,送别南台江舟次,离愁归绪,交迫于衷,遄返客舍兀坐,如有所失。

九月初一日(10月8日) 薄暮,与张麓珊、朱小懋酌三友楼。

初三日(10月10日) 闽省女闾多在南台山畔,城以内有闭门居者,踪迹殊秘。是日,访得李凤梅录事所在,同人饮其家,兼约小梅蔡氏为觥录事。

初四日(10月11日) 钟子元、王雅南、蒋苹笙自台湾来会。

初九日(10月16日) 早起，为杨石泉制府贺生日。近午，张麓珊、张叔琴、饶仙槎约登乌石山，游人甚盛，多为纸鸢之戏，山之西南隅，绀宇琳宫，联墙比户，越沈文肃公祠而西，谒范忠贞公祠，中多松竹，艺兰莳菊，径曲以深，时有蝉鸣鸟语，细碎沉碧，堂空帘静，庶几忠魂毅魄之所凭依乎。去之双骖园，龚蔼人方伯别墅也，荔支数十树，茂郁堂阁之间，泉清石奇，栏回磴折，时或危亭远瞩，则江山城郭，尽罗几席，要其得助于乌石者多矣。

十三日(10月20日) 范垂臣、刘逸清、张杏农、黄钧甫先后过谈。

十四日(10月21日) 饶仙槎、张叔琴招同刘省卿太守(本鉴)、张麓珊、夏漱蘅、蒋苹笙宴双骖园，步月归来，老树婆娑，寒蛩清越。

十五日(10月22日) 申刻，雨。过张树亭军门早饭，军门以去年马尾江之役被劾，发军台，逮治在即，闽人冤之，当军门专阃台湾，宾客侍从如云如水，今其门可罗雀矣，不重可慨哉!

十六日(10月23日) 酉刻，雨止。

十九日(10月26日) 刘子卿大令以十七日病故，行橐萧然，罕有亲旧。连日为经纪其丧，夜分而卧，向晨而起，甚劳瘁也。晤易春华副将、李燕斋参将。

二十日(10月27日) 罗慎卿司马过访。邓玉峰军门招饮南台，未赴。

二十三日(10月30日) 请诸当道以轮舟之便，送刘子卿旅榇归衡山。是时同乡闻其事者，颇相称道。余维患难常也，友朋义也，幸而获济，则子卿之灵也。猥闻嘉许，用滋愧矣。

二十四日(10月31日) 夜，酌郑金宝录事处。

二十五日(11月1日) 雨。

二十六日(11月2日) 霁。

二十八日(11月4日) 受朱懋勋之聘月馀，至是朱负约，昧择木之智，心窃耻之。

三十日(11月6日) 晤李海楼(渌霖)、倪钦堂(敬修)两观察，李雨辰(溥霖)明府、闵涤凡(毓靖)经历。

十月初一日(11月7日) 是日，都人士延城隍神出巡，垆烟缭绕之中，旗盖联翩，节以金鼓，溺于鬼者乃至肩枷手梏，甘为囚徒以谢罪，平日奉狐尤谨，家有数椽屋，必为位以祀，巫尪佛老子之徒，游闽无不如志者，尚鬼之风，由来旧矣。

初三日(11月9日) 雨。

初四日(11月10日) 寅刻，雨止。侯桂舲军门(名贵)过访。

初七日(11月13日) 福州城中有九山谚云："三山藏三山现，三山不可见。"九仙、乌石、越王，其现者也；罗山、冶山、闽山，其藏者也。又有隐隐磅礴于阛阓者，曰灵、曰钟、曰芝，故云不可见也。钟亦作锺，寓庐距锺咫尺，蔽于民舍，终不一览，亦游闽阙事。

初十日(11月16日) 钱品芳、袁桂生、饶仙槎、章沅选招同蒋苹笙、张叔琴、张麓珊饮饯双骖园，为余及叔琴将去闽也，因与苹笙登乌石山，寻道山亭、薛老峰、邻霄台、霹雳岩诸胜。酒酣日落，同人更酌金宝录事处，夜凉，风月扰人离思。

十一日(11月17日) 日昳，束装至南台山买舟，赴马尾江，望旗鼓二山屏障榕城，剑江中贯，吞吐潮汐，江山壮阔，慨然念东越之伯图矣。傍晚寄装旅店，晤黄澍初司马。

十二日(11月18日) 微雨。过船政局，谒裴樾岑夫子(荫森)，中国仿泰西法创造轮船，工役之繁，此其最巨，然规模粗备，解人不多得，假手工匠漫然不得要领，专精以收其效，其在数十年后乎？

十三日(11月19日) 霁。马尾江之左曰中岐山，回峰西向，横截洪流，番舶至此，阻浅不能上驶，甲申之役，法兰西乘不备，毁我舟师几尽，其时福州大震，督师诸公顾仓皇无御侮策，幸敌人守深入之戒，不敢久留也。日中，与谢罄宜上中岐绝顶，危峦幽壑，尽于四瞩。夜，晤黄晓墀、郑菊人。

十四日(11月20日) 午刻,张叔琴、袁咏生、邓安臣(大钦)来会,乃与之附富有轮船往上海。是时同舟千众,皆楚人之游闽不遇者,当道以轮船分送回籍,亦挚谊也。

十五日(11月21日) 卯刻,展轮。移时,出五虎门,泛白犬洋,逆风而北,舟颇震荡。

十六日(11月22日) 夜半,候潮吴淞口。

十七日(11月23日) 近午,抵上海。

十八日(11月24日) 张叔琴招饮李宝莲校书处,校书有手帕姊妹凤珠,端丽娟静,不知何以亦堕风尘也。

十九日(11月25日) 同人过朱文宝录事,夜谈移晷。

二十三日(11月29日) 送张叔琴之湖州。

二十六日(12月2日) 酉雨,旋止。日晡,附泰和轮船往江阴县。

二十七日(12月3日) 风。黎明发上海,日暮下轮船,侨江阴县城北旅馆,长夜客怀如煎。

二十八日(12月4日) 江阴,古暨阳邑,春申君旧封也。饭后入城,侦知阎星槎明府公廨,遂移寓焉。明府是时偕萧少尉爵寅(仁晖)督修江阴大石湾炮台,握手欢然,剧谈忘倦。

二十九日(12月5日) 大风。

十一月初一日(12月6日) 往拜张韶臣军门(景春)、刘南云方伯(连捷)。

初三日(12月8日) 城东五里大小石湾之间,有山曰小葛,石矶当流,洪涛阻隘,长江门户也。左右炮台比邻增险,吾闻炮之制敌,其为器也贵利,而其操业也贵精。听鼓鼙之声,良用穆然。

初五日(12月10日) 大风,夜,雨止。刘南云方伯招饮。是日,雇定邵伯船赴试礼部。

丙戌会试日记卷十一

光绪十一年(1885)乙酉冬

十一月初六日(12月11日) 阴。比岁赴春官者三,皆辞里闬,渡洞庭而东,今年之齐鲁吴越,所至不遇,足迹尤变幻,翩翩倦羽,自顾可以息矣。日暮岁寒,学殖荒落,乃复忝颜逐公车之队,生不惮劳,岂得已哉!亭午,过江阴县城北,上邵伯船,历三时许,潮至,避长江之险,改由城西南小水逆流而上,湿云在天,黄芦委岸。二十里南闸,市声隐隐,舣舟如鲋。

初七日(12月12日) 鸡鸣解缆,五十五里汉河口,十五里郑陆桥,曲涧旁通,夹水为市,槿篱茅舍,修竹蔚然。自此至常州府凡三十里,澄流如带,劣通舟楫,追府城西会南运河,其流稍阔。既暮,就泊,灯火相属者数里,盖剧郡也。

初八日(12月13日) 晓发常州府,柔橹轻舟,衔尾运渎,慨念秦皇之筑长城,虐政也,而后世因以限戎马;隋炀之开运渠,亦虐政也,而后世因以利转输。罪在一时,功在万世,不仁之仁,若是其类乎!夜泊丹阳县。

初九日(12月14日) 残冬水落,积舟塞途,迟回而不进者,半日始达。疏浚利水,是在留心民事者。黄昏,泊丹徒口,外引大江,潮来如决。

初十日(12月15日) 早起,帆焦象二山之间乱流,而北望润州,江山如昨,而竭来再三,寒暑改候矣。得五言一章:“客行忘近远,西上见霜浔。寺涌金焦丽，城开铁瓮深。江山仍胜迹，寒暑易愁吟。迢遰南徐渡，那知击楫心。”迳伊娄河，牵行上扬州，戍鼓初动。

十一日（12月16日） 侨居既定，过胡瑞荃世叔茗话。

十二日（12月17日） 晤方幼山、张干甫，谈次出游，即宿干甫处。

十三日（12月18日） 寓斋岑寂，忧来无端，因与方幼山、张干甫过周银珠录事小酌，当筵强酒，冀自排遣，而终不可得也。夜阑，仍宿干甫处。

十四日（12月19日） 日昃，发邗城。扁舟一叶，风浪不惊，揽枕假寐，时及黄昏，而东南风微震，篙师利其速也。蒙霜载月，左迳邵伯湖中，约略三更，维舟孤渚之侧，十里空明，清寒欲绝。

十五日（12月20日） 泛舟邵伯湖，微云散布，澄渊静涵，渔舟出没，凫雁为群。久之，仍迳运渎，泊高邮州，日脚西矣。访易熙潭姻丈于水师营幕，今年凡三过其门，过必饮，饮必醉，悲欢离合，变态俄顷，而余之仆仆道途，其足供杯盘之笑辱耶！州产藕荟草有名。

十六日（12月21日） 夜泊子婴闸。

十七日（12月22日） 雨，大风。守候至午刻，扬帆上驶，雨凄凄不止，蓬窗昼掩，寂若枯禅。向晚，泊淮安府。

十八日（12月23日） 微雨，北风甚劲。过午，抵清江浦。

十九日（12月24日） 阴。是日，挈装旅店，雇定往济南府车马，霜邮修阻，悄然予怀，人情北来，至此则神为之怡，及乎北去，则气为之沮，由南北分水陆异也。

二十日（12月25日） 微雨。清江，舟车所会合，南北为风气，习尚变诈，宵小众多，此邦之人，风诗所由寄慨矣。

二十一日（12月26日） 霁。向午，开车过老黄河、盐河而北，疾驰至众兴集就宿，忍饥终日，店主人进菜羹麦饭，甘之如饴。

二十二日（12月27日） 霜辉满户，寒鸡互啼，即闻舆人口号促行，揽衣前路，寒森森刺骨。夜宿顺河集。

二十三日(12月28日) 冻泥稜稜,触轮铁有声不断,几于满途皆石,伊可畏也。向夕,宿红花埠。先是,淮扬舟次,风火抟辅牙之间,肿联左耳及目际,车行以来,中途无良医药,病益增剧,至是内溃欲愈,幸何如之。

二十四日(12月29日) 过郯城县,晨光欲上,行道犹稀,乌知车中人已数十里耶! 日中,尖倾盖桥,至李家庄宿。

二十五日(12月30日) 舆人相约破站,三更就道。比晓,渡沂河而北,过沂州府,朝市初集,陈物朴素,更无干奇淫之禁者,此邦风气,可以概见。夜宿青驼寺。

二十六日(12月31日) 风。夜半,开车至垛庄朝食,残灯犹荧荧也。方午及天齐庙,更欲前行,而舆人告病,因之留宿。

二十七日(1886年1月1日) 晓气溟濛,卷幔望蒙阴,城郭如悬空际。巳刻,尖嶅阳集,木落草枯,田庐毕露,独麦芽初茁,欣欣有生意耳。过新泰县,宿翟家庄。

二十八日(1月2日) 尖荏家庄,投宿泰安府,诣岱庙,祷于东岳之神,因至环咏亭,睹昔人题句,宏篇杰作,累千万言,不能遍读也。

二十九日(1月3日) 冬日客途得牛修黄芽白贮之火锅,沽白酒满瓶,且斟且嚼,亦消寒乐事也。因尖垫台,特附志之。宿张夏,和壁间一律:"淡妆恰好夏初时,纨扇绡裳佐酒卮。转语绿杨成小别,偶栽红豆总相思。鸿泥咫尺馀陈迹,鹿梦迷离误后期。记得曲终无个事,呼灯欲去故迟迟。"

三十日(1月4日) 篝灯去张夏,飞霜满衣,寒不可耐,疾行至历下,日犹未中也。晤徐葆生,谈及一年之间再图良会,故人无恙,而足迹半东南矣。

十二月初一日(1月5日)

初二日(1月6日) 阴。闻陆凤石夫子督学山左,往谒甚欢。

初四日(1月8日) 陈粒唐过访。

初五日(1月9日) 风。车行往滏沟,出齐川门,齐东城门也。

短布单衣，尚有饭牛其人乎！左顾鹊华二山介立，平原乱石磊砢，鹊如屏、华如笠也，折而北过泺水，迳华不注，东四十里核桃川，二十里滏沟，侨刘月卿处，夜，晤刘明溪、刘朗山。

初六日(1月10日)　大风。河自咸丰壬子，夺大清河入海，近年，铁门关牡砺嘴一带，海口就淤，溯流及滏沟，地方凡六七百里，并形浅阻，水至滏沟遏焉，故滏沟以上至李家岸百馀里间，时时有溃决之患。是时河决滏沟，淹及章邱、齐东、邹平数县，当道方筹堵塞，同人往观，役夫千数百人，土车秫料云集，决口之塞，可计日待，然水之来也不止，而其去也不鬯，饮而不溺，病将终发也，倘有为疏浚之谋者乎！往拜景俊臣军门(天榜)。

初七日(1月11日)　大风。往拜戴景湘(守礼)、宋宝廷(国元)、刘景山(长松)、陈祥庭(长发)诸军门。

初八日(1月12日)　晤施子英孝廉(则敬)。

初十日(1月14日)　大风。与刘月卿观塞口工程，急流汹汹，冰稜蔽河而下，式歌《瓠子》，为之恻然。宋程诸军门馈贶有差，而景俊臣见待尤渥，可感也。晤王梦虎军门(衍庆)。

十一日(1月15日)　日入，返自滏沟。

十二日(1月16日)　过陈粒唐，随晤其居停黄德斋(仁政)刺史，留酌而返。

十三日(1月17日)　与陈粒唐、彭少华观剧大明湖侧，因过少华处夜酌。

十四日(1月18日)　往拜崇峻峰方伯(保)、林述训廉访(绶卿)、黄次山都转(大鹤)、王春庭观察(作孚)、梅少崖太守(启熙)、黄璧臣明府(毓奎)、张秋元参将(廷魁)。日入，黄德斋招饮。

十五日(1月19日)　阴。

十六日(1月20日)　晓雪，旋霁。

十八日(1月22日)　莫觐廷自宿州来会。

二十一日(1月25日)　雪。移寓黄德斋处，夜，过陈宝琅录事，拥炉闲话，不觉漏稀。

二十三日(1月27日) 霁。岁阑祀灶，庶几不忘本始之意，各处皆以是夕行之，齐俗尤重，爆竹声声，难为客怀矣。

二十五日(1月29日) 午后大风。陆凤石夫子命酌，晤同席王子捷孝廉(以慜)。

二十六日(1月30日) 郡城迤南，群峰丛矗，皆肺附岱宗者，而历山之名特著，齐东人谓舜尝耕其下云，山石棋累，衍下而峻上，其巅危崖百丈，人迹所罕至。隋开皇时，度崖镵慈氏像不可数计，故兹山又有千佛之目，僧寮佛舍，比缀山腰，如蜂窠，如鸟巢也，遍历而东谒重华殿，是时寒风自北来，尘莽千里，翳如瀚海，俯视黄流一线，水气浮浮，约莫可辨，历城十万户，则恍兮在烟雾中耳。久之归去，闻同游伍沅堂(声和)都司云，齐俗尝以暮春、重九两时，载酒游历山，倾城而出，并武以行，为会必兼旬也。

二十七日(1月31日) 与伍沅堂茗话趵突泉，水源活泼，隆冬时若勃勃有春气，信由地灵矣。

二十八日(2月1日) 彭少华招饮，少华官府经，为吾乡彭茶陵修撰之孙，人甚朴实，座右悬石磬数枚，色苍质细，叩之作金声，云产灵璧县水际，即《尚书》所称“泗滨浮磬”也，今孔子庙犹用之。

三十日(2月3日) 越南、缅甸、暹罗，皆中国藩属也，今年夏，越南灭于法兰西，至是，复闻英吉利以十一月放缅甸之王底母于印度之马利牙地方，论者谓缅昧事大之义，自覆其国，不知英之谋缅，非一日矣。缅何足惜，独惜终岁之间，二藩见灭，而我之滇粤，自是与英法比邻，蹈瑕抵隙，害有穷耶！

光绪十二年(1886)丙戌春

正月初一日(2月4日) 阴。是日立春，诣湖广会馆，趋禹王殿，拜之如仪，兼往各处贺年。

初二日(2月5日)　雪。黄德斋、彭少华、陈粒唐相约为叶子戏终日。

初三日(2月6日)　霁。过彭少华夜酌。

初四日(2月7日)　早起，与陈粒唐出历山门，过碧霞宫，宫祀泰山之神，香火甚盛，百戏珍玩，杂陈宫内外，亦游人之渊薮也。

初五日(2月8日)　与张秋元、罗力庵、黄德斋为叶子戏。

初六日(2月9日)　亭午，同人观剧碧霞宫。薄暮归来，值莫觐廷招饮许玉瓒处，同席陈粒唐、徐孟祥、彭向青、吴硕臣。

初九日(2月12日)　大风。过江汉平军门(保泰)，茗话移晷。

初十日(2月13日)　与陈粒唐酌趵突泉，沿流而北数十武，复有泉，试之温，温亦七十二泉之一也，齐人以之煎驴皮胶，不减阿井。日入，黄德斋以余将赴公车，觞酒致饯。

十一日(2月14日)　同人置酒征妓，饯饮甚盛，然一曲骊歌，令人增去齐之感矣。

十二日(2月15日)　阴。徐宝生(树璟)、陈芙初(兆蓉)、彭向青(述)、张阳生(继明)约赴礼部试，过午开车，宿黄河南岸，朔风号寒，呵笔作三五字，辄尔冻结。

十三日(2月16日)　黎明，渡黄河而北，回望南岸群山，委宛隐若长城，驱车入齐河，县城之人强半在睡乡也，是闲闲者吾不如矣。过禹城县，宿二十里铺。

十四日(2月17日)　旭日照耀，觉霜柯茅屋，皆从平莽中奔涌而出。未几，北风吹尘，暖空翳远，又一浑沦世界。过平原县，尖曲陆店，北风逾劲，宿德州，满街张上元灯火，相距二十许步，辄丛灯为坊，前后映带，望之若门户千重，游者目不及瞬也。时有童子八九人，彩衣傅粉，沓歌跳舞，而其文人则悬灯编谜，彼此竞赏，骎骎乎升平景象矣。

十五日(2月18日)　阴，北风甚寒。晓渡运河以北，至漫河投宿。是时地方官以陈芙初之伯抚山东，供应惟备，旅人与之，惭颜厚如甲矣。

十六日(2月19日) 宿商家林。

十七日(2月20日) 过河间府,至二十里铺尖,暮宿任邱县,连日天色沉阴,轮蹄驰骤,埃壒不堪,燕赵风尘,何如宛洛耶!

十八日(2月21日) 午尖雄县,先此过西淀,复陂縻渚,被以层冰,土人以冰艕载人物,刺行其上,履夷藉滑,往来如梭,斯乃辟浮游之新机,弥舟车之缺陷矣。宿孔家马头。

十九日(2月22日) 鸡初鸣,披襟趺坐,移时就道,风月清森,晨星落落可数也。尖曲句,迳固安县,至永定河。是时水浅冰结,轮蹄皆践冰以过,坚实如平地,宿榆垡镇,村聚颇富。

二十日(2月23日) 五更开车,至黄村授食,晡时入都,独与徐宝生侨长郡会馆,此行较早,同郡会试诸君罕有至者。夜来岑寂,颇不胜也。

二十一日(2月24日) 过冯莘垞、许荫南、李梅田同年处。

二十二日(2月25日) 大风竟日。

二十六日(3月1日) 夜酌素云录事处。

三十日(3月5日) 往拜同乡诸先达,兼晤张幼度(荀鹤)、陈富春(阜嘉)两主政。

二月初一日(3月6日) 得乙酉十一月二十八日家书,客踪飘忽,不得乡音者八阅月矣。展诵再三,忭慰何极。日晡,沈梅卿招饮,未赴。

初三日(3月8日) 随同郡诸公祀文昌如仪。

初六日(3月11日) 大风。

初七日(3月12日) 杜莜生(本崇)、左赞羲(学易)至自长沙,皆姻好也,问讯极慰。

十二日(3月17日) 旷子石(暎)直牧招饮。

十五日(3月20日) 乙酉乡试中隽诸君以是日覆试,因至贡院一览。夜,过金杏仙录事茗话。

十七日(3月22日) 午后大风。往拜曾岳松(纪寿)中翰、李孝廉云轩(龙元)、桐轩(凤聿)昆仲,二李固云南故人子也,既䜣后来之秀,益增老去之羞,半生落拓,感何如耶!

十八日(3月23日) 郑绍侨庶常(祖焕)以是日至自长沙,其仆某某,常事亡友王怀骞者也,感怀泉路,心滋戚矣。晤文擅湖(纬)、李秋生(子荣)、赵芷生(启霖)、潘碧泉(学海)、谭芝林(襄云)。

二十三日(3月28日) 曾岳松招饮,席终,与彭向青过陈荪石太史(兆文)茗话。

二十四日(3月29日) 薄暮,陈芙初招饮,既醉,随龙滋生祭酒观剧文昌馆。

二十九日(4月3日) 夜雨。招同董槐庭、侯莘农、旷子石过杏仙录事夜酌。

三月初一日(4月4日) 辰刻,雨止。

初三日(4月6日) 李云乔、张绍恒、史涤存、孟海崖相约踏青,因过蟠桃宫小憩。是时春风桃李,指顾依依,游人往来,御沟左右者,车马踵接,长安水边,风景固不殊也。

初六日(4月9日) 夜大雨。

初七日(4月10日) 巳刻,雨止。

初八日(4月11日) 与张绍恒、李云乔、杨沛皆(寿彤)移寓禁城。

初十日(4月13日) 辰刻入场,会试之期定例系初八日,是岁以上谒东陵之故,展期二日,创举也。

十二日(4月15日) 酉刻出场。

十三日(4月16日) 巳刻入场。

十五日(4月18日) 连日甚燠,傍午风雨大作,逾时,携具出场,雨犹未歇也。

十六日(4月19日) 巳刻入场。

十八日(4月21日) 夜雨。黎明出场,是时淡月无影,流莺有声，晓来清景，当之夷悦，抑由风檐局促，至此如释重负也。饭后返长沙郡馆。

十九日(4月22日) 阴，夜雨。与唐静峰、董仲珊、旷子石过杏仙录事，浃辰小别，偶为倾觞，情话未终，而烛再见跋已。

二十三日(4月26日) 公宴文昌馆，丙子同年至者，凡二十九人。豆觞歌管，卜昼卜夜，亦嘉会也。

二十四日(4月27日) 夜雨。

二十五日(4月28日) 午刻，雨止。

二十七日(4月30日) 同乡京官张饮馀庆堂衣冠之会，凡四十馀人。

三十日(5月3日) 与张叔琴、陈怀苍、萧慎宾、汤孟生斗牌数刻。

四月初一日(5月4日) 汤孟生同年招饮同福楼。

初七日(5月10日) 大雨。

十三日(5月16日) 阴。榜发，不第。

十五日(5月18日) 至吏部文选司查阅落卷，始知闱中文字亟蒙主司称赏，顾以额满题名誊录，按前代有明通进士榜，即誊录也。本朝亦尝以誊录选官，今则其名虽存，非重纳赀不能出身，自顾寒素，安得此阿堵物耶？四试如斯，不禁怆然泪堕矣。与胡炳墀过夏漱蘅、彭少湘等处，兼贺李云乔（宗裕）、常石林（牧）、彭向青（述）、陈复心（兆葵）举进士。

十七日(5月20日) 往谒王少湖夫子（作枢），夫子甘肃人，此次会试为同考官，闱中得余卷，首加推荐，名虽见遗，要不无知己之感矣。

十九日(5月22日) 申刻，大雨，旋止。

二十一日(5月24日) 以生日之故，与蒋苹生酌杏仙录事处，计余春秋三十有八矣，日月不居，蹉跎如昔，强颜中酒，职用怆怀。

二十五日(5月28日) 往谒阎丹初相国（敬铭），陈时事六条，并晤其次公子成叔庶常(乃竹)。

二十九日(6月1日) 张绍恒、李筱秋相约南旋,薄暮,李云乔饮饯福源居。

五月初一日(6月2日) 晨发都门,盛夏草木长,浅绿浓青,荟蔚无际。近午,抵通州,舍车而舟,渐清尘虑。

初二日(6月3日) 平明,解缆而东。申刻,大雨雷电以风,舣舟避之。旋霁,复行,泊某处,东去河西务十里。

初三日(6月4日) 帆樯迅速,傍晚,泊天津,大风有声。

初四日(6月5日) 进泊紫竹林,候轮舟,未至。

初五日(6月6日) 紫竹林本轮船停泊之所,是时水浅,闻武昌轮船下此二十馀里寄碇,刺舟从之,而俞伯钧、张元芋、何棠生、谢小湘先后来会,联榻纵谈,得不寂寞。

初六日(6月7日) 辰刻,起碇。津沽曲折,望鲎帆十幅,穿柳林而过,欲去仍回也。缓行至大沽口候潮,移时入海,晚霞际天,有如百幅锦从沧波濯出。

初七日(6月8日) 风。辰巳之交,寄碇烟台。日西,循莱州诸岛而东入黑水洋。

初八日(6月9日) 微雨。黑水洋计程八百里,波澜壮阔,渊潭无极,舟子咸视为畏途。是行颇安稳,举舟称快。

初九日(6月10日) 雨淫风烈,舟行稍震。薄暮,抵上海。

初十日(6月11日) 微雨,大风,未刻霁。日昳,与黎凯孥乘泰西马车疾行过静安寺,冶叶倡条,迎前即逝,心不暇延赏,目不及周览矣。夜,同人观剧咏霓园。

十一日(6月12日) 至虹口看西洋人演剧,除地为场,编芦作幕,电镫银烛之下,华夷士女,观者如堵。未几,番乐具奏,百戏迭陈。或格狮象斗虎豹,或怒马以逞,或盘蛇以翱翔,或缘绳踏索,争捷于猿狖,罔不人物尽态,恢奇俶诡,马戏其总名也。剧终,值张元鬯招饮,赴之不及。

十二日(6月13日) 风。姚菉淇、郑厚馀、张懋卿先后过谈。

十三日(6月14日) 戌刻,雨。夜,陈秉初、张元芋次第招饮。玉敦珠盘之会,且喜重来;红裙锦瑟之傍,不辞暂醉。

十四日(6月15日) 送张绍恒、俞伯钧、胡少卿之长沙,雨密潮添,夜漏将半,握手春申江上,倍劳心绪。

十五日(6月16日) 巳刻,雨止。

十六日(6月17日) 张叔琴、谢磬宜来会,即与过杏花楼小酌。

十八日(6月19日) 邓镜澄孝廉谂予有松江之役,属其友齐炳蔚偕往。薄暮,至石灰港登舟,港在上海县西三里,沟水盈盈,傍岸茅屋数家,灯光映远。夜半潮至,始发。清风徐来,微见月色,柳丝毵毵时拂,乌篷则宿鸟飞鸣不定。

十九日(6月20日) 天明,过七坝,闹市也。午抵松江府,凡八十里,上海至松江,水程有二:一溯黄浦而上,曰外江;一循来路而东,曰里河,曲曲以狭,不似外江风浪恶也。苏松各府属港汊纵横,纷如龟坼,平居里巷,往来悉以舟,每值菰蒲日暮,杨柳风斜,野老村髫鼓棹出没,鲜不流连光景,眷水乡之逸致矣。

二十日(6月21日) 申刻,雨。云间襟江带湖,为全吴东北之蔽,顾介在海隅商贾之巨者,罕集城中,街市东西,联缀南北,茂草弥望,祠宇之属,强半毁坏,惟药王庙方塔巍然独存,自踵至顶,凡九级,旋梯累足而上,危栏四敞,岌岌欲堕,俯视城隍之外,平林漠漠,葱蒨际天,亦斯郡之大观也。是日夏至,俗重祀祖,如中元节。

二十一日(6月22日) 午刻,雨止。往拜李直亭军门(新燕)、式诚少尉(熊飞)父子。寓楼寂静,入夜,鸣鹤数声,戛然天半,华亭清唳,何如畴昔,我欲问陆家兄弟也。

二十二日(6月23日) 阴。城之中一渠流水东西贯注,出门数步,便可买舟。日午,与齐炳蔚、彭竹生军门舟行出东水关,竹树静娟,湾环弄色,值分秧之际,农夫十馀辈午饷绿阴,熙熙太古,劳人不及也。泊泗泾镇,入市索鲈鱼,不得,秋信尚遥,有笑其非时者。向晚，复行。

二十三日(6月24日) 辰刻雨，夜大雨。向晨，返石灰港，车行至上海，市门才启。夜，与彭竹生、张叔琴观剧天仙园。

二十四日(6月25日) 申刻，雨止。

二十五日(6月26日) 往拜汤小秋观察(寿铭)，归与张云衢过杏花楼小酌。

二十六日(6月27日) 雨。

二十七日(6月28日) 酉刻，雨止。薄暮，附江裕轮船往金陵。

二十八日(6月29日) 阴。黎明，发上海，晤同舟萧介生直牧，谈外洋甚悉，介生随曾袭侯出使七年矣，足迹遍泰西各国，言其制度简明、风俗齐一，有时中国若或逊之。

二十九日(6月30日) 阴。五更至下关，小舟溯秦淮水，积雨添流，晓雾如幕。侨居既定，便过刘斐如、陈子元、饶子敬等处。

三十日(7月1日) 重过机器局，旧时同事，相集问讯，有眷眷不置者。

六月初一日(7月2日) 过章介人(寿麟)司马茗话。

初二日(7月3日) 陈子元招饮秦淮，同席杨笛南大令(彤辅)谈河淮水利，意见颇合。

初三日(7月4日) 夜雨。郭月楼观察之太夫人以是辰臻寿八秩，祝嘏之次，因拜钟寅谷、李次云两观察而返。

初四日(7月5日) 午刻，雨止。送甘子谦军门之历下，晤齐鹤秋广文(云翼)、左素储茂才(鼎)、李楠臣同年。

初六日(7月7日) 八闽王芝友司马葺庐朱雀桥东，为习静之所，颜曰“临淮小榭”，既成，饮同人，落之时方溽暑，招青溪小姑数辈，雪藕调冰，欢宴竟日，亦白门之韵事矣。

初八日(7月9日) 早起，酌宗雨田军门处。亭午，章介人招饮，更纳凉秦淮舟次。

初九日(7月10日) 张麓珊、何棠生、汤笏田过访。

初十日(7月11日)　赤日中天,暑不可耐,遂骑行上雨花台,挹永宁泉,独酌良久,更拟拜博士祠,则门扃不得入矣。

十一日(7月12日)　夜雨。

十二日(7月13日)　巳刻,雨止。定计南旋,是时张六珊亦有皖南之行,因约同舟。

十三日(7月14日)　日西,至下关候轮舟,而何棠生、姚菉淇来会,旅馆卑湿,终夜蚊扰,遂与同伴坐谭达旦。

十四日(7月15日)　风。晓附上海轮船,子夜过安庆,与张六珊临流话别,窥其客囊若无物者,更薄赠之,然无解于六珊之穷,心终歉然也。

十五日(7月16日)　风雨,戌刻雨止,风益劲。向晚,过田家镇,江山阻狭,战守所争,近年法兰西之役,当事虑其上犯,预筹堵塞,流急水深,功迄不就,不知距此十馀里之石排矶,石齿森张,截流如限,舟行至彼,须避由南偏,汤汤之水,抑又浅于他处。噫!壅流自遏,已出下策,复舍可塞之基,而就难塞之地,岂不异哉!

十六日(7月17日)　日出,至汉口,侨长郡会馆,晤李楠臣、袁勉齐、刘振愚,皆落第归来者,杀羽联翩,益滋行役之感。

十七日(7月18日)　渡江访李凤章,不晤。因之上黄鹤楼,楼以甲申八月不戒于火,江山凭吊,怆恨无既。

十八日(7月19日)　汉皋湫隘,尤不便于夏暑,不获已与李楠臣息心趺坐,顽襟少解,然怦怦焉有逃禅之思矣。

二十一日(7月22日)　每岁节届小暑,南风应期至,故俗有"小暑南风十八朝"之谣。来汉口守候多日,知风信之将转也。二更,别诸友,移宿舟次,溽暑异常。

二十二日(7月23日)　进泊河泊所,候至日晡,东风渐长,扬帆至纱帽山寄碇,星月溟濛,微辨江路。

二十三日(7月24日)　辗转至四更,闻邻舟有起碇者,呼舟前进,江月半窗,凉风习习侵衣。暮泊簰洲,土人编芦成席,鬻之舟子,号专门之技。

二十四日(7 月 25 日) 夜泊小连夹，仰卧舵楼之上，静瞻星斗，风露弥襟。

二十五日(7 月 26 日) 风。泊石头关。

二十六日(7 月 27 日) 经新堤，过宗柚公午酌，舟人以风利来告，登舟候之，仍不果行。

二十七日(7 月 28 日) 逆风。负纤终日，泊螺山。

二十八日(7 月 29 日) 守风螺山，风热连日，淫而致疾，素不谙方药，意为消息，幸自解免，而归思益切矣。诗以遣之："漂泊知何极，言归岁屡迁。尤风迟短棹，盛暑废宵眠。郁郁螺山树，霏霏湘渚烟。江干有鸿鹄，奋羽翔南天。"

二十九日(7 月 30 日) 守风螺山，日炙篷背，如从薰笼上坐，避之茅屋中，清茗半瓯，藉遣烦虑。

七月初一日(7 月 31 日) 守风螺山。日暮，沿堤游憩，湖莲初实，木棉著花，笠影钓丝，当风而靡，独立移时，若有所得也。夜半，雷电风雨交作，暑气顿消。

初二日(8 月 1 日) 雨，午霁。始得北风，如春阳之煦寒而甘露之饮渴也。扬帆至城陵矶，纳税留泊。

初三日(8 月 2 日) 泛舟洞庭，风弄微波，帆涵静影，西望水云鳞鳞有雨意，泊白石澳，地在磊石山东北二里，西南与琴棋望相对，皆屯泊之所。

初四日(8 月 3 日) 泊青杨望。

初五日(8 月 4 日) 北风甚利。过午，抵长沙。越五日，旋里。

东游日记卷十二

光绪十三年(1887)丁亥秋

九月十六日(11月1日) 九月六日挈装省门,与夏漱蘅约期东游,并为己丑会试张本,距丙戌会试归来十有四月矣,是日午饭后登舟,萧韵泉、袁子仁及云岩、煦生、季能、谷青诸昆季皆送别舟次。

十七日(11月2日) 晓雾。早发长沙,日午过靖巷小泊,往别堂兄萼汀,以风顺之故,促舟复行,二鼓,泊扁担夹。

十八日(11月3日) 挂帆过湘阴县,斜风细雨中,秋柳万条,女萝半郭,入望成趣。夜泊白鱼矶。

十九日(11月4日) 雨,北风甚劲,傍晚雨止。守风白鱼矶。

二十日(11月5日) 帆西风,下洞庭,日跌,泊鹿角湖之东岸也,有蒋毅祠,崇基邃宇,延重湖之胜,近祠列肆百馀,产都布及远。

二十一日(11月6日) 黎明,东南风大作。泛洞庭而北至岳州小泊,与漱蘅上岳阳楼,楼新于光绪甲申,回忆昔游于兹十稔,苍茫逝水,尤深人情。夜泊新堤,笼灯过宗柚公处,小酌登舟,霜凌月汹,清气逼人。

二十二日(11月7日) 亭午过嘉鱼县,夜泊花口。

二十三日(11月8日) 近午过赤鼻矶,阴云四合,北风大起,戒行至金口寄泊,与漱蘅历涂水之市,践回峰之矶,望大军山、槐山隔江对峙,梁山、博望未足拟兹关扃矣。夜雨,甚寒。

二十四日(11月9日) 午晴。守风金口。置酒为漱蘅贺生日,晤邻舟陈鲁瞻二尹(炳泰),夜话移晷。

二十五日(11月10日) 日中进泊船官浦,闻萧漱篔孝廉游幕制府,即入望山门候之,更以小舟渡江,而北附宝华轮船往金陵。

二十六日(11月11日) 阴,大风竟日。日跌,发汉口。

二十七日(11月12日) 夜分抵金陵,就宿江干。

二十八日(11月13日) 往拜凌问樵观察(荫廷),随迁次观察营幕。

二十九日(11月14日) 与漱蘅轻装入三山门,假馆徐子固处,晤阎星槎、陈杏生诸相识。

十月初一日(11月15日) 同人观剧上浮桥,薄暮始散。

初二日(11月16日) 莫觐廷邀酌新新园,傍晚,翁笠渔、皮桂生、陈杏生、徐子固合觞招饮。

初四日(11月18日) 许端叔约去新新园夜酌。

初五日(11月19日) 与漱蘅、子固上雨花台茶话,久之,过机器局晤旧居停郭月楼观察一谭。

初七日(11月21日) 阎星槎招去其家午酌。

初八日(11月22日) 晤邹子谦游击及刘聘臣、李梅田同年。是夕,宿刘斐如处。

初九日(11月23日) 大风。日晡,文丽峰司马招饮,尽醉。

初十日(11月24日) 送徐映川之河南,因至下关营次,晤石镜秋茂才,午餐而返,夜宿邓镜澄处。

十二日(11月26日) 孔晋皆庶常(宪教)自长沙来会,随往候之,兼晤其居停罗懋棠观察(麓森),留酌。

十三日(11月27日) 夜,与蔡子赓秀才(熙霖)过莫觐廷一谈,即送子赓之河南,时已夜分,难为别也。

十四日(11月28日) 早起,杨彦规观察招酌,席终与漱蘅策蹇过朝天宫,展卞忠贞墓,即循石头城而北,寻乌龙潭、清凉山诸胜,岁将寒矣,柳摇桑落,秋风以凄,瞻顾丛祠,感喟无似。

十八日(12月2日) 《金陵感怀》云:"惆怅西风白下门,每于陈迹倍销魂。乌啼废苑花无主,江上寒潮月有痕。南渡功名真草草,东来烟景尚昏昏。石城蒋阜青苍接,聊拨羁愁自品论。"日跌,许佛珠观察(萨阿)招宴。

二十日(12月4日) 是年八月十三日,河决石桥镇,冲没中牟、尉氏等州县,夺颍灌淮,泛滥及江北之淮扬一带,昏垫之灾,为近今所未有,及兹冬涸补救,尚易为力,顾决口至今,迁延两月有馀矣。悠悠时事,其奈之何。

二十一日(12月5日) 颜筠斋(济时)明府、陈所瞻(宝彝)少尉凌晨致饯,日入,皮桂生复治酒饯别,得《秦淮杂诗》七首:"'烟雨南朝春复秋,舞衫歌扇记从头。只今旧院无人识,不奈低徊廿四楼。''阿谁携眷试轻航,冰簟疏帘趁晚凉。不信江南能作达,故摇双桨傍河房。''白下亭前花隐月,青溪祠畔柳成阴。含情待上鸳鸯艇,桃叶桃根何处寻。''三月桃花涨满渠,谁家楼阁似舟居。小姑丫髻春风里,素手掺掺学钓鱼。''淡粉轻烟旧有名,由来歌管答承平。湘中相国风流甚,为导灯船自在行。''十载红巾簇建康,赤眉铜马尽称王。可怜炮雨围城里,女馆犹为刺绣忙。''珠儿生小擅芳姿,解唱春江花月词。底事欻逢沙吒利,暮烟间锁绿杨枝。'"

二十二日(12月6日) 向晚,阎白尊、唐秩屏饮饯红玉录事处,即席赠录事联云:"天上玉人成小谪,江南红豆最相思。"

二十四日(12月8日) 先数日将发金陵,而朋辈款留,不容辞却。是日亭午,始与漱蘅去之下关,仍宿凌观察营次。

二十五日(12月9日) 早起,凌问樵观察致饯,并馈番饼四十枚。是时,杨彦规、徐子固亦送别水次,肫挚如斯,是可感矣。日跌,附江孚轮船东下,人定抵京江,侨长发栈。

二十六日(12月10日) 日出上金鸡岭,循京岘山脊而东揽南徐之胜,方拟浮舟焦山,风劲不果,遂与漱蘅观剧荣华园。

二十七日(12月11日) 大风有声。倚装至鸡鸣,上公和轮船,展被就卧，驶过白茅沙，约略人定，不辨江路，遂停轮以待。

二十八日（12 月 12 日） 风。凌晨展轮，日晡至上海，侨泰安栈。夜，罗晋锡（培钧）州别驾过访。晋锡，罗忠节之胞侄也，将以仲冬随使日本，皇华之选即出忠义之门，可为心折。

二十九日（12 月 13 日） 大风，夜微雨。往拜龚仰蘧年伯于上海道署。

三十日（12 月 14 日） 大风。过饶子敬早餐，晤龚衡堂同年（心鉴）、郑椒农孝廉（业敬）。夜，与漱蘅、晋锡观剧咏霓园。

十一月初一日（12 月 15 日） 闻陈杏生近作寓公，过谈片刻，即邀同漱蘅上杏花楼小酌，时漱蘅急欲为十闽之行，留之不果，南来相伴日久，临歧黯然，且以形旅人之茕独也。

初二日（12 月 16 日） 龚仰蘧年伯命酌，同席诸君皆奉命游历外洋者，曩客春明，曾以此议条陈当道，不谓言之果行，惟上能尽一时之选，下不贻四方之辱，斯更善矣。

初三日（12 月 17 日） 广方言馆之设，所以习泰西各国语言文字，辅行人之不逮者也。馆距上海县城南五里，时任其事者为张元凷（庆勋）大令。日中，乘东洋车候之。

初五日（12 月 19 日） 陈杏生将有河南之役，临江话别，依依久之。而郑幼甫丈招饮之，使至同座如张懋卿、郑厚馀皆饮之豪者，合樽促席，归时已将人定，值宗雨田、杨爱吾军门自白下来同寓晤谈，倏欸，寒鸡再鸣。

初六日（12 月 20 日） 向晨小雨，旋霁。

初七日（12 月 21 日） 郑幼甫丈招饮刘桂仙校书处，桂仙婉秀善辩，性尤爽朗，登玳瑁之筵，无不为之尽欢者。酒阑，与郑椒农马车偕归，值风雨之夕，通衢尘静，电气灯尤晶莹夺目。

初八日（12 月 22 日） 霁。往候龚仰蘧年伯，谈次，以做冬之故，坚留夜酌，周遵道《豹隐纪谈》云：“吴门风俗最重至节，谓曰肥冬瘦年，往来相馈。”及询沪渎诸君，俗尚如故，转忆吾乡以至日宴饮于庙，极尊祖敬宗之道，独慨然念长沙诸族姓也。

初九日（12月23日） 送罗晋锡随使日本，夜，符岳涛军门（秉福）过谈，偶及旅状，如对楚囚，以知田舍翁得数斛麦终老，足迹不履城市，真乃生人一乐。

初十日（12月24日） 龚冰卿、镜波兄弟约去金粟园茶话良久，归闻郑椒农有粤东之行，匆匆揖别，殊歉于怀。

十一日（12月25日） 夜，随宗雨田叔、郑幼甫丈观剧留春园，归过李韵花录事小酌，任意数品，备极精洁。

十二日（12月26日） 风。日跌，送宗雨田叔旋白下，随附小轮舟至吴淞口，就宿龚冰卿处，时冰卿与其兄子干上舍司榷于彼，并晤其友李寿卿、王杰卿者，谈次甚洽。

十三日（12月27日） 风。亭午，渡吴淞江而西，回顾市肆栉比，无虑千馀家，其地当吴淞、黄浦两江汇流入海之处，舟航翔集，亦要害也，已渡，呼东洋车疾行三十馀里，言旋旅馆，遽近黄昏。

十四日（12月28日） 过刘兰轩、侯莘农、姚菉淇等处，夜，颜芝云、傅辅臣先后招饮。

十六日（12月30日） 北风甚劲，水始冰。向晚，与凌菊溪出游，忽夜将半，乃邀菊溪归宿。

十七日（12月31日） 北风甚寒。早饭后，菊溪别去，旋来约观夜剧，所演皆上海征逐近事，戏中说戏，冶游人见之，真堪绝倒，然未始非沪上针砭也。

十八日（1888年1月1日） 郑幼甫丈偕罗湘泉招同符岳涛、李瑞廷、常定夫、杨韵芳，艳集复新园。

十九日（1月2日） 龚仰蘧年伯之次公子怀西茂才（心钊）以是日授室，衣冠往贺，留酌竟日。

二十日（1月3日） 薄暮，刘敏斋（更新）同年招饮，席终去黄浦舟次，送刘兰轩归合肥，张茂卿归长沙，茂卿窥余茗艼之状，出黄橙数枚，且谈且啖，于时风定月明，江水如镜，顽襟醉态，为之豁然。

二十一日(1月4日) 风。杨子辰、易瓒舟(钟歧)先后招酌,未赴。

二十三日(1月6日) 杨韵芳约是夕张饮赵红玉录事处,视日尚早,过上海道署晤张小唐(玠)、饶子敬、龚冰卿、衡堂、佐臣兄弟一谈,始去会饮,同席六七人,大都豪纵,旅人则每入欢场,潜滋慨叹,境之累心,不能强作达也。

二十四日(1月7日) 晡时,易瓒舟招同王麓槃(龢)、黄锦堂饮左红玉校书处。红玉,粤产也,老去徐娘,犹存丰度,顷某提督眶之,旬日间,缠头数掷,至番饼三千馀枚之多,深于情抑滥于财已。

二十六日(1月9日) 晤张汉秋、张龙庵(熙载),邀去南诚信烟室,青镫短榻,啚叙移晷,二君将以是夕东去十闽,于此又动人离绪也。夜,与符岳涛出访金月卿录事,于八仙桥侧茗谈极久。

二十八日(1月11日) 日跌,附小火轮舟,再候龚冰卿于吴淞榷署。

二十九日(1月12日) 大风,夜雨。先后至彭竹生、刘峙岳、凌菊溪等处一谈。

十二月初一日(1月13日) 风雨竟日。与龚冰卿、李寿卿谈及身世,慨当以慷,恍忽神情与海潮相激荡也。

初二日(1月14日) 霁。禺中偕梁缉熙茂才乘小轮舟回上海。

初五日(1月17日) 夜雨。客窗多暇,辄过吴小红录事茗谈。小红,吴门旧家女也,年十四,随其母买笑黄浦,娇憨之态,每以无心得之,童稚天真,嫣然如见。顾侍余坐者屡矣,以不解音律故。五陵年少罕掷缠头者,生遇庸流,欲相媚悦,可不以薄技自鸣哉!傍晚,招同郑幼甫丈、杨韵芳、常定夫酌春雨楼,薄醉将乘兴为狭邪游,阻雨未果。

初七日(1月19日) 阴。杨韵芳约去公阳里夜饮,花绕琼筵,寒消酒困,朋尊之富足,使刘伶恶醉,杜牧增狂。

初十日(1月22日) 阴。张小唐、胡南垚过谈。时至今日,海禁大开，凡一知半解，几以洋务为眩世欺人之具，由狷者存深恶痛绝之心，狂者或鄙夷而不究其详也。夫知己知彼，战胜之道，岂必尽效其法，要当明其得失短长，因而制之之故，二君佳士，尤究心时事者，故论及之。

十二日（1月24日） 阴晴无定。向晚，王谦斋先生为张厚庵、子实兄弟代邀过某校书会饮，拇战纷纭，几为酒困。

十三日（1月25日） 小雪。过李韵花，为草一函，寄所欢苏州。韵花秀外慧中，深情款款，善解人意，当窗买笑，雅非所愿，顾其母以钱树子抚之，脱离世网，未知何日，惜哉！谈次，值郑幼甫丈约过杨韵芳之相识赵红玉录事处，红玉坚留晚饭，出所制桂花佳酿，香浓味甘，色莹莹如琥珀，为倾数杯，颜赤不胜已。幼甫丈更拉去天仙园观剧移时，风雪往还，藉排旅闷。

十四日（1月26日） 阴。与杨少曾明府（巩）晤谈良久，少曾官四川，奉委解制钱入都者，言及都门历用当十大钱，近改行直省钱制，人颇便之。惜是时矿硐不旺，鼓铸綦艰，而民间向用铜器，半毁制钱为之；其次，私销私铸，救弊之道，莫如特申厉禁矣。

十五日（1月27日） 阴，北风甚寒。偕郑幼甫丈过林桂宝录事晚饮，时当岁暮，游屐渐稀，亦可以占人情也。

十六日（1月28日） 雨，晚雪。饶子敬招同孙宗玉、张小唐、朱抱君近午至其家小酌，肴若羊肉，蔬若踏锅，菜一名雪里青，皆沪上食品之佳者。归途灯影历乱，雪花纷飞，楼阁重重，如隔烟雾。

十七日（1月29日） 雨雪。残冬作客，兼兹雨雪，心绪殊恶劣不堪，不获已约符岳涛访翠某处，冀自排遣，乃佯狂楚客，对锦瑟以永叹；懊恼吴侬，抱瑶琴而幽怨，穷途阮藉，得不与别院班姬同歌《天问》耶。

十八日（1月30日） 雨雪，申刻止。

十九日（1月31日） 霁。

二十日（2月1日） 与王谦斋先生（尚宸）纵谈当世之务，识见深远，亟用心折。先生合肥人，负命世之学，以不谐于俗，终致抚抑，今其年六十馀矣，客游上海，时或醇酒妇人，聊且娱乐，夫岂先生之志哉！

二十二日(2月3日) 北风甚寒，晚雪旋止。早起，李香圃军门(惟义)过访。午后，同郑幼甫丈至四海升平楼茗话良久。

二十三日(2月4日) 立春。入上海县城，遍览街市，比屋列居，周遭几无隙地，蕞尔之区，隐赈如此，他处未有也。顾通商以来，裔夷逼处，一旦寒盟，容有池鱼之祸，履霜而戒坚冰，集霰而征雨雪，是在未然之防矣。中过城隍庙，见有矮人，年约四十，须发头面与恒人无异，肩及趾才二尺，危坐小几，俨然婴孩，或酬之钱，则昂头缓步以受，于以见嗜利之心，不以形骸隔也。游已，过饶子敬晚饭。

二十四日(2月5日) 阴，夜微雨。以小除夕之故，上升阳楼，独酌尽醉，怆惘无聊，信步八仙桥，左右怪此身真是赘疣矣。

二十五日(2月6日) 霁。郑厚馀来，即与为北里游，遇金凤琴女子，绿襟小袖，双髻低盘，流盼生姿，若秋水之蹴微波也。留久之，而小楼月上，雀舌重烹，话到怜侬，为伊痴绝。

二十六日(2月7日) 张汉秋复自闽中来会，叩其行踪，将更为河南之役，周道栖栖，所如难合，与旅人何相似也。

二十七日(2月8日) 杨召屏茂才自台湾内渡，谈及生番难剿情状，人剽悍，地险阻，时瘴疠，兼而有之。近年我军进攻诸社，草草就绪而已。余维番性难驯，自古已然，宜诱之以利，怵之以威，修傅鼐御苗之法，而因充国屯田之计，数年以后，必有验者，然番类亦同此覆载。必夺其地，夷其种，过矣。则又不如责熟番为生番之招，恤近番为远番之望也。

三十日(2月11日) 大雪。适逢佳节，风雪漫天，偃卧至午后，过蒋舒亭、杨召屏、岳符涛各处一谈，更去之金凤琴寓楼，聊借欢场，遣兹除夕。彼夫金鼓爆竹，围炉待旦，因而饮博之俗，大抵相同。何知年华代谢，家属伭离，客子于兹，更难为怀。

光绪十四年(1888)戊子春

正月初一日(2月12日) 霁。亭午,整衣冠往各处贺年,归遇杨召屏,谈故乡年事,不厌琐屑,召屏近居吾家,才七八里矣。

初二日(2月13日) 雪。漫兴得七律二章:"'浪迹真成海上槎,几经憔悴感年华。春回客路鱼书冷,地尽中原蜃气赊。犹见夷蛮同玉帛,不妨儿女斗筝琶。旅游未解椒花颂,遥祝平安为有家。''漫天风雪舞琼瑶,旅馆逢春慰寂寥。偶为牢愁增酒债,薄收烟景入诗瓢。连云楼阁开图画,匝地笙歌起暮朝。士女但知初日吉,联翩裘佩过虹桥。'"

初三日(2月14日) 霁。沪上茶寮、烟室、酒幌、妓楼多比邻于四马路左右,寻常游人,趋之若鹜。方春始和,沪之人无男女、无长幼,接踵咸集。翠羽明珰,妖女响钿车而过;毡衣红帕,鬼奴怒骏马以还。声尘合沓,眩视骇听,与张汉秋聊复往观,不能耐久也。

初四日(2月15日) 雨。杨韵芳招同郑幼甫厚馀叔侄、符岳涛、常定夫宴集公阳里,即席得七言八句:"琼筵曾此集朋侪,又逐香车上玉阶。拂袖满携花入座,倒樽齐颂酒如淮。剧怜凤烛迷春夜,不奈鸾笙缭客怀。记否翠楼人独立,相思有泪向天涯。"

初五日(2月16日) 午后雨止。夜,过金凤琴茗话,俗于岁始捧朱盘、进果饼数事,出言惟吉,俄而洗盏更酌,肴核纷陈,所欢必备番饼如干以酬,循例为之,视巨腹贾瞠乎后已。

初六日(2月17日) 阴晴无定。过常定夫,晤会稽毛方舟谈相,言余四十有一方始亨通,未来者固不可知,然则已往蹉跎,不尽关夫人事矣。夜,约郑幼甫丈至留春园,招同金凤琴、刘桂仙观戏数刻。

初七日(2月18日) 雨。

初八日(2月19日) 阴。

初九日(2月20日) 霁。

初十日(2月21日) 送杨召屏秀才归长沙。

十一日(2月22日) 阴。约张小唐去杨林浦观自来水发源处，滨江置机，引水池以蓄之，沙以澄之，又以机呼吸之，管行地中七八里，更为台激水，使高悬流缕注万管，潜通分筒，发机珠喷玉泄，故上海租界内，汲者无井眢流浊之患，饮以养阳，西法亦何可尽非也。

十二日(2月23日) 唤马车往晋安寺，览泉石花木之胜，值郑幼甫丈、常定夫纵辔来会，于时鸟语春风，马鸣残照，花钿锦舄，联袂并轨，岂其游观赠芍，极吁乐于洧滨，类夫顾视遗椒，永婆娑于縠旦矣。归已薄暮，值饶子敬招饮聚丰园，同席十有九人，肴核甚盛。

十四日(2月25日) 大风。过龚厚斋(树仁)、张小唐茗话。夜，值孔静皆自金陵来会，即与订游闽之约。

十五日(2月26日) 风。薄暮，郑厚馀、黄筱亭约去聚丰园艳集。酒阑，杨韵芳更招去赵红玉录事处，当筵泥饮，顾曲酣歌，扶醉视窗外月华，皎如清昼，客邸元宵，赖兹不寂寞矣。

十六日(2月27日) 同人过杏花楼叙别。

十七日(2月28日) 留上海八十日，掷时征逐之场，缨虑牢愁之府，人事拂违，如是极矣。是日，始得与孔静皆、符岳涛相约乘琛航兵轮船赴闽，检点甫定，值郑厚馀约去注红馆，小酌尽醉，时行箧已寄顿舟次，乃与静皆就宿厚馀处。

十八日(2月29日) 阴，申刻微雨，北风甚劲。日晡，上琛航船，船长七十五步，阔十三步，计百有五十匹马力。

十九日(3月1日) 霁。与静皆上岸，约同郑厚馀茗话升平楼，随过奇珍馆小酌，登舟。

二十日(3月2日) 侦知船开需时，与静皆再上岸。薄暮，值李香圃招酌，辞，去金凤琴录事小坐，隐语别悰，而彼美不知也。是夕，仍偕静皆宿郑幼甫丈处。

二十一日(3月3日) 阴，东北风甚劲，夜雨。饭罢，出游移晷，而郑幼甫丈别去，遂与静皆登舟。

二十二日(3月4日) 霁。晤船主郑荔秋(溥泉)守备,谈及明日准可放洋,郑厚馀闻之,更来舟送别。

二十三日(3月5日) 辰初展轮,出吴淞口,折而东。酉初,经宁波海口,岛屿浮空,若断若续,西眺四明,东顾定海,想普陀之灵奥。入夜,风自东北来,舟行微荡。

二十四日(3月6日) 巳初起视,寒碧万顷,浮天沃日,指顾西南一带,群山如屏,倏忽没水云之表,知入台州洋面矣。申正,寄碇南麂山,别乎北麂山言之也,地距温州之东,岛石错列,虚无草木,时有渔子啸侣息影,由上海去福州水程,至此才三分之二矣。

二十五日(3月7日) 风。丑正启碇,南向天气渐暖,不胜重裘。未正,西折入长门。申正,抵马尾,与静皆命小舟至南台,时已黯黑,南台故无旅馆,不得已投宿同乡谢葆吾处,向不识,谢相待殊殷殷,可感也。

二十六日(3月8日) 夜雨。早起,整行李入福州城,侨文兴馆,乙酉秋客闽旧寓也。问讯之馀,感夫燕入故巢,羽毛犹是矣。摒挡粗定,至督署邀同夏漱蘅过我一谈。夜,陈静卿(寿昌)学博过访。

二十七日(3月9日) 早起,雨止。夜,周岑青、王仲奇过谈,岑青为余堂兄云怀门下士,客中无春服,遂解衣赠之。

二十八日(3月10日) 王仲奇馈豚蹄鸡鸭,值夏漱蘅、戴学皋、周岑青、彭芝云来,呼酒共酌。俗于是夕铙歌鼓吹,灯火百炬,分导众神出游,曰年九之会。扶醉观之,市门亦燃灯,照耀若元宵也。

二十九日(3月11日) 先夕既为年九之会,是日,家家煮年九粥,亦曰阿弥粥,佐以果脯,互相馈遗,比物绎义,譬诸腊八之粥、端午之粽矣。日中,与静皆至督署,晤朱霞林、徐小圃、杨建杰、夏漱蘅、蔡杏渠姻丈,留酌而返。

三十日(3月12日) 王仲霖过访,即与至丁重安(钧义)别驾一谈。

二月初一日(3月13日) 日昳,督幕诸相识招饮,食品皆故乡风味,属餍而返。是时,闽中气候已渐郁燠,连日易裘而绵而袷,尚须持扇,夜蚊逐逐有成雷之势。向晚,静皆别居督署,王芰邻茂才(正旒)过谈竟夕。

初二日(3月14日) 阴,夜微雨。过符岳涛夜饭,手火把而归,他处惟乡间夜行用之,闽之城市大都如此,用舍惟便,不妨从俗。

初三日(3月15日) 阴。鸡鸣,闻旅馆左近失火,惶骇无似,幸不久即扑灭也。是行未有仆从,为撙节计,顾寓公闽中主人但授餐,不问烹调之事,日始,招闽仆邓某供其役,闽音鴃舌,兼可资寄象矣。往拜黄海楼观察(立鳌)、王斐章军门(紫田)、袁海门大令(澄清)、彭镜芙府经(源崙)。

初四日(3月16日) 晴雨无定。日晡,徐小圃司马(毓麐)招饮。

初五日(3月17日) 王斐章、李海楼先后过谈。夜,送周岑青归长沙。

初六日(3月18日) 过王芰邻,谈次,大雨如注,值其居停林金台都督留酌,席间谈及榕城水恶,惟北城根之北库泉独擅其胜,色白如泔,味甘以永,一勺盈盈,不溢不竭,惜不经陆羽品之。

初七日(3月19日) 霁。杨彦规自金陵来省,其父石泉制府往候,留酌,同席皆督幕诸君,尽醉留宿。

初八日(3月20日) 早饭归来,见市间有鬻牡蛎者,魂磥成形,凸凹殊状,数蛎相比,分房别户,亦呼之曰蛎房矣。闽多海鲜介之属,若蚶、若蚌、若蟳、若蟹、若蛏,率腥臭难食,而闽之人嗜之,弃壳于涂,累累者相望也。

初九日(3月21日) 雨。

初十日(3月22日) 霁。张龙庵自泉州来,同寓联床,夜话于兹,少破岑寂矣。

十二日(3月24日) 鸡鸣大雨,二时许复晴。邓玉峰都督过访,俗以是日为土地诞辰,粉米象金银之锭并果面等物,饾饤以祭,家家如之。

十三日(3月25日) 往拜彭纪南、孙庚堂两军门，遂过督署，与徐小圃、夏漱蘅、孔晋皆、杨彦规、子端兄弟闲话将晚，大雨止宿。

十四日(3月26日) 阴，夜大雨。

十五日(3月27日) 霁。蔡杏渠姻丈见过，晤同寓易卜臣都督(占吉)，夜月甚皎，信步至王斐章处，遇王仲霖、刘辅安，茗话最久。

十六日(3月28日) 大雨，午后止。

十七日(3月29日) 雨。日中，瞿铣云都督招饮。

十八日(3月30日) 阴，夜雨。杨彦规招同曹仁祥、钟祥开两军门，黄海楼、刘康侯两观察，成象贤司马(心中)宴沈文肃祠。弹指三年，得再搜乌石之胜，追怀旧侣，为之惓然。

二十日(4月1日) 阴。袁海门约去醉仙楼小酌，饮酣，与李海楼、王斐章、钟祥开为叶子戏，久之，复酌而归。

二十一日(4月2日) 三年之内，凡两至闽，怀刺当道，辄复龃龉，颇闻海南之胜，便欲往游，把笔得五言八句："灏气蒸瀛峤，浮楂波浪深。三山有陈迹，万里烦余心。空上贾生策，长怀梁父吟。海南春色好，飞棹试相寻。"

二十二日(4月3日) 阴。

二十三日(4月4日) 阴雨。是日清明，人家皆折柳插之檐间，比户延翠，生意盎然，若夫东郭纸钱、北邙麦饭，揆其风俗，大略相同也。送彭芝云赴试京兆。

二十四日(4月5日) 晴雨不定。往谒福州将军厚斋(善庆)，时将军谂余粤东之行，许为函致当事，亦可感也。午后，王烈卿、袁海门、王芰邻先后过谈。

二十六日(4月7日) 大雨。送张龙庵之厦门，闽中天气，春夏多雨，而秋冬则晴，来非其时，不获一展，游屐龙庵，去益枯坐，如入定禅矣。

二十七日(4月8日) 申刻，雨止。傍晚，瞿鹤泉约去可然亭小酌，既醉，过符岳涛，夜谈及闽中沿海自前明建烽火门、日南山、浯屿、小埕、铜山五水寨备倭，久为兵家所倚重，近世轮舟恣行，议海防者遂以长门、厦门为要，而不及五寨，蒙谓五寨虽不足抗轮舟，然广侦逻、杜接济、防海盗，亦舟师之助也，务远忽微，毋乃非策。

二十八日(4月9日) 未刻，大雨，昼晦。申初，复明。

二十九日(4月10日) 戌刻，大雨。夜，夏漱蘅过谈。闽中气候本来近暖，而是时阴雨兼旬，寒气非重绵莫御，则天时之变也。

三月初一日(4月11日) 酉刻，雨止。先后过王仲霖、孔静皆一谈。

初二日(4月12日) 霁，申刻雨。早起，瞿铣云饯饮。

初三日(4月13日) 晨雨，夜复雨。偶以感冒卧病终日，夏漱蘅、符岳涛、李东升均来问疾，东升并为肩医药之任，意尤周挚。

初四日(4月14日) 霁，夜大雷雨。乙酉至闽，以咫尺鼓山不一往为恨。是日平旦，乃戒舆夫，出水部门而东，道平畴间，可二十里，造鼓山之麓。鼓山意态雄杰，时有云气，与旗山隔江争长，郭景纯《迁城记》所谓"右旗左鼓，全闽二绝"者矣。山之麓有白云廨院，东折数十武，度东际桥，涧水淙琤不绝，自此悬磴而上，虬松亿万株，亏蔽天日，瀑飞石僵，气森森起绝壑也。凡五里而近，憩半山亭，如是者又五里，当屴崱峰之下，去山椒不远已，山谷回环，自辟城府，建涌泉寺其中。时已亭午，寺僧志还者导之观放生池，畜鱼千计，又导之出寺而南，上蹴鳌桥，桥支灵源洞之前，俯视深涧流痕，宛然水固无有也。僧神其说，旧有水出岩壁，释神晏者，定于岩恶水之喧也，喝令他徙，遂涸，故其岩亦著"喝水"之称，及为寻喝水所徙处，距兹少南而西，才百馀步耳。有岩祀观世音，偏左累石龛佛，水涌石罅间，惟出之石螭口中者，滔滔有声，乃晤泉窍通塞，如伏济之隐见无常矣。更西南度石门，出白猿峡之西，达水云亭，拜朱子自写遗像亭，以外江帆皎如也。复还，经喝水岩，沿路岩嵌涧阻，林箐冥冥，摩石多昔贤手笔，欲更迟留，而山风飒飒，雨将来矣，乃宿涌泉寺，篝灯得五言一章《遗志上人》，云："生平眷左鼓，及此慰清游。石磴缘岩折，灵泉绕寺流。荡胸沧海阔，拂槛白云稠。今夜上方宿，依依鸾鹤俦。"

初五日(4月15日) 阴，午后雨。我闻鼓山之胜尚有白云洞、屴崱峰者，洞可以劚云，峰可以测海。饭罢，礼佛出寺，欲往从之，视天梦梦，将又媒雨，遂悬磴而下，于时宿雨初过，万绿如洗，山潦怒发，惊湍在涧，引睇下界，云气迷茫，空诸所有。渐来平地，瞥见江村，回首上方，又复混沌，盖云雾上下都满，近身不觉耳。将入水部门，大雨随之，益幸斯游之不为雨阻，而游愿之克偿，又成于独断也。

初六日(4月16日) 黎明雨止，夜复雨。无诸城郭去海不过百馀里，然山谷阻隘，其流不逞，春夏多雨，往往有水潦之患。近来阴雨弥月，南台一带已就湮没，再添尺许，中城皆沉灶矣。记之见以海为壑，且不足恃如此。

初七日(4月17日) 阴。黄方舟自江南来同寓，夜话良久。

初八日(4月18日) 夜雨。近午，束装至南台买舟，顺流而下，是时，东风大作，水势汹涌，遥瞩鼓山，云气如幂，谚有之"鼓山戴帽，三日泥道"，是又为阴雨之象矣。日晡，至马尾江，侨居既定，过船政局，晤陈静卿一谈。

初九日(4月19日) 阴。往谒斐樾岑夫子，并过康利吾戎幕，利吾，楚人而通闽语者，喋喋茗次，都为齿冷。

初十日(4月20日) 马尾江上下多尽室操舟者，舟即家也，则有雏姬荡妇，狎暱鸥凫，粗服赤足，效颦忘愚，岂其桃叶渡头自来迎接，谬谓木兰舟上聊可与娱，不知铜严姊妹已出吴楚棹歌之下，如彼驾娘，又何足算耶？日中，李海楼观察自福州城来同寓，唐树森(澄清)过谈。

十一日(4月21日) 侦知有火轮船名海坛者将之粤，日中，挈行箧只身附之，劳人踪迹，自此在五羊城畔矣。偶与同舟某谈近世哥弟会之秘，某云彼会之众行处有之，各有老大为之，甲曰帽顶，以次由老二至老么，但无四七，忌之也；入会曰通海，会之日结茅深山，聚少壮，断香濡鸡血群饮以誓，曰开山，亦曰坐草堂；散符与众，书其名籍，曰飘布，其语言行事，阴相志别，都为一书，曰《海底法严》，有劈胸、裂体、自刃其股诸刑；会中之贤者辄慕朱、郭之为人，其不肖但以掠取人财物为事，然轻死必信，犯则自承不讳，亦不诬引其党，赴市犹大言狂饮，以为雄盖。血气不逞之徒，假会盟相豪纵如此，他无能为也。

海南日记卷十三

光绪十四年(1888)戊子春

三月十二日(4月22日) 余之东游，凡志夫闽也，志夫闽，复之粤，非得已也。然穷年奔走，升斗之求人不易，而因时流览，山川之贶我已多，盖其得失亦参半矣。辰初，发马尾江，出五虎门而南，绿波沉沉，然时见山岛浮于西际。亥正，去厦门不远，海雾促起，操舟者有戒心，遂寄碇以待。

十三日(4月23日) 午刻大雨，旋止。巳正起碇，未初过厦门小泊。厦门峰涌波心，环以群岛，亦兼鹭岛之目，其地内扤漳泉之要，外与澎湖、台湾一气贯注，台湾有事，厦门尤声援重地，不徒延海国之帆樯，号瓯越之利薮也。酉初展轮，自此亚洲地势将南极于海，折而西，波澜益阔，御舟罡风灏气之中，游神太虚，当复如是。

十四日(4月24日) 阴。巳初寄碇汕头，地在澄海县西南，北距潮州府九十里，当韩江入海处，左悬南澳，右标碣石，广东冲要，分东、中、西三路，中路广州，西路廉琼，此其东路矣，市舶津通，贸迁者众舟至彼转输。历三时之久，始复开行。

十五日(4月25日) 午刻至香港，侨鸿安栈。香港，海曲也。峰峦夹辅，渊潭迳通，其南山势尤峻，近世岛夷践山架屋，重叠而上者万馀家，层楼杰阁，望之若蜂房缀于岩壁，山市亦海市也。夜月微白，倚楼望灯火星繁，碧波如镜，流连光景，几不欲寐。

十六日(4月26日) 风。香港为外夷通商埠头，距省尚三百馀里，行李资火轮船往来。是日辰初，附船经急水门、老万山折而北入虎门，抵番禺城南，时已未正，不胜行役之劳，乃与王宗国（有胜）副将假馆以息。

十七日（4月27日） 午刻促雨，旋霁。早饭后迁次城内之华宁里，粤本蒸溽之乡，时当春暮，已具炎炎之势，蚊蚋出，蟋蟀鸣，豆架瓜棚，有累累成实者。夫《小正》、《月令》之书，因时记物，以征人事，将毋对此爽然失乎。晤同寓杨子受少尉（履谦）。

十八日（4月28日） 布政司前有拱北楼者，居高望远，规制博敞如鄂之南楼、蜀之鼓楼、浙之镇海楼与闽之狮子楼也。楼上有铜壶滴漏遗制，范铜为桶者四，序列如级，注水上桶，窍而传之下桶，下桶之中，施木植竿，表以时刻，桶水渐多，木渐浮而竿渐上，度日将终，上桶竭而下桶满，复挹注之如初，涓涓之声，昼夜不息，亦巧矣哉！

十九日（4月29日） 瞽矇行处有之，而东粤极众，理不可晓。其女之盲者，辄抱琵琶，沿门度曲，觅蝇头之利。或以为盲于目，不盲于心也，嬲之如妓，不知此尤可哀矜者，废疾有养，仁政所先，安能为当道吁之？

二十日（4月30日） 晴雨无定。往拜方照轩军门（耀）、阎象雯观察（希范）。

二十一日（5月1日） 每届异地，迷于瞻瞩，不惮登陟，以举其概，挈领提纲，傥谓是矣。来番禺，闻城北越秀山挹全城之胜，日中造其巅，有观音寺，山以是亦受观音之称矣。寺门以外，江山开朗，填城溢郭，市声隐隐，盖山特二十馀丈，故所见无遁如彼，积高皆黄壤，树尤易殖，或亭阁昂首于乔柯之表，或修藤细竹掩映室庐之侧，绿阴悬磴，鸣禽睚人，而所历又如此，宜越秀之名于番禺也。顾兹山也，非南越赵佗筑台之所哉？佗于秦二世，不过龙川一令，叛秦入汉，又失之僭逆，遭际世变，负险而王，而后之论者，不予瑕疵，且祠祀之若，与窦融、钱镠隔世齐武，岂不以豪杰之士贵能自立哉！

二十二日（5月2日） 酉刻，雷雨移时。阎白尊自金陵来会，即与过军装局晤熊和生、何春舫、刘葆卿、毛舜琴一谈。

二十三日(5月3日) 小雨。

二十四日(5月4日) 阴,酉刻大风。粤多盗之国也,盐枭、贩私、绿林之豪,或鸣镝于长涂,或祛箧于密室,行李惮之,辄陈兵卫,而家居怀璧,檐牙之交,尽缀铁网窗棂,而外铁柱秩秩,防患若兹,欲其夜犬不惊,要为难已。人有忿争,寻至械斗,操戈同里,有如赴敌,其雄于财者,犯法当死,则贿贫以代命,曰顶凶。罚不当罪,而奸顽益纵。子产相郑用猛,武侯治蜀以严,彼其好为攻击之俗,由来已久,固未可徒事宽大也。

二十五日(5月5日) 申刻雨。晤黄馨垓(镇南)别驾、阎寅皆、陈少卿、左健吾,皆乡人也。谈及乡之人客粤者众,岂独粤哉!证之闻见,几于天下皆是彼。盖见咸同以来,乡前辈勋名赫如,以故束发未燥,即慨然有投笔之志,不知鸟尽弓藏,功人同慨,馀子碌碌,复驾焉求,宜未下逐客之令,先尝谢客之羹也。官幕吾不欲拟,窃为流寓与因而困且陷者吊焉。

二十六日(5月6日) 俗以是日为东岳之会,葆羽纷陈,杂以戏剧,导东岳神出游,初来羊城,逐队观之,以见谄渎之习,盈天下皆然也。日跌,过阎象雯观察,留酌,同席萧蕴岑(焕文)、林巽之(晋昌)、黄少海(增)。

二十七日(5月7日) 出西门,访潘任卿夫子之世兄寅生茂才(元杰)暨罗榕庄同年(先泰),不遇,乃棹珠江,溯游而东,至海珠。海珠,水中坻也,形圆而长,纵横裁数十弓,有似乎出海之珠,故蒙是称矣。祠其上,祀关忠节(天培)、张忠武(国樑),后倚炮台,前为轩、为亭、为圃,花木楚楚,临风嫣然。复棹及永清门,徒步以归,是行往返十馀里。列肆开廛,充牣夫羊城内外。夫联袂成帷,挥汗成雨,夸临淄之众也;货贿山积,纤丽星繁,表蜀都之饶也。粤之富庶,似又过之。

三十日(5月10日) 连日至粮道署校阅课卷。

四月初一日(5月11日) 闽蜀粤皆产荔枝,而粤产为最,然其品虽佳,其性甚热,玉环飞骑征之,故有左车之病,信如苏玉局所言,口腹之累,将不胜矣。且东坡晚年好养生,必不贪馋已甚,日啖三百颗,特诗人之狡狯耳。来岭南初尝此味,因并志焉。

初二日(5月12日) 戌刻风雨,旋止。曩谓台峤多意钱之戏,不意粤中尤甚,综其目曰番摊,曰花会,曰白鸽票,曰闱姓标,曰吕宋票,而博与弈不在此数,大都能弋重利,故煽诱及于工商,无事躬亲,故网罗遍于闺阁,因此致富者百无二三,坐是而贫者十居六七。是日,同寓周星谷见惠端溪砚,以寿山石数方酬之。

初三日(5月13日) 雨。

初四日(5月14日) 巳刻大雨移时。过戴仲屏(式藩)大令,谈次,闻孔静皆至自福州,即往候之。傍晚,阎白尊过谈,粤中有四大冠者,其始皆外来流寓,遇某省人官此,则某省流寓倡其党乞怜,久之势横,凡官斯土者到省奉差及昏丧等事,必酬以赀,否则无理取闹,不贿不止。又言顺德县有十姊妹,纠同志十人约为姊妹,命曰金兰之会,中一人及嫁,则为穷裤缝袓,侍夫三昼夜,即托名归宁,必姊妹行毕嫁,乃欣欣来夫家荐枕席焉,硁硁之志,虽死不渝,夫有违言,则献妾以代,无能夺其志者,盖十人者少相暱,长相赡,又相误也。

初五日(5月15日) 午刻大风雨,酉刻复雨。孔静皆过谈,即与至刘樾乔同年(玉珂)、刘少棠(启襄)两庶常处。

初六日(5月16日) 阴雨。

初七日(5月17日) 酉刻雨。雨中寒气较重,竟可著薄绵,粤之天气强半炎燠,然一日之内,气候或殊焉,大抵昼暖夜寒,晴暖雨寒,故有"四时皆似夏,一语便成秋"之谣,又曰"急脱急着,胜似服药",言不时也。

初八日(5月18日) 凌晨大雨,少间复雨。

初九日(5月19日) 申刻大雨。傍晚,谭健庵伦席珍招同熊和生、阎白尊、陈桂舫、岑竹轩同年(筠垣)、萧青门大令(开启)张饮珠江，岭南声伎，耳热久矣，其地谓伎曰老珠，或曰珠娘，又曰琵琶仔，其居分水陆，陆居或陋劣难近，水居率谷埠一带，舳舻联缀，殊列异碇，每历曲折，艞板潜通，间设小市，取便酒脯，如是绵亘将三四里，即世所称珠江紫洞艇也。当夫东船西舫，歌吹并陈，沉酣醉月之场，旖旎移春之槛，亦似秦淮邗渎，未足侔矣。然而音近娵隅，则幽怀终隔；生来娇小，则温语不遑。聆水棹之歌，得毋顾曲徒劳，含情莫喻乎。轰饮待旦，归过熊和生，假寐移时。

初十日(5 月 20 日) 晴雨无定。

十一日(5 月 21 日) 夜大雷雨。

十二日(5 月 22 日) 大风。何春舫、阎寅皆、白尊兄弟过谈。

十三日(5 月 23 日) 阴。日中，出访岑竹轩两人昆仲于宝华坊，因过军装局手谈移晷。

十四日(5 月 24 日) 雨。

十五日(5 月 25 日) 酉刻雨止。

十六日(5 月 26 日) 晨雨，旋止。闽粤市门悉设土地龛，意不在土地也，不知何据谓土地有接引财神之目，祀之尤众，按土地社神与钱神绝不相干，非分役之神，必不享，或曰五行惟土生金，媚之亦宜。

十七日(5 月 27 日) 大风雨。

十八日(5 月 28 日) 晴雨无定。

十九日(5 月 29 日) 初余之去闽也，闻粤中提督某方交欢福州将军，因持将军书赴之，不意旬月之间将军物化，某亦竟白眼，夫余之于某，徒以将军故，毋怪其如此。是日，不得已改应郑宗山大令(业崇)校读之聘，为糊口计。吁！年来行为拂乱，不一而足，命之不犹，无能强已。

二十日(5 月 30 日) 午刻雨。"龙钟三十九，劳生已强半"，此东坡诗也。嘿计明日余年更交四十，乃约萧青门、熊和生、何春舫，艳集珠江之上，杯酒自浇，不欲他人知也。夜宴久之，潮落月来，呼小艇就军装局宿，时已四更。

二十一日(5月31日) 晴雨无定。夜晤刘樾乔、刘少棠，话及郑州决口，谓水之来也必有所归，不疏而堵，势终溃败，衮衮诸公，应有以善其后已。

二十二日(6月1日) 晴雨无定。日跌之馆，门人为次山(家琳)、辉闾(家珣)，皆郑宗山子也。向晚，宗山设馔，同席史松泉、郑松斋、子琴昆仲。

二十三日(6月2日) 未刻雨，夜大风雨雷电。

二十八日(6月7日) 酉刻大雨。出游竟日，最后过阎白尊、左健吾谈次，大雨如注，异时道夜郎，有漏天之目，而闽粤间春夏天气，大较似之。

二十九日(6月8日) 雷雨。

三十日(6月9日) 晴雨无定。闻魏子纯世叔之太夫人庆六十有四，早起往贺，座客皆同乡也，楚人楚语，快何如之。

五月初一日(6月10日) 英吉利既辟印度攘缅甸，阴谋三藏久矣。是日，阅外国新闻纸，本年二月间，英人有毁藏界智鲁的沙炮台之事，重译荒远，宜若可信，且以流虮缅越近事征之也。夫西藏，屏蔽青海滇蜀，仁庙、纯庙尝一再勘定，使就衔勒，是樽俎折冲与夫填抚，而绸缪之策自有在，不然，通商挟诈，外患频仍，微独西藏已也。伊梨、库伦、吉林、朝鲜及孤悬之台琼，不少觊觎之者，蒿目时艰，能勿深杞人之忧耶！

初二日(6月11日) 魏子福世叔及常子健先后过谈。

初三日(6月12日) 戌刻雨，旋止。

初四日(6月13日) 晴雨无定。

初五日(6月14日) 风雨，午刻止，移时复雨。北门外有四方炮台者，践山为之，山介立，距城才十馀丈，高出堞堵丈许，形势乃攻守必争之地，道光间英吉利犯粤，据此燃炮，城之人所由匈惧也。是日，雨间级山，而登山堇堇容二台，无有丘壑，然东眺白云山，想安期生冲举之迹；南抚粤秀，隐见城市，西北延珠江之流，风帆曲折，溯回苍梧，亦游目之佳境矣。

初十日(6月19日)　午刻大雨，旋止。

十三日(6月22日)　屈翁山《广东新语》云："周夷王时，南海有五仙人，衣各一色，骑五羊，集楚庭，各以谷穗一茎六出，留与州人，且祝曰'愿此阛阓，永无荒饥'，言毕，腾空而去，羊化为石。"今坡山有五仙观是也。郡城名五羊，以此亦谓之穗石矣。是日，出候罗榕庄、岑竹轩同年，途经五仙门，因并考证五仙门，城南郛门也。

十五日(6月24日)　傍晚，过刘樾乔、王诲臣一谈。

十七日(6月26日)　午刻雨，戌刻止。日晡，魏子纯世叔招饮，同席孔静皆、林巽之、危帅臣（德连）太守、刘少樾明府（宗琨）、邓梅仙司马（炳春）。

十八日(6月27日)至二十二日(7月1日)　均晴雨不定。

二十五日(7月4日)　往拜王爵棠廉访（之春），未晤，因约刘樾乔过松月轩，茗话漏刻。

二十六日(7月5日)　晨雨，旋霁。

二十七日(7月6日)　晴雨无定。

二十八日(7月7日)　送左健吾、萧蕴岑归湖南，中途避雨六榕寺，寺创于南汉，原名长寿，亦号净慧，苏长公易今名，并为书额，寺中有千佛塔九级干霄，为番禺之望，以其制之丽也，又呼花塔。

六月初一日(7月9日)　林巽之、黄幼海过谈，云是时当道方用兵琼州，按琼之为地，孤悬南海中，南北相去七百馀里，东西四百馀里。中有黎母山，五峰高峻，常隐云雾，海气清廓，望之如舒掌空际，故亦谓之五指山。黎人居之。黎，古名里，后汉时谓之俚人，近复讹俚为黎，又其别种曰歧人，即《隋志》所谓㐌也，黎与歧大都质性朴悍，乔野成俗，倚峒箐劫掠，为人患，屡烦兵革，议者欲藉军威于其间，辟纵横大道，简重臣建节控制，则珠崖儋耳之间，声教无阻，非无见而然也。

初三日(7月11日) 晴雨无定。

初七日(7月15日) 风雨,夜有飓风。

初八日(7月16日) 午晴。张绍卿过访,郑椒农自潮州来会。

初九日(7月17日) 粤人死未殡,多延比丘尼护之,曰守丧,缘是葬祭尼亦坛场,以从夫羽幢铙钹经咒丧者之侧,释道之下下乘也,尼而效之,斯更甚矣。

初十日(7月18日) 雨。

十一日(7月19日) 霁。

十二日(7月20日) 戌刻,风雨移时。

十三日(7月21日) 姚力臣、芸臣兄弟过访。

十七日(7月25日) 午雨,旋止。

十八日(7月26日) 送孔静皆、林巽之归长沙,唐昆山之白下。

二十一日(7月29日) 晴雨无定。

二十二日(7月30日) 未刻,大风雨移时。

二十三日(7月31日) 午刻风雨。是日,兼受阎象雯观察书记之聘。

二十四日(8月1日)至二十七日(8月4日) 均晴雨不定。

三十日(8月7日) 戌刻,北风,微雨。日中,阎白尊过谈,是时素馨花盛开寓斋中,尝以蓓蕾一盘供之案头,薰风扇和,芬芳扑鼻,惜不"盘向绿云鬟",为生负此花耳。

七月初一日(8月8日) 午雨,随止。夜,过黄少海、幼海昆仲,谈及闽粤间妇人有用脚环者。夫环之为饰,在项曰项钏,惟小儿用之;在臂曰条脱,亦呼手镯;在指曰弧环,亦曰手记,又曰戒指;在耳曰耳环,即珰也;在鼻曰鼻环,用者校少;而前世更有以环约发者,今无其制;脚环以金银为之,或系之铃,行步珊珊可听。

初二日(8月9日) 雨。

初三日(8月10日) 大雨。

初四日(8月11日) 雨,夜大雨。广州府城始筑自越人公师隅，曰南武城；秦南海尉任嚣增筑之，曰任嚣城，旋称赵佗城；宋嘉定间，经略使陈岘改筑，曰雁翅城，又曰越城，曰五羊城，曰木棉城，以土产木棉也。今城沿明之旧，为门八，曰正北、小北、正东、正西、正南、定海、文明、归德，以南更为郛，达珠江之滨，制益拓矣。近城有番山、禺山，故城又受番禺之目，《水经注》云"县名番禺，傥谓番山之禺"者，疑非。

初五日(8月12日) 阴，夜雨。荔枝零落，龙眼旋熟，故《南方草木状》"以龙眼为荔枝奴"，言随其后也，《汉书》南海贡龙眼、荔枝，特类举之耳。龙眼实圆如金弹，肉如脂，浆如醴，即世所称桂圆也，有数种，要以闽产为佳。

初六日(8月13日) 阴。粤俗重七夕，花果酒脯皆先夕陈之，杂以金玉玩器，瓜灯错采，秧盘种生，妇孺往来，齐观竞爽，是可补天宝之遗事，增秘阁之清话已。

初七日(8月14日) 雨。傍晚，拟为七夕之游，阻雨不果。

初八日(8月15日) 光孝寺本南粤王建德故宅，三国吴虞功、曹仲翔居此，尝植诃子树，名曰虞苑，亦曰诃林寺，甚深邃，中有卧佛像，妇人无子，多往祈祷，今虽垂禁，尚有至者。独游久之，西出城至长寿寺一览，亦大祇树园也，数年前，寺僧无行，众怒爇之，独其前殿巍然尚在。又久之，过潘寅生世兄，茗话而归。

初十日(8月17日) 酉刻，暴风雨移时。

十一日(8月18日) 雨。

十二日(8月19日) 晴雨无定。

十三日(8月20日) 霁。日晡，危帅臣招饮，酒阑，与郑椒农上越秀山，于时月华无际，戍鼓有声，烟树迷离，不辨城市，徘徊寺门之外，知秋来清气，衲子得之多矣。

十八日(8月25日) 夜雨。过唐兰生(树滋)太守、熊镜蓉(世昌)拔萃、郑紫丞(宗鳌)、崔子敬(勋)两少尹处。

二十二日(8月29日) 郑椒农有闽峤之行，为题《海珠夜月图》，即以饯别："并作番禺客，聊为蜀道吟。城连蠔镜远，潮落虎门深。对此一轮月，嗟哉万里心。披图向沧海，忆子秋江浔。"

二十三日(8月30日) 日晡，与黄幼海、王诲臣过佛照楼小酌，楼直城隍庙，俗以明日为城隍诞，是日过午，妇人多诣庙手香，席地而坐，曰打地气，自夜达旦不倦，惑神如此，亦足怪已。

二十六日(9月2日) 酉刻大雨，旋止。

二十七日(9月3日) 晴雨不定。郑宗山约去史松泉夜话，松泉新内妇属令出拜，为大欢笑。

二十九日(9月5日) 申刻风雨，随止。蜑户，其南夷之别种乎？以其见水色则知有龙，故又曰龙户，或曰蜑，本蛇种，观其所祀蛇象可知，世世编蓬，逐水而居，谓之水栏无土著，不事耕织，但操舟捕鱼为生，士人多耻之，故其种有挟高訾为显官者，往往舍水而陆，自别于蜑产，女子率不缠足，间亦姣好，为歌以志之："海南有蜑妇，泛宅忘春秋。不识耕田乐，第为渔海谋。得鱼如得禾，居屋当居舟。双桨买花去，风来香满头。"此外若黎、若歧、若獞猺与獠、若马人、若鬼奴，大抵皆南中蛮类，至于海僧，鱼也，而形实肖人；卢亭，人也，而性反类鱼，斯又形骸之异可资博物者。

八月初一日(9月6日) 过危帅臣夜话良久。

初二日(9月7日)至初四日(9月9日) 晴雨不定。

初六日(9月11日) 日跌，约郑松斋散步北门外，果蓏尽熟，良苗荐新，时物变矣，可胜感哉。还入门，陟谯循城而东，城践越秀山为之，山堕而盛。迤南多草木祠宇，其椒有观音寺，寺右为三元宫，又其右关帝庙，皆道场也；左则五城楼，前之右学海堂，左为三君祠，益前为龙王庙，尽山之麓，所谓南汉之歌舞冈、呼鸾道，则莫得而恍欤矣。余游山者屡，顾未尝至五城楼与三君祠，于是升楼凭眺久之。楼高五层，及址览物无遁，级而下，西南过祠谒焉，三君，三国吴虞翻、唐韩愈、宋苏轼，皆不得志来南海者，合祀之，宜哉。更级而下，从龙王庙出，庙中有九龙泉，深皛著神异，谓祷雨辄应云。

初八日(9月13日) 阴。闻阎白尊督功铸钱局,与郑松斋出北门候之,局当城东,遂入东门观粤人士入闱,惧天之欲雨也,避之酒楼,随意命酌,颇能适口。

初十日(9月15日) 夜雨。

十二日(9月17日) 得《羊城秋感》七律四章:"'悄然秋思总无稽,漫逐征鸿爪印泥。笳倚石台悲日暮,梦回梅岭觉天低。黄蕉丹荔参差见,海燕文禽自在栖。谁似怜才苏玉局,南交风物尽标题。''苍梧东下水潆洄,郁郁江城戍鼓催。无复仙羊来海上,可堪征雁入云隈。千年霸气沉铜鼓,一代降王痛玉杯。独有素馨花似昔,夜深犹傍舞筵开。''风雨萧疏榆柳村,越台东望海云屯。裔夷城市连蠔镜,上将旌旗簇虎门。金石漫劳酬魏绛,林泉犹未起虞翻。天寒万里鱼龙窟,独对秋光欲断魂。''木棉城郭俯清流,云海苍茫几度秋。觅渡人归红蓼岸,趁潮帆上白蘋洲。珠娘醉月联歌艇,蜑妇浮家倚市楼。闻道岭南多宝玉,不应前路尚夷犹。'"

十三日(9月18日) 过许顺臣、何春舫一谈,途经菊坡精舍,宋崔与之致仕,筑菊坡自适,即此。

十五日(9月20日) 俗于是夕植竿悬灯,标以彩旗,更集徒侣升屋饮宴,亦中秋之殊习矣。闻之,上越秀山绝顶,俯视万炬,如星丽天,长烟好月之中,城郭人家,暧暧不辨,而是时陟高以观者,如屯如蚁,不胜其扰也。归值郑宗山设酒,月下饮笑,颇适。

十六日(9月21日) 丑初大雨。

十七日(9月22日) 夜半微雨。

二十二日(9月27日) 风。

二十三日(9月28日) 大风。早饭后出访刘蕙生(泽窦)守备于城东舟次,不遇,因棹珠江而上,沿岸艇多于鲫,浮家泛宅,大都蜑户之种。既蚁舟,乃过军装局,晚饭而归。

二十四日(9月29日)至二十七日(10月2日) 连日天色沉阴,北风甚寒,间或疏雨,当阶无声,客子于斯,秋思深已。

二十八日(10月3日) 五仙观在城南大市街，地势颇高，旧践坡山为之，今山形已不可仿佛矣。观备诸法相，其后楹肖五仙人支石于前，云乃羊之所化也，粤之陈迹，惟是最古，然其事甚怪，末由是非，譬犹琴高乘云之鲤，西僧驮经之象乎！便过黄少海一谈。

二十九日(10月4日) 阴。郑宗山尝从左文襄平西域，谈及关外有红柳儿者，首足悉具人形，而长不过尺许，好升柳折枝为戏，食息比偶，行捷飞鸟，并偶获之，亦可驯养，获一遗一，则被获者不食而死，《神异经》“西海外有鹄国，男女皆长七寸”，兹其苗裔耶？

九月初一日(10月5日) 阴。

初二日(10月6日) 午刻，风雨移时。张绍卿将之端州，来别。

初三日(10月7日) 晴雨无定。蜃蛤之利，沿海有之，至于截蠃饰器，火蛤垩墉，蛏以田育，蚝以柱珍，蚌莹珠而应月，贝曜文以为朋，嘘蜃开一哄之市，累蠔崇数仞之墙，惟兹桂海，乃独众夥。

初四日(10月8日) 晴雨无定。果之佳者，有增城离枝、合浦龙眼、南海杨桃、雷州波罗蜜、新会橙、四会橘、番禺柚，若夫槟榔之实蠲瘴，化橘之皮疗痰，蕉子酿无蜂之蜜，椰子藏不糟之酒，斯又《桂海虞衡志》所并重已。

初八日(10月12日) 午晴。

初九日(10月13日) 日昃，登粤秀山，感赋一律：“岭外开仙障，临风系客情。城依深树暗，江带夕阳明。就菊怜佳节，飞蓬叹此生。劳余沧海上，引睇向南衡。”

十二日(10月16日) 大风，夜雨。

十三日(10月17日) 未刻雨，酉刻止。与史松泉夜话移晷。

十五日(10月19日) 午刻，大雨逾时。

十六日(10月20日) 大风。

十八日(10月22日) 巳刻风息。卧病数日未出，闻阎象雯以冀日卸粮道篆，因往候之，行步犹窘。是岁也，寒燠愆时，荆扬之域率皆疠疫流行，客居调护无人，但以淡食简出，为勿药之秘耳。

二十日(10月24日) 近午解馆,寄食军装局。

二十二日(10月26日) 大风。日晡,过熊镜蓉一谈,云粤之富家女梳头皆女佣任之,其女佣率青衣赤足,拖其舄以行,尤好泽踵及踝以著其白。又云俗以寡妇为鬼妻,无更娶者,故女孀而富,多招远人为婿,婿既得妇,俄顷又利其訾,世乃以"淘枯井"讥之,言不可必得也。

二十三日(10月27日) 晤胡心馀(子勤)鹾尹,文忠公犹子也,中兴元佐,推文忠第一,执鞭之愿虽虚,爱树之私藉慰,生平向往,于兹益深。

二十五日(10月29日) 左赞希至自高州府,闻之往候,是时赞希新纳妾,招呼出拜,对此娟娟,即安得明珠十斛,聊试效颦耶。

二十八日(11月1日) 向晚,与阎白尊艳集珠江,为吟王阮亭"夜半发香人梦醒,银丝开遍素馨花"之句,前辈风流,可以想见。

二十九日(11月2日) 过王菊秋、屈宝三一谈,与菊秋别二十年矣,回首往事,相对黯然。夜,过朱岳臣小坐,谈次,岳臣呼其妾出拜,盖新娶不三日者。

三十日(11月3日) 与阎寅陔访翠某处,有老妓某言语应对甚习,粤音诘屈难晓,欸遣解人,浑忘坐久。

十月初一日(11月4日)

初三日(11月6日) 阴。与何春舫过周阿凝录事小酌。

初四日(11月7日) 阴,夜雨。

初六日(11月9日) 夜风雨。

初七日(11月10日) 雨。

初八日(11月11日) 霁。

初九日(11月12日) 早起,与阎象雯观察贺生日,留酌尽醉。

十一日(11月14日) 过周阿凝录事茶话,录事性憨,年二九,嬉戏如童稚,客中得此,聊复散虑。

十四日(11月17日) 与何春舫过刘蕙生午餐,蕙生时以师船督捕城东之川龙口，游艇往来，烟波无际，而操舟江上类皆蜑家妇女，挑以游词，略不顾忌，则习之相沿久也。

十五日(11月18日) 阴，夜风。

十九日(11月22日) 日中，乘舟访刘顺祥都司于中流砥柱，因留宿。

二十日(11月23日) 广州府城东珠江有洲绵亘数里，形势控扼，为虎门后路，当事筑台列炮以守，号中流砥柱，最为得地，惜台稍坍塌，无修复之者。饭后棹归，值左赞希招酌，不觉茗艼。

二十一日(11月24日) 广雅书院在广州府城西北数里，为今张香涛制军创建，巨丽瑰奇，巍巍大观，综其规模，殆驾鹿洞、鹅湖而上，岭表人文，当为生色。

二十四日(11月27日) 香涛制府既创广雅书院，复辟地文明门外，为广雅书局，花木轩槛，夹隍梁堑，清秘之阁，琅环之馆，笼云映月，翳以众植，福地也。连日浏览之馀，因念积年流宕，如狗丧家，欲如粤人士读书此间，何可得耶！

二十五日(11月28日) 傍晚，同李焕榴过周霁初一谈。

二十七日(11月30日) 大风。

二十九日(12月2日) 阴。周甫斋世叔、吴瀹生茂才过访。日暮，与左赞希过魏子寿世叔小酌。

十一月初一日(12月3日) 夜，阎白尊过谈。

初二日(12月4日) 阴。

初三日(12月5日) 往拜黄南轩副将(荣华)。

初六日(12月8日) 过麦少苏茂才，手谈竟日。夜，投宿黄少海处。

初七日(12月9日) 麦少苏邀食玉面狸，异味也，和以菊英，尤清香可口，同席魏子莼世叔、蒋润生(泽)、刘桢卿(镇寰)两明府、唐静芬、左赞希两孝廉。夜，过杨子受宿。

初九日(12月11日) 阴。

初十日(12月12日) 微雨。

十一日(12月13日) 雨。

十二日(12月14日) 霁。往拜熊溪珊军门(铁生)。

十四日(12月16日) 雨。赠刘绍臣观察(正楚)五言二章:"'往岁滇南役,依依汉将才。军声腾百濮,文藻艳三台(乃父荩臣制府以书生转战巴蜀黔滇间,功烈甚著)。累叶勋名重,中湘阀阅开(如勇介、武烈诸公一门节麾,先后相望)。更欣珠树在,嘉荫遍琼雷。''海国自风气,勤劳仗大贤。偏师开瘴雨,轻骑走蛮烟(观察再任雷琼,戡黎率属,著有惠政勤民之事,虽僻壤亦亲赴)。束发忧边事,衰颜及盛年(年少将兵,未五十已发白齿落)。愿言持玉体,旄钺有家传。'"

十六日(12月18日) 雨。

十七日(12月19日) 雨。

十八日(12月20日) 霁。

十九日(12月21日) 是日长至,俗必具酒铺以祀其先,分门饮馂,欢笑相闻。

二十一日(12月23日) 魏子莼世叔为其子叔愚授室,凌晨往贺,留酌至日暮,而郑宗山招饮,更与左赞希赴之。

二十五日(12月27日) 薄暮,刘绍臣观察延酌。

二十九日(12月30日) 未刻微雨。

三十日(1889年1月1日) 王诲臣(明奎)谂余将赴公车,日晡,招同吴瀹菘(勋禄)、何春舫饮饯美南阁。

十二月初一日(1月2日) 左赞希、熊荷生日暮致饯。是日拟出东门访刘龚塚,不果,龚之僭号广南也,穷极奢靡,自营幽宫,尝范金银为像以殉。噫!时无英雄,遂使佣奴崛强至此耳,山牛兔丝之谶,岂真有数而然耳?

初二日(1月3日) 近午,屈宝三招饮。

初三日(1月4日) 傍晚,饮饯刘绍臣观察处,观察与余相逢萍水，意极恳到，尤足感也。

初四日(1月5日) 夜，阎白尊过谈，便拟张饮珠江，不遇而返。

初五日(1月6日) 阴，大风。连日稍寒，竟可著裘，尝时南风晴暖，或服单袷之衣，犹然挥汗也，冬无祈寒，抑亦快事。

初六日(1月7日) 阴，夜大风有声。探知火轮舟有去上海者，早起挈装出城，侨鸿安栈，仍入城过军装局晚饭。邀同何春舫至寓伴宿，朋情缱绻，欲别滋愁，而余也崎岖南北，几类逃人，频年不遇，卒赧颜为五赴公车之举，艰难非所惜，其如年华弃我去何，为春舫言之，只益怆然。

己丑会试日记卷十四

光绪十四年(1888)戊子冬

十有二月初七日(1889年1月8日) 旅次羊城,奄忽九月,愧过夏之无能,感春闱之又迫,皇皇北去,行橐犹虚。盖十二年来,奔走困乏如一辙矣。禺中小舟发珠江,何春舫送至舟中别去,帆桨顺利,四十里至黄埔,上火轮船,时已日中。黄埔亦呼琶洲,江水深通,海舶便之。

初八日(1月9日) 未初,发黄埔。珠江形势以大角、沙角为外户,洋面较阔,近时海舶多傍沙角而行,进口七里,有山介立,中央曰横档,其前有巨石,俗呼饭罗排,又其前有山较小,曰下横档。海道至此分为二支,其右一支中水多暗沙,左一支以武山为岸。武山,亦谓之南山,山前水深,洋船出入由之,为第二门户。再进五里,有大小虎山,截流增阻,为第三门户。再进乃是黄埔矣。戌正,泊香港。

初九日(1月10日) 微雨。输载终日,舟中望山势环叠如城,渊潭中开,绿波湛湛,渟滢数十里,轮舟随意寄碇,游艇往来,如鸥如鸭,天生奥区,以待市舶。惜近为岛夷专制,如疽附骨,隐虑方长。

初十日(1月11日) 阴。酉正发香港,舟中得七律一章:“铁船飞渡海西东,意匠如斯夺化工。轮卷涛回高下屿,筒嘘烟任去来风。筹边已失重洋险,持节谁收万里功。好是舵楼闲引领,彩霞晴照辟溟濛。”

十一日(1月12日) 日中见雨。巳刻泊汕头,西去潮州裁九十里。感夫韩文忠之信道而贬也,为咏一律:“卓尔韩夫子,精诚及鳄鱼。炎方悲谪宦,异代仰纯儒。斯道久不作,临流长感吁。那能忧佛老,惑世有耶稣。”酉正启碇。

十二日(1月13日) 由粤入闽,向晚,风起水涌,舟行颇荡。

十三日(1月14日) 阴,大风竟日。由闽入浙,去粤渐远,天时亦渐寒矣。晤同舟大西洋人阿端者,四岁随其母旅寄澳门,通中国语言文字,外洋官制,一画以上至四画,一品以上至三品,阿端时官四画。

十四日(1月15日) 阴。酉初入吴淞口,香港至此水程四千八百里,将抵上海,而大雨欻至,因留舟次。

十五日(1月16日) 日出,旅上海,遇郑厚馀,邀去隆兴馆小酌。

十七日(1月18日) 晡时过饶子敬一谈。夜招同杨云樵军门(见山)观剧天仙园。

十八日(1月19日) 风。过陆金宝席纠小酌,既醉,约同杨云樵附轮舟往江阴,时已黄昏。

十九日(1月20日) 大风,酉刻雪。日出展轮,黄昏抵江阴北岸之八圩港,寄顿旅舍,地距靖江县十有八里。电报河南郑州决口,以是日堵合。

二十日(1月21日) 霁。日中渡江,次江阴县,中涂望君山,积雪其上,旧有浮远亭,今圮。

二十一日(1月22日) 阴。往拜刘郁文(青煦)军门、田海筹(明山)都督,晤同寓彭凤鸣、李信卿,夜谈移晷。

二十二日(1月23日) 江阴之为地,长江外绕,用薄淮海,小水内属,以达苏常,亦战守所资也,连营数里,戍鼓相闻,其足慑寇盗之心乎。

二十三日(1月24日) 禺中渡江而北,江宽流急,号称难渡,其时潮上则怒流以平,风和则微波不竞,亦快事也。守候至晡时,附轮舟西上,初拟为金陵之行,适故人符岳涛在舟,招往京口,且谋迂道清淮一带，东风使西，南风使北，客踪如萍，固无定哉！人定至京口，与岳涛召妓置酒，桓温不云乎“京口酒可饮，兵可用”，醉袒裲裆，不信魏佛狸乃能饮马长江矣。

二十四日(1月25日)　阴。亭午，西渡江至瓜州，而符岳涛别去，拏舟向竹西，燃灯久矣。李南先都知者，长沙人，余旧识诸上海旅舍，仓黄欻焉邂逅，为诉平生，青衫欲湿。

二十五日(1月26日)　姚倬生姻丈见过，夜，黄景唐邀去小酌。

二十六日(1月27日)　日跌，雇南湾船，上清江浦。

二十七日(1月28日)　晓发扬州，北风如吼，挽舟循堤而上，泊二十里铺，茅店数家，灯光明灭不定。

二十八日(1月29日)　风。食时过高邮州，随后得七绝句：“柳堤菰渚接清淮，卅六湖光净似揩。隔水人家隔烟市，短篷轻棹趁生涯。”过露筋祠，试咏王渔洋“门外野风开白莲”之句，如有翠羽明珰，翩翩云际也。夜泊汜水傍，即汜光湖也，思明武宗南巡渔湖事，视军如戏，不禁齿冷。

二十九日(1月30日)　过宝应县，时方黎明，贪卧未起。午后泊平桥，上岸缓步，沿堤人家相率为卒岁之谋，童稚鲜衣，熙熙如也。旅人窃心羡之，灯下得《除夕遣怀》五古一章：“我生如虚舟，漂泊诚何计。岭海既崎岖，江淮亦沉滞。经冬复历春，匆匆流年逝。少壮能几何，病欲销精锐。朅来淮南城，扁舟遘改岁。腊鼓含欢声，桃符竞新制。隔篱梅已花，比户醴初齐。独客殊不然，百感兼身世。我怀甘蕴结，我家苦迢递。欻闻霜钟鸣，夜长镫影翳。揽枕向蓬窗，云水渺无际。颇忆淮阴侯，里居羞饿隶。抱璞没奇琛，搜岩出仙桂。”

光绪十五年(1889)己丑春

正月初一日(1月31日)　霁。晓发平桥，得五言一章：“客行及元日，容与泛轻航。柏叶宜春字，梅花献岁觞。岸移残雪远，人负晓暄忙。指顾淮阴里，高歌未是狂。”日跌，过淮安府，暮泊板闸，有关征税。

初二日(2月1日) 早饭后抵公路浦，侨任慎安处。慎安，金陵旧交也，时司电报于此，相见甚欢。

初三日(2月2日) 阴。入清河县城一览，新年气象，当之色喜，惜袁浦近今萧索，方之乾嘉，不及十分之二，一由发捻之扰，再由洋舶阴夺其利，三由黄水之改道也。

初四日(2月3日) 聂葵生(申翰)过谈。

初五日(2月4日) 大风。日跌，约同聂葵生往候朱文仙(知仁)副将于营次，因留晚酌。副将朴实而又深于情者，夙耳其名，果不虚也。

初六日(2月5日) 阴。客居无事，辄与陈翰卿闲话。翰卿为人，日用起居皆综理入细，又性宽缓，相对久之，愧余之粗燥矣。

初七日(2月6日) 初来清江，闻文丽峰知沭阳县事，专使候之，及是而丽峰至，喜相问讯，馈贶有加，可感也。

初八日(2月7日) 午后阴。日暮，陈乐庭招饮。

初九日(2月8日) 朱文仙招去午酌，樽酒留连，归已暗黑。

初十日(2月9日) 雪。午后与陈翰卿出访程爱桂校书，楼居适近河干，而是时春冰欲合，雪花正狂，茗话深闺，略不寒沍，境之移人，有如是耶。

十一日(2月10日) 霁，大风有声。

十二日(2月11日) 风。浦之人有为上元灯者，鱼龙之戏，光熠延盼，倒影寒流，尤荡漾有致。

十三日(2月12日) 风。客浦旬日，谋返扬州。是日亭午，既挈行李上南湾船，复登岸与任慎安话别，归舟时已人定。

十四日(2月13日) 阴，午后晴。朝发公路浦，食时过淮安府，泊宝应县，垂二鼓矣，星月在天，寒流不竞，倚舷小坐，心虑顿清。

十五日(2月14日) 扬帆过子泾闸，风逆易纤，至盂城就泊，丁丑元夕曾系缆于此，悠悠十二年，光景如昨，人事则蹉跎几许矣。坐对清辉，为之永叹。

十六日(2月15日) 南风大起，挽舟正艰，日昃即泊邵伯镇，沿堤闲眺，较之十馀年前，生意为萧索矣。询之土人，曰由加赋，然则惠民通商之政不从，可知哉。

十七日(2月16日) 凌晨抵扬州，假馆黄景唐处。

十八日(2月17日) 早起与相士毛方舟茗话教场。教场，邗城游赏处也，百戏纷陈，茶寮酒旆相望，归值曾心泉都督招饮，辞之。

十九日(2月18日) 邗上胜迹如红桥、迷楼，都不可仿佛矣，日中登城，惆望久之。薄暮，同曾劼生诸君为意钱之戏，呼喝达旦。

二十日(2月19日) 未刻雨。黄景唐以余翼日有金陵之役，向晚治酒饯别，兼约李南先都知过谈。

二十一日(2月20日) 霁。近午发扬州，舟行摇曳，安睡约三时之久，起视金焦浮于水际矣。次京口，将息移时，侦知火轮舟有去金陵者，遂附之西上。

二十二日(2月21日) 阴，夜雨。金陵附郭如观音岩、燕子矶诸胜，频年往来，舟中卧看久矣，卒不获效王阮亭束炬题诗。是晨，指顾久之，益用怏怏，转盼抵下关，投宿陈子元太守局次，与姚菉淇、凌菊溪、唐子静、邹瑞卿夜谈良久。

二十三日(2月22日) 阴，大风有声。就宿凌问樵观察营次，晤石镜秋、文树林、解福生、郝顺堂。

二十四日(2月23日) 午后大雨。拏舟入西州门，侨刘斐如处，风雨联床，罂谭至夜分始寝。

二十五日(2月24日) 雨止，未刻复雨。早起过翁笠渔一谈，归值易幼春姻丈见过，时已向午，与刘斐如至仪凤园观剧移晷。

二十六日(2月25日) 未刻大雨。为友人某过玉河坊，访所识杨小才录事，寄书赠金，因便留酌。是时，录事已为某友抱子矢终身，相思倚门，恹恹瘦削，闻言凄惋，几于醉不成欢。

二十七日(2月26日) 阴。马韶君者,大梁人,年十九,挟声伎游江左,有声菊部,日与居停樽酒晤谈,韶君为人明慧,尤善言情也。

二十八日(2月27日) 霁。年来凡六至金陵,江山犹是,故我依然,不欲厚颜与衮衮诸公相接也。早饭后即别刘斐如,小舟至下关,投宿凌菊畦处。

二十九日(2月28日) 仪凤门内有卢龙山者,亦呼狮子山,状类狻猊,为城西登眺之所。日中寻径而上,江山清旷,延瞩不厌。归过陈沐堂少尹小坐,夜宿凌问樵营次。

三十日(3月1日) 午后大风,夜雨。日跌,与梁季仁孝廉(恩沛)附火轮舟往上海,舟次晤胡尊五、庾福农,谈春明旧事,历历如昨。夜过京口,听金焦钟杵互答,鱼龙寂寞,寒露袭襟。

二月初一日(3月2日) 阴晴无定。午后抵上海,遇郑厚馀、椒农、莘舫昆季,观剧留春园。既终,过陆金宝席纠茶话,为别数十日矣,聚散何常,徒烦心曲,于此见佛家以造因为戒,确是宗旨。

初三日(3月4日) 先后过苏康侯(晋)、饶子敬、李浩然一谈。

初四日(3月5日) 堂弟柚村自吴门来会,夜与石镜秋、梁季仁艳集中华园。

初五日(3月6日) 平旦去吴淞口候龚冰卿于海关榷署,谈久之,即与冰卿唤马车返上海,时已日暗,值龚仰渠观察命其长公子景张茂才招饮复新园。

初六日(3月7日) 大风,夜雨。向晚,王小吾明府招饮李校书采莲处,夜半醉归。

初七日(3月8日) 晴雨无定。左赞希自粤来会,傍晚,苏康侯、饶子敬招同梁季仁过聚丰园小酌。

初八日(3月9日) 阴,北风甚寒。曹侣荪姻丈、杜莜生友婿至自长沙,其时公车多会于沪上者,即与过升阳楼小酌,既醉,访金宝席纠于荣锦里,席纠时感寒疾,饬其婢和药以进,脂肤涣汗,娇若不胜。

初九日(3月10日) 雨。更与梁季仁附火轮船往天津。

初十日(3月11日) 雨。薄暮上岸，与曹橘洲出游移时。

十一日(3月12日) 阴，大风。卯正启轮，同舟多故乡相识，啸海谈瀛，不厌豪纵。

十二日(3月13日) 霁，北风甚寒。

十三日(3月14日) 风。

十四日(3月15日) 风。未正至大沽口，寄碇候潮。

十五日(3月16日) 日跌，东风潮长，海舶联樯而进，筒烟干霄，缭绕相望。历三时许，笼灯上紫竹林投宿，北上诸君联骑接武，客途殊不寂寞。

十六日(3月17日) 北风多寒，夜冰。同梁季仁、查慕初（富棣）、江于孙（绍宗）买舟上通州。向晚，进泊天津府城东北。

十七日(3月18日) 当午开船，夜泊巷口。

十八日(3月19日) 阴晴无定。夜泊河西务。

十九日(3月20日) 夜大风。夜泊漷县马头。

二十日(3月21日) 午刻风止，夜尚冰。日跌，抵通州。

二十一日(3月22日) 风。凌晨，与左赞希、梁季仁诸君并驱入都，侨长郡会馆。

二十二日(3月23日) 阴，大风。

二十三日(3月24日) 雪。胡炳墀邀食早饭。

二十四日(3月25日) 霁，大风。萧韵泉（鉴）、黄方舟（凤岐）过谈。

二十五日(3月26日) 过冯莘垞、余尧衢等处一谈，晡时，屈小樵招同李淑和、左赞希、舒蒲生过便宜坊小酌。

二十六日(3月27日) 夜大风。

二十七日(3月28日) 风。晋贾人贾崇阶约同左赞希观剧庆乐园，既终，更去同福楼小酌。

二十九日(3月30日) 大风，天色沉阴。

三月初一日(3月31日) 夜大风。候刘彝庭、吴雁舟、谭漱泉诸同年于五圣庵，即留午饭。归涂遇杨慎初，邀去福源居小酌，适朱寄园、王鹤乔在座，叙谈良久。

初二日(4月1日) 大风。

初三日(4月2日) 午刻，雨雪。时当上巳，六出花尚尔飞舞，春行冬令，天时之变，抑人事之忧也。

初四日(4月3日) 亭午，长沙县属官京邑者招饮湖南会馆，会者凡四十馀人。馆为今少司空徐公寿衡纠赀创筑，一称湘军忠义祠，并祀咸同朝湘中诸先达，楼阁堂庑，美哉轮奂，足使谒斯馆者景行之志勃然，徐公之钦崇曩哲，诱掖后来之心深且远矣。

初五日(4月4日) 阴。闻陈粒唐以去年八月举京兆，及是往贺。

初六日(4月5日) 夜雨，旋止。

初七日(4月6日) 大风。场期已近，约同李芙初、左赞希、史弼臣、梁季仁假寓马匹胡同。

初八日(4月7日) 巳刻入场，晤卢翊庭同年(鸿遇)。

初十日(4月9日) 未正出场。

十一日(4月10日) 夜大雨。午初入场，值李云轩(龙元)邻舍，滇中故人子也，喜相问讯，不觉移晷。

十三日(4月12日) 巳刻出场，适感寒疾，就医萧则皆同年处。

十四日(4月13日) 阴。巳刻入场，与胡敬甫同年(安铨)比舍，叙谈甚洽。

十六日(4月15日) 辰初出场，将息移时，返长沙郡馆。

十九日(4月18日) 大风。贺徐叔鸿补御史，因过王鹤乔(光明)参将、谢子兰(尔庸)、卢春沅(连芳)一谭。

二十一日(4月20日) 风息。甘健亭、勋华叔侄约去湖广会馆观剧，既终，因与陈筱汀、左赞希过曹小云录事剪烛茗谈，相忘坐久。

二十二日(4月21日) 阴，酉刻雷雨，旋止。日暮，陈松亭(济源)招饮。

二十三日(4月22日) 陈松亭约去同乐轩观剧,视日欲莫,随过汇源楼小酌,席间谈及都门女闾有擅度曲之技者,扶醉访之,亦饶兴味。

二十四日(4月23日) 过张叔琴、萧则皆同年晚饭。

二十五日(4月24日) 夜大风。刘静生(镇岳)、黄子培(度)过谈。

二十七日(4月26日) 薄暮风息。往谒陆凤石夫子于御河桥西,不遇,因过曾重伯(广钧)、曹逸斋、屈小樵等处,茗话而归。

二十八日(4月27日) 风。国朝大挑,凡十年一次,是日值大挑期,食时,衣冠入东华门内之传心殿,乡人士会者八十有七人。守候至日跌,恭诣内阁,经王大臣分别挑选,余幸列名一等,以知县用。归将日入,朋辈多来贺者。

二十九日(4月28日) 定例,大挑班内应有分发河工人员,是日,各省列名一等者,复衣冠集内阁,候挑河工,我省惟曹橘洲(沐棠)入选。

三十日(4月29日) 风。

四月初一日(4月30日) 晨雨,旋止。晡时,冯莘垞、陈伯商、刘彝庭等招集诸同年张饮聚宝堂,言笑甚洽。

初三日(5月2日) 张冶秋太史招同邑人士之试礼部者宴聚宝堂,因便过吴赞廷同年(仕清)、何诗荪舍人(维朴)小坐。

初四日(5月3日) 雨。亭午,陆凤石夫子命酌燕喜堂,移时而左赞希招饮之柬至,乘兴招致秋菱、丽珊诸伶,索笑征歌,不嫌尽醉。

初五日(5月4日) 阴。晡时,彭向青招饮。

初六日(5月5日) 大挑人员将以初八日引见,是日习仪吏部。

初七日(5月6日) 冯莘垞招集诸同年张饮聚宝堂。

初八日(5月7日) 申刻大风,夜雨。夜分,假座西华门外,预备引见,坐待日出,皇上驭勤政殿,九陛之下,大挑各人员班列而前,跪宣履历以出,初觐天颜,此心殊懔懔也。勤政殿在奉宸苑中,亦呼南海，液池流泽，宫树长春，皇居壮丽，便欲作蓬壶想矣。

初九日(5月8日) 雾。

初十日(5月9日) 榜发，报罢，闻杜乔生（本崇）、陈梅生（嘉言）、陈粒唐（昌昙）及吴凤笙、唐召阶、吴雁洲诸同年举进士，次第往贺。

十一日(5月10日) 日昃，出访杏仙录事，三年前旧识也，既倾佳会，复慨流年，为诉相思，只益叹惋。

十二日(5月11日) 杨契兰、袁子香及从弟桂庵自长沙来会。午后，与胡炳墀往贺夏漱蘅（声乔）、陈曼秋（长薑）成进士，因过福源居小酌而归。

十五日(5月14日) 夜，与袁叔瑜、史弼臣艳集某处，轻车归路，好月正圆。

十六日(5月15日) 风。过郭子田、黄鹿泉、汪仲楞（诒书）、林绶丞（系尊）等处一谈。

十七日(5月16日) 杨慎初都转（慕璿）将以明日随使美利坚、日耳曼、秘鲁诸国，薄暮，觞之杏仙录事处。续文通之《别赋》，绮恨交萦；摅宗悫之壮怀，长风万里。剪烛倾谈，亦悲亦壮。

十九日(5月18日) 阴。送史弼臣之天津。

二十日(5月19日) 日夕，过曹小云录事茗话，录事姿不过中人，性亢爽，无城府，而依依之致久焉益深，其女子之直而温者。

二十五日(5月24日) 是日签发大挑各员，余得以知县归四川试用。夜与杜乔生手灯过彭向青处，二人本同学、同年者，向青以丙戌年进士列二甲第一，乔生亦于今年有传胪之喜，四年之间，联辉接武，盖佳话也。

二十七日(5月26日) 闻陈子元太守以道员来京引见，往候不遇。

三十日(5月29日) 李叔和邀去晚饭，归值陈粒唐招饮，与杜乔生同车赴之，其时侍饮诸伶，如梅云、秋菱，皆有声日下者，挑灯拇战，有酒如淮，乐此者以为春明佳致矣。

五月初一日(5月30日) 酉刻，风雨移时。衣冠肃客终日，颇形困倦，营营酬酢，信非精神过人不能也。

初三日(6月1日) 是日，吏部发大挑各员执照，签四川者予限八十日。夜，陈粒唐、文擅夫过谈。

初五日(6月3日) 周琴生（式朴）约去观剧，将终，复艳集某处，重午如此，得不寂寂。

初六日(6月4日) 过刘敏斋、谭漱泉、张元芋诸同年一谈。晡时，郭子田比部招饮。未终，更赴陈松庭之招，醉饱相因，食至忘味，《易》曰"困于酒食"，谅哉！

初七日(6月5日) 往候刘樾乔同年，并晤左同年笏卿（绍佐）比部。

初八日(6月6日) 定计十二日出都归省，更谋入蜀。日中，往各处辞行，留食李叔和处，是行赀用告匮，陈子元、冯莘垞、吴雁舟、左赞希四人并资助之，贫而累友，实感且愧。

初九日(6月7日) 午刻，风雨逾时。

初十日(6月8日) 晡时，与冯霞岑、周琴生艳集德云堂。

十一日(6月9日) 傍晚，杜乔生招同刘小楼、陈笛舫、熊叔雅诸君饮饯聚宝堂，酒阑归来，乔生更赋诗赠别。

十二日(6月10日) 大风。食时，约同左赞希、张恕堂驱车出沙锅门而东，私计公车北上五次矣。虽捧檄毛义，庶几禄养之情；而对策刘蒉，未得文章之力。回首帝京，怆惘何似。凡百有五里，宿安平驿。

十三日(6月11日) 雨，北风甚寒，巳刻霁。宿雨润涂，卷幔视大麦铺黄，童梁分绿，当风杨柳，旖旎向人，亦佳境也。宿杨村，计七十五里。

十四日(6月12日) 夜风有声。黎明开车，六十里抵天津，值邓镜澄、胡炳墀先日由都下客此，相见甚欢。夜，同人过郑幼惺太守

(业敬)一谈。

十五日(6月13日) 约同左赞希、胡炳墀、张恕堂雇舟至紫竹林附轮舟往上海,复上岸访史涤存于武备学堂。方今西夷技艺、测量诸学,日新月异,度我不习,只益倨侮。武备学堂之设,师夷长技而不为夷屈,中国人材于焉孕育,法至善也,然使务为观美,上下以虚文相应,非值笑辱,且见轻于远人已。

十六日(6月14日) 风雨。晓发紫竹林,河狭流浅,舟行缓缓,至大沽口,候潮以出,日昃久矣,海气蒸云,弥望泱漭,若不知人间世更有何境。

十七日(6月15日) 雨。食时,寄碇燕台输载。晡时,复行入黑水洋。

十八日(6月16日) 霁。泛舟黑水洋,舟之人多忌风涛,余则数数从海上,久焉益狎,不为病也。

十九日(6月17日) 晡时,抵上海。入夜,同人观剧留春园。

二十日(6月18日) 申刻大雨,夜止。申江宴饮,几于非妓不乐,俗使然也。是夕,同人置酒聚丰园,豪竹哀丝,隔筵相和,声色之奉,于兹极观。

二十一日(6月19日) 霁。马车过晋安寺茗话,归值傅焕廷(文彩)守备招饮,未赴。流连日暮,而左赞希复约去陆月舫都知处,酒叙移晷。

二十二日(6月20日) 北来同伴旅聚日久,会胡炳墀欲赴松江提督之聘,张恕堂从赞希入粤,余亦将有陈墓之行,缱绻终日,至晚乃携手作别,犹不禁一再回顾也。查问客程,知陈墓即松江属地,因得与炳墀联舟以进,然聚首终无几时矣。

二十三日(6月21日) 阴,午后雨。际晓,帆风遡春申浦,凡百有十里,届松江府,而胡炳墀别去,沧波际云,野色无极,东风歧路,为之黯然。自此经三泖而北,五十里淀山湖,从白蚬江分引太湖之水,至此汇为巨浸,东西广三十六里,南北十八里,洲渚潆带,澄潭迳通,水云鳞鳞，粘天翳日，盖湖之通塞，吴中之利害系焉。二十里抵所届，戍鼓声渊渊动矣。

二十四日(6 月 22 日) 辰刻雨止。太湖水师之设，所以禁奸暴、护行李者，是时宗雨田叔督舟师于此，谒次，同人出门缓步，市肆曲曲以依水，望衡对宇，非桥不达。绕市而南，便得莲池院，累基中沚，翼然临风，院中有古墓，相传宋高宗葬陈妃处，里名陈墓以此，市之人犹艳称之。是时雨田叔既为余治酒慰劳，随约为姑苏之游。入夕，更登舟以待。

二十五日(6 月 23 日) 日出，随雨田叔扬帆迳白蚬江而西，约六十里，寄碇葑门，城外风景绝佳，稻田荷沼，间以芙蕖、杨柳之属，门衔青霭，桥倚碧阴，居人刺舟往来，时有菱歌樵唱发于水际。晡时，进泊阊门，时尚溽暑，独无蚊蚋之患，可称福地。

二十六日(6 月 24 日) 夜雨，旋止。吴门冶游成习，陆则邃园复榭，迷离蛱蝶之场；水则桂棹兰桨，历乱鸳鸯之梦。至于枇杷深巷传语郎来，茉莉馀香偏宜酒醒，足使阿侬缱绻，转厌情多，荡子流连，不知春去已。是夕，胡尊五招饮安香菱录事处，因并及之。

二十七日(6 月 25 日) 随雨田叔暨曹慎生都司过隆兴寺僧道容高、慎庵尼清采一谈。僧尼并楚产，乡音问讯，款接殊殷，于以见越鸟巢南，即世外人正复不免也。日夕，堂弟柚村弟来会，谂余将返海上，乃随雨田叔送别舟次。

二十八日(6 月 26 日) 早起，溯游吴淞江，其水清照，两岸茭葑绿缛可观。七十里迳昆山、新阳二县，城内有昆山，形圆以扁，不乘邱陵而秀拔殊绝。熙甫宁人，环材博学，遗世介立，得毋钟灵于此。二十里三江口宿，吴中水利以吴淞江为最重，历代任土功者经之营之，广开泾浦之属，于是故道多不可诊究，然吴地治水之要，总不出范致能作堤、疏水、种茭三策，三江陈迹，何必泥耶！

二十九日(6 月 27 日) 大风雨，未刻止。纤行五十里，至黄渡候潮，地扼吴淞江之要，为外洋入吴第二重门户，少有市肆，然湫隘不足观也。移时，乘潮启椗，改由吴淞江别派，凡四十八里，泊周庙。

六月初一日(6 月 28 日) 阴。晓行廿四里，抵上海，过张愚安、王小吾，谈次，以天时炎熇，相将纳凉晋安寺，士女均马车来往，柳遮花映，瞥眼皆春，洵沪上第一快事。

初二日(6 月 29 日) 往谒龚仰蘧观察，并晤其幕客饶子敬、苏康侯，谈次，因招同康侯诸君艳集某处。

初三日(6 月 30 日) 阴。与王小吾、龚鹤楼、吴子初马车过晋安寺茶话，归来观剧天仙园。未终而王剑耘刺史复招饮金凤宝校书处，时夜将半，竭力赴之，只益倦怠。

初四日(7 月 1 日) 蒸溽异常，爰约陆小宝、黛玉、飞云诸姊妹避暑晋安寺，车如流水，频来销夏之湾；人是飞琼，待谱游仙之曲。无或沪之人征逐忘倦也。

初五日(7 月 2 日) 日暮，同郑厚馀过序宾园小酌，乘醉访张兰先录事于荣锦里，是时录事方感热疾，帘栊寂静，微闻娇喘，婉词慰之，则倚枕流盼，欲言欻辍，亦可怜已。

初六日(7 月 3 日) 酉刻雷雨，旋止。向晚，与王小吾出游，雨过尘清，豁然忘暑。

初七日(7 月 4 日) 申刻大雨。早饭后，戒仆以行箧附轮舟往汉口，因过诸相识，煮茗话别久之，值龚仰蘧观察命酌，强酒登舟，忽忽如有所失。

初八日(7 月 5 日) 霁。鸡鸣，趁潮出吴淞口，适余尧渠以水部改官湖北知府，邂逅舟次。

初九日(7 月 6 日) 大风。日出，过秣陵，望钟阜苍苍，上属层云，炊烟缭绕，其下混含一气。轮舟迅疾，约略夜分，已至皖城矣，起视星斗满天，辉映无际。

初十日(7 月 7 日) 风。江以南自镇江而上至湖口，山色苍苍，千里不断，舟居多暇，便可作卧游矣。亭午，过湓浦，七绝云："江南山色弥千里，奇绝金焦与石钟。更有匡庐真面在，倚空青削玉芙蓉。"

十一日(7月8日) 食时，抵汉皋，迳附衡州船往长沙，既定，上岸过黄子良，留食，谈久之，返舟。

十二日(7月9日) 守风汉口，过蒋寿山一谈，寿山贾成都、武汉间有年，询及蜀道，言之历历可听。

十三日(7月10日) 守风汉口，渡江访李奉璋黄鹄矶营次，兼晤其居停刘渭宾军门，留食。奉璋有隽才，尤究心当世之务者，谈次甚惬。

十四日(7月11日) 进泊大军山下，时已日落，而北风大至，更上驶至牛市就泊，连日暑气，炎炎如炙，夜对风月，清旷宜人。

十五日(7月12日) 阴。洲回帆转，江行迟速靡定，然时方六月，而得北风，致足贵也。舟子贪其利，趁行达旦。

十六日(7月13日) 晴雨无定。过嘉鱼县，比晓，雨大集，泊避移时，进至新堤，方舣舟，有风自东北来，更进至螺山，又以风，顺行且旦矣。

十七日(7月14日) 禺中过巴陵，扬帆入洞庭湖，浪浊水平，势极汗漫。人定，寄泊乔口。当暑多南风北来，渡湖者多惮之，兹行自江而湖，连得北风，老于操舟者咸谓少有，才非子安，而有马当之遇，幸事也。

十八日(7月15日) 阴晴无定，夜雨，旋止。挂帆抵长沙，日才过午，旅寄数日，归里。

蜀都日记卷十五

光绪十五年(1889)己丑秋

九月十有七日(10月11日) 霁。归自宣南才九十日耳,官书星急,复有蜀都之役,爰率门人赵勉吾、堂弟晋生暨儿子易泰、易贲以是午登舟。袁子仁与同堂昆季佥来送别,有留宿舟次者,眷高堂之就衰,感同气之处约,游子于兹,难为别矣。

十八日(10月12日) 风。近午发长沙,不二里北风大作,就泊矮子洲,得五言四韵:"云依岳麓松,日隐长沙郭。湘水澹悠悠,北风行肆虐。高堂言就衰,同气方处约。游宦复何荣,未敢苟安乐。"向晚,泊三叉矶。

十九日(10月13日) 曀,夜大风雨。日中,至丛树港,风逆就泊。

二十日(10月14日) 阴雨,北风甚寒。向午,泊新康市。

二十一日(10月15日) 曀。禺中泊靖港,值赵奉无茂才(宏熙)有江南之行,相见甚怿,遂上岸共酌,移晷而别。

二十二日(10月16日) 十里乔口,折而西北,溯资水之别流。三十里簰口,有湖,非风利莫渡,乃复寄碇,碧潋既潴[①],估帆爰集,沿堤人家落落,以耕以渔,偶一临眺,则遥岑孤渚,清淑无际。

二十三日(10月17日) 曀。五十里大林港,其地有百岁老人

---

① 原作"猪",今据文义改。

之坊，侧坊为市，舣舟者便之。

二十四日(10月18日) 夜分启碇，六十里沅江县小泊。移时，橹摇入天心湖，乔口至沅江百馀里间，密迩洞庭，乃资水之所分注，水落则曲防为田，村连界画，而其涨也，浮原注隰，弥望渊沦，飞舸疾走，往往掠树杪而过，与水争地，咎由贪民，非尽冯夷之失职也。四十里泊车水塘。

二十五日(10月19日) 二十里罗家套及车水塘，皆南嘴山之支麓也，方系缆而东风欻至，遂帆赤沙湖而北。日中悬，其若鉴，云四弹以为屏，浊浪粘天，当之怡旷。三十里灵官洲，江水别流入湖处，舟至此逆别流而上，三十里泊下南洲，洲近积污，亘数十百里，当更弃之，以待淫潦，顾任垦植，沿炎宋政和之失，湖不加拓，而堤圩日多，水患其有已乎。

二十六日(10月20日) 未刻大风，夜微雨。乌嘴距下南洲十五里而近闹市也。十五里经九都之对岸，有暴风自北来，浪骇雷喧，天日暗淡，仓黄命泊，舟之人咸有戒心，此风真可谓跋扈将军矣。夕更防盗，守候至夜分，风力较减。

二十七日(10月21日) 曀。守风九都江之别流，至此更分两派，一东南流经华容县入湖，一来舟所经也。

二十八日(10月22日) 曀，未刻雨。

二十九日(10月23日) 雨，避风雨九都。

十月初一日(10月24日) 午刻雨止。三十里沙口一带，泽止川流，殊波异派，悉是江流之所延注，土人堤之为田，秋获恒不及十半，邻蒲柳而侣鱼鸟，泽国风景，大都仿佛。三十里鲇鱼须，亦呼雷家湾，有市临江，为华容县北境，过此即湖北之石首县界矣。

初二日(10月25日) 阴雨，帆风。六十里泊藕池，地濒大江，以同治八年堤决南岸，三分江流：一为正干，东流汇三江口，亦谓之荆河脑；一乘决口而南注洞庭，即来舟所经之别流也；一别由决口西南经安乡县入洞庭。当分决之际，水驶波䌷，势极狂纵，非假风力，舟子末由逞其能已。

初三日(10月26日) 阴雨。藕池有关榷船早起纳税,遵大江而上,三十五里泊黄水套,中有巨洲,延袤百馀里,庐舍中田,极望葱茜。

初四日(10月27日) 阴。三十五里郝穴,即中夏口,《水经注》"江津豫章口,东有中夏口,是夏水之首,江之汜也";屈原所谓"过夏首而西,浮望龙门而不见"是矣。其水自江而别入沔,分江之始,冬竭夏流,故以夏氏水穷源竟委,更得夏口之目矣。明嘉靖时筑堤遏之,今其堤上阛阓千家,无复知其为中夏口者,因思江水出峡,地平流逞,全恃堤防以制其害。然昔人之筑堤也,师周官稻人"以防注水,以沟荡水"之法,故荆江南北旧有九穴十三口,分杀水力,而堤工以全,有明湮塞殆尽,水漫堤决,为患最巨。然则杜预开漕之绩,更急于陈遵听鼓之智矣。四十五里泊蚊虫夹。

初五日(10月28日) 阴。三十里窑湾,又称虾子湾,近水多埏埴者流,烟火相属,《水经注》"江水又东得豫章口,夏水所通也";《方舆纪要》"豫章口在府东南二十五里",今窑湾之东犹有小口,北距府治道里亦合,当不诬矣。十五里泊沙市,正古江陵地,又楚之郢都也,《左传》"遂迁纪、郢",今江陵县附荆州府治,西北去沙市十有五里矣。沙市亦曰沙头市,朱梁开平二年,楚王马殷遣水军击荆南,至沙头,高季昌惧而请和,指此。

初六日(10月29日) 早起,挈儿辈上岸一览,沿堤侧水,市肆纵横,冲波之舸,鳞萃而蚁附,是惟武汉侔兹蕃庶矣。日跌,南泊江津戍,江中洲也。《水经注》"江上有奉城",故江津长所治,亦曰江津戍也,今城无存,而形胜与沙市有辅车之意。

初七日(10月30日) 十五里筲箕洼,沮漳二水合流入江处,楚昭王所谓"江汉沮漳,楚之望"也。十五里虎渡口,后汉时法雄守南郡,有异政,虎皆渡江,因名,俗又呼太平口。有别流南经公安、安乡二县,会澧水入洞庭,或谓大江至虎渡分为南北,其北江东流迳江陵、石首、监利等县，《经》所称东别为沱也，荆之沱犹梁之沱也，南江由虎渡南流，会澧水，过洞庭，之九江，至巴陵以东之三江口与北江会，《经》所称又东至于澧，过九江，至于东陵东，迤北会于汇也。隋唐以来，沱益震刷，江益壅遏，沱遂袭江之名，而古之所谓江者，反与沱类。余按今虎渡唯夏涨通舟，水落则平沙细流，一线垂绝，大抵江流迁徙无定，既屈干以为枝，自不难崇媵以夺嫡，孰江孰沱，泥禹迹求之过已。三十里石套，泊市东开山寺，不知何神，答神庥者尝冶铁为冠履、刀剑之属以献，若甚灵异也。

初八日(10月31日) 五十里江口司，土产木棉有名。三十里泊董市，有玛瑙河北来入江，穷水之源，便得玉泉山，相传是汉寿亭侯感寺僧普净处也。市南渡江，为松滋县治。

初九日(11月1日) 夜泊枝江县，故罗子徙居之国也。楚文王又徙之长沙，为今湘阴县境，郦道元云“江汜枝分，东入大江，县治洲上，故以枝江为称”；盛宏之云“县旧治沮中，后移出百里洲”。今县仅北面据江，自馀山峦重复无间，而江之对岸亦冈阜隐隐，束缚洪流，迄无枝分之势，度其城邑屡有迁改，嗜古者乃欲吊范侪精进之庐，访子香遗爱之庙，不其难乎？

初十日(11月2日) 亭午，过宜都县汉夷道，地由松滋历枝江至宜都，凡百里，江水甚驶，故舟人有“百里三县，中流如箭”之谣。宜都县东北为清江水入江处，水出施南府西北境山，即古夷水，桑钦谓“出巴郡鱼复县江”，固非郦《注》称“廪君浮土舟夷水”，“射盐神、化白虎”说亦难征，殆犹神女入襄王之梦，鳖令承望帝之基矣。三十里红花沱，对岸有市云是猇亭，昭烈仇吴，尝连营至此，今俗呼为虎脑碚矣。二十里泊磨盘溪，先此经虎牙、荆门二山之间，壁裂峰颓，隔江竞诡，郭景纯《江赋》所云“虎牙桀竖以屹崒，荆门阙竦而盘薄”是也，地据险要，号楚之西塞，又蜀东外户也，汉建武之世，吴汉、岑彭尝夺此险，斩公孙述将任满等，遂以入蜀，地形顾不重哉？

十一日(11月3日) 四十里抵宜昌府，日才过午，靖江至此，计水程九百一十里。宜昌旧称夷陵，言江水至此始就平夷也，故楚西陵邑。顷襄王二十年，秦白起拔我西陵，明年拔郢。三国吴步骘、陆抗并为西陵督矣，亦呼峡州府，城累基高原，翼山枕江，其西北有上红溪，水与江波吞吐，绕城如隍，市火樯灯，夜阑不辍。

十二日(11月4日) 阴，时有小雨。日中，与同舟罗友梅上岸一览，其地当三峡之口，咽喉楚蜀，形胜所必争，而商贾之转输因之，近得轮舟通海澨，货贿訾用益饶，究其大宗，则盐与木棉也。杜诗"吴盐蜀麻自古通"，今俗乃反其说，曰"上水棉花下水盐"，可征时变。

十三日(11月5日) 彝陵以上节节皆滩，舟行非太公不能胜任，太公，老于操舟者也，其舟中管事又有"长年"之目，《宋景文笔记》"蜀人谓柁师为长年三老"，杜诗亦云"长年三老遥怜汝"，是其称旧矣。是日，更雇舟去万县，因上彝陵城谒汉寿亭侯庙，庙即南城谯也，后人以荆州在南，为侯塑勒马南望像，知侯于吴下阿蒙，不无遗恨焉。

十四日(11月6日) 阴。郡城西偏尔雅台，相传郭景纯注《尔雅》处，今辟尔雅书院，与孝子岩隔江相望，岩幽邃，饶竹树，云是汉姜诗游憩之地。按诗，蜀人原不难游此，至尔雅台，自以乐山县之郭璞岩为正。东坡诗"有古郭璞生，此地苦笺注"，可质也，宜昌之台，倘亦诸葛营、太白楼之类，不妨并存以资向往欤。

十五日(11月7日) 阴。当午发夷陵。十五里南津关，即下牢戍，自此大江纡回而西，两岸山石奇谲，备诸物象，复嶂悬岩，往往峭削，则猿狖却走，忽焉中裂，时有清泉泠泠而下，溅草委壑，阒其无人，所谓西陵之峡矣。十五里泊平善坝，其西有山，南北对峙如亹，北曰偏脑，南曰神龛子，此二山之西更见翠巘当流而立，又如闬闳以内，锦屏高张，末由窥见室家之好也。

十六日(11月8日) 阴，微雨。破晓，舟经神龛、偏脑之间，怪石束流，汹涌难上，而是时云气蒸郁，霏雨成丝，遥瞩层峦，渐次从鸿濛中飞舞而出，实为奇观。少西，得虾蟆碚，山谷所谓"颐含口吻，甚类虾蟆"者也。碚之对岸有黄颡洞，绝壁千寻之下，洞口翕张，更窍其上，朗朗如半圭，仰视天光，东西豁露，危石冠之，若舆梁然。三十里南沱，其南岸有马牙山，列障乘云，势穷碧落，而其腰则高林丰草之所披拂也。自此而西，至红石子，南对查波滩，礅礐揞拄，激湍有声，下水舟以为至险。三十里黄陵庙，按《集仙录》有黄麾神佐禹治水，以寇准、萧遘之事证之，合祀于此，岂讹麾为陵欤？十五里泊山斗坪，先此历上下鹿角、南北虎头之滩，老杜诗“鹿角真走险”，吾谓虎头亦负隅矣。

十七日（11月9日） 曀，夜雨，旋止。山斗坪上下即黄牛山也，舟经其间，艰阻废日，故俗有“三朝三暮，黄牛如故”之谣。由黄牛山而西，过獭洞、羊背诸滩，便至空泠峡，峡口有山，南北争长，南山层出如楼，北山峭折，具城郭之像，比物命名，合谓之城山、楼山矣。此二山者，夹水摩空，嶔崟欲合，远而望之，若重门半启，中有鬼神冠剑偶语，洎夫入峡则群峰俶诡，并构殊状，时或青壁百许丈，云幂其上而波撼其下，修藤樛木弄影夫寒流，信如袁山松言峡中山水“弥习弥佳”也，俗乃指岩石之疣赘者，以为如牛肝、如马肺，陋矣。黄昏，泊龙马溪，计程八十里。

十八日（11月10日） 曀。新滩峡中最险处也，高峰对举，云气时复往来相续；其麓则带石而趋伏，江流如户限，水拂其性，乃荡突硉兀，湍悍不可制，崩浪相礧而应鼓，长波倏却以扬葩，介鳞之属恐不复以此为乐国矣。倚山市肆众多，产石为砚，甚佳，不易得也。滩西接白狗峡，亦呼兵书峡，长年云岩隙有诸葛君藏书，是不可信，特其说相沿久矣。舟出其下，仰视天光一线，巉岩千仞，势岌岌欲堕，然阿涧之交，弥复深秀，结庐种树，蔚蔚依依，增人爱玩。山固不易测哉！三十里泊香溪，兴山县境水入江处，逆流而上，便得昭君村，溪以香名有以夫。

十九日（11月11日） 阴。香溪至归州二十五里，中经下石门，西上更有石门，故以下别之。两岸巨石枕流，如堤中断，关键自然，门以下有金盘碛与黄牛三滚滩，伏流多石碛，激水澎湃，其盘䃇也，围径率数丈，时乎上涌，隆起如堆。归州，古归子国，归即夔也。其地本楚子熊绎始封丹阳之所都，后楚东徙，熊挚又自巫山徙此，遂为夔子国，僖公二十六年，楚以其不祀，灭之。又《左传》"令尹子玉城夔"谓此。一名秭归，相传屈原有贤姊，闻原放，来归，喻令自全，故以氏县。问女嬃捣衣之石，咫尺归乡；悲宋玉《招魂》之词，凄其故宅。纫兰制芰，信余情之尚芳已。州城南临大江，凭高为墉；东南芙蓉山下有莲花三漩，迅澓异常；西南曰吒滩，亦呼人鲊瓮，黄山谷诗"命轻人鲊瓮头船"。吒滩中带吒溪，南对九道梁，山石嶙嶙，略分九道，舟中望之，若巨人伸指据江，骨节毕露，逼水北趋，吒滩砯冲绝险，山谷诗可证也。三十里曳滩，联舟以泊，水声溯滂彻夜。

二十日(11月12日) 风。曳滩悬流下注，怒若奔马，早起溯滩而西，过上石门，别乎下石门言之也，《水经注》以此为石门滩矣。四十里牛口，以下为苟使沱，并积石凌水，惊涛互答。三十里巴东县，北临大江，人家沿山上下，虽入门升堂，罔不聚级者。县东侧水有无源洞，壁裂如函，夹带草木，时有鸣泉飞出，殊观也。县西北对东瀼口，江水尤为漂疾，舟人比之青竹标。青竹标，巴中蛇名，其行如飞。客舟经此，已近黄昏，较曳滩尤懔懔也，出险就泊，去县治三里许。

二十一日(11月13日) 十二里西瀼口，《入蜀记》云"山涧之流凡通江者，土人多谓之瀼"，俗乃谓杜甫尝居此，筑西瀼草堂，不知甫客夔州最久。陆游《高斋记》亦云"瀼水为夔州府治"，甫所云"瀼东瀼西一万家"，自指夔州，非谓此也。五里官督口，为西入巴峡之始，两岸石壁峨峨刺天，形交势合，比物者因有门扇之目。自兹一带，山并竦桀，蔽日约流，略无间断，岩阿多古柯异卉，拖烟倒影，碧泻青浮，每至峰回路转，厥水亭居，舟子乃短棹讴歌，响应山谷，巴童賨女，闻声咸集。七十里万流溪，溪东有新崩滩，《水经注》以为山崩自汉和帝时也。西去溪三里泊金扁担，北岸山石坟起，峻壁矗其上，有若巨碑，而石乃终古为兹山之屃赑[1]矣。

二十二日(11月14日) 距金扁担里许为布袋口，楚蜀分界处，其口东邻铁棺峡，南对培石。培石礐硞为阻，舟子咸严鼓巨绠，众力奋呼以进。少西，长江南北，属目嵯峨，即世所称巫峡也，山石诡谲万状，或高矗如屏，或层累如墉，或笏举盖张于青云之表，或崾嵲如楼阁，狰狞如虎豹，而其颠危也，或如牛鬼蛇神怒目而下瞰。连缀而西，至巫山崛起，十二峰参差倚天，势益魁岸，而其对面诸峦亦峥嵘相向，无稍弱者。洪流中贯，譬巨灵之劈太华，霞气上举，疑谢客之眺赤城，山水若兹，弥险弥工矣。舟绕巫山之麓，过青石洞，至金盔山泊焉。计行五十七里。

二十三日(11月15日) 风。历跳石、梅花石二滩，跳石，唐雷万春托生处。三十里至巫山县，故熊挚始居之夔也，城当长江、巫溪二水之交，东表箜篌山，西北负阳台山之阻。箜篌山孤秀如撑空木笔，上有神女庙、阳台山，螺鬟簇簇，列障高广，其阳高唐观，规制甚伟，杜子美诗"我到巫山渚，访古登阳台"[2]者也。其山与巫山十二峰沿江绵亘，故艳神女之事者尝类举之，余维孟涂释讼于巴乡，杜宇栖灵于巫峡，搜神志异，不徒帝女精魂依眷建平之土已。三十里泊东关嘴，先此经下马滩，其流淢汩，洄游所忌。

二十四日(11月16日) 阴。巫峡亘巫山县境，几百八十里，比之三峡为独迂回矣，故渔者讴曰"巴东三峡巫峡长，猿鸣三声泪沾裳"。平旦开船，食时过交滩、龙宝滩，是二滩者其流潨泱，泡漩交作，舟人谓水之涌起者泡，回注者漩也。次第而西曰荒张背，曰油榨碛，曰虎须，险并如前，蜀道之难，在陆亦在水矣。六十里戴溪，即郦《注》所云"乌飞口"者，西向入瞿塘峡，又呼广溪峡，峻岭崇山，束江如锁，峡江至此，故又兼锁江之目。十里泊扇子石，自昔峡中歌咏多以猿声

① 当为赑屃。

② 当为李白诗。

为言,夫猿之啼啸抑饥寒使然耳,盛夏高秋,草木鬯茂,其丑类则缘岩遁谷,适性嬉游,无复悲鸣致人凄异。初次入峡,颇以不闻猿声为疑,是夕,闻舟人言之如此。

二十五日(11月17日) 曀,午刻晴。舟行瞿塘峡中,山特峭厉,岩岩之石侧水如崩,其嵌空也则壁欹峰簇,远势殆交,天阴恒有云雾出岫,晴亦日月之所罕到,幽草古柏,蓊郁临风,赤甲、白盐者,峡以西最高山也。赤甲居水之北,与公孙述所造白帝山城相为起伏,故城亦名赤岬也,城今无存,独其上有明良殿,祀昭烈君臣。自此稍西,江中有滟滪石,又西迳鱼复浦,传为武侯八阵图垒所在,然不可复究。当是时,回望瞿塘,忽焉瞑合,而浮波滟滪,亦无复如象如马之观,方咨嗟间,已舣棹夔州府,东距扇子石盖二十里而遥已。府,春秋鱼国也,汉世为巴东郡,治附府县曰奉节,亦即永安宫也,蜀汉章武二年,先主伐吴,败还薨此,夫先主一世之雄,独其伐吴始愤终骄,犯兵家之忌,其时智如诸葛,亦不闻画策出奇,少纾其祸,倘亦关夫天数耶!

二十六日(11月18日) 郡城高原之上,比于峡中,独为回阔,于水据捍关、江关之险,于陆北备黄墩,南塞五龙之隘,江山天固,巴渝而东,都会也。自兹山较夷敞,询之,前路滩石亦较减矣。食时解缆,六十里泊安坪,安坪东连喇叭滩,水落石出,其险弥甚,大抵滩之为患,视水之大小与舟之上下,急于夏者或缓于冬,困而来者或亨而往,故峡中谣云"有曳滩,无新滩;有新滩,无曳滩"。

二十七日(11月19日) 阴晴无定。四十五里龙洞溪,《水经注》"巴乡村出名酒,村侧溪中多灵寿木"指此。十五里庙矶,为蜀中著名险滩,石阻流悬,势尽慓悍。薄暮,逾滩就泊,狂湍夜惊,犹若亿枝千干挟风雨以号也。

二十八日(11月20日) 风。历东阳滩至云阳县,三十里东阳滩,亦谓之破石滩,怒流触石,喷薄有声。云阳,旧名朐䏰,《十三州志》"其地下湿,多朐䏰虫",故以名县,《后汉·刘焉传》"韪以此,遂屯兵朐䏰备表"。县东为东瀼水入江处,郦《注》以为汤水汤口矣。县南隔江有张桓侯庙，父老传是桓侯葬头颅处。二十五里泊伞欗溪。

二十九日(11月21日) 曀。五里马粪沱，聚石峨峨，流歧波靡，夏水襄陵放棹者之所讳。二十五里下岩寺，有上故以下别之，岩豁如龛，缘岩凿石肖佛，有泉清泠，溅佛座而下，僧寮以外，鸟声细碎，美荫绝尘，黄山谷有诗及序云是唐僧道微净修之所，亦呼燕子岩，沿江而西，更得上岩寺，泉石竹树，略如下岩，而名则暗矣。三十五里小江口，《水经注》所称彭溪口者也。十里泊巴阳峡。

三十日(11月22日) 沉阴，大风。巴阳峡列石如堤，虽复交错而修整自然，限流深峻，时见盘涡，较之诸峡又不侔矣。如是者十里至鸭蛋石，其时山岚迷漫四合，前涂才辟，后路忽没，瞥见岩树，或森森如鬼魅被发蹑足，盖复障层冈，幽阻千里，苟非午晴，则阴霾之气不开，入峡以来，阴多霁少，职是故耳。四十里掉铃滩，二十里泊红沙碛。

十一月初一日(11月23日) 平旦渡使君滩而南，挽舟循蛾眉碛，约略十里，复渡而北至万县城西之盘龙石，即郦《注》所称槃石也。泊定，挈行篋入城。夷陵至此，计水程九百七十里。

初二日(11月24日) 雨。晤同寓于萼溪府经(煦)，叙谈良久。薄暮，雇定往成都夫役。

初三日(11月25日) 雨。午后出门一览，县城缘山际江，形势奥衍，城西有溪，悬流南注，横石卧波，自然成梁，夹溪为市，下上辄数十级，林林总总，水陆之会。

初四日(11月26日) 午刻雨止。平旦启行，遵西溪而上，西溪即《水经注》所称北集渠口矣，水出新浦县北高梁山，亦呼苎溪。二十里高梁铺，道右石壁数仞，有泉上出，神其说者乃目之为龙井矣。二十里佛寺铺，界福音、乘驷二桥之间，蔗区菜圃，攒青划绿。铺西距三镇市二十五里，中历高山堡，堡甚崇峻，其顶有市，七日一会。二十五里宿分水场。

初五日(11月27日) 阴，夜雨。高梁山亭亭岧岧，饶竹木煤矿之利，翼带邱壑，不知凡几。其巅更辟灵境，山谷重起，溪涧分流，列肆新畲，有如平陆，飞泉瀑布，时复喷漱。其间人家石径，隐见碧阴，穷其幽胜，殆将访武陵之仙源，迈天台之逸步也。凌晨从分水场磴折以登，凡四十五里至响鼓岭，为高梁悬绝处，方娱望眼，而雾雨欻合，竹篾从混茫中出入，移晷始复开朗，俯视众峰涛涌，莽苍无垠，而山乃益增其高已。四十五里宿梁山县。

初六日(11月28日) 阴雨。二十里凉水井，二十五里老营场，有市，三日一聚，二十里文家坝，其地东际佛耳崖，西接赛北陀，皆山之崇者。佛耳崖嵚奇回复，箐密云深，石磴盘空而上，才疑路尽，欻又岩悬，幽篁冥冥，只益不测；赛北陀深阻视佛耳崖稍逊，顾舆夫云陀之地势，乃高过翼附诸峰矣。二十五里宿元宝驿，产纸有名。

初七日(11月29日) 阴雨。二十五里石桥，有市蕃庶，巡司治之，桥西有黄泥碥者。大道所经，崖颓石劣，林箐茂郁，有时丛篠夹磴，云气内蒸，测耳涧泉，增人迷罔，中多煤矿，产竹，制之以为纸，及远，与佛耳崖、赛北陀并擅兹利矣。凡四十里至清溪，始出黄泥碥之险，更西缘小山上下，陵谷深秀，黄壤被涂，风景颇似长沙道上也。三十里宿大竹县。

初八日(11月30日) 阴，西刻雨。大竹县西有九盘山，峰崆岘，凌青霄而障白日，悬磴数万级，然后得上，其中多松柏，时带云雾，漠漠阴阴，行路为之凄动。万县至李渡，涂经大山如高梁山之博奥，佛耳崖之幽块，赛北陀之峥嵘，黄泥碥之修阻，及九盘山而五行者以崄巇相戒也，故有“五大山”之目。拾级而西至卷洞门，木石奇古，倚岩龛观世音坐像，庙祀弥勒，舆人以是为九盘之麓，然自下视之，寺门尚在云气霏微中也。日暮投宿李渡，计行八十里。

初九日(12月1日) 阴，微雨。早起泛舟，渠江夹岸多竿蔗，澄波涵之，绿浓于染，八里而近，至五龙桥上岸。十七里中滩桥，石涧荦确，水皆叠流而下。二十里吴家场，四十里青石铺，宿东来，旅舍甚恶，非自为谋，饮无茶、食无蔬也。然其地土肥产饶，民力能尽山谷之利，虽富于财者多多，率仍简陋，无极口体之奉者，则又风气使然也。

初十日(12月2日) 阴，夜雨。阴雨泥淖，行役良苦，因议减程以进，八十里宿兴隆场。

十一日(12月3日) 霁。二十五里跳蹬河，三十里宿东关场。

十二日(12月4日) 早雾。十五里餐老君桥，二十五里东兴场，自此循嘉陵江南下，嘉陵江即西汉水，导源秦州西南之嶓冢山西，其东则东汉水之所发也。嘉陵江左带渠江，右翼涪水，南流至合州，三水并会，又南至重庆府入大江。二十里渡嘉陵江，而西入顺庆府城宿，府属产红花甚富，近其利为洋产所分，业此者遂寡，盖洋人通商，事事攘中国之利，红花虽微，是可慨矣。

十三日(12月5日) 阴。凌晨出西门，过蛮子河桥，河西联大小老君山，以山上老君祠得名，二山并纡曲以峻，聚级嶙峋，望兼川陆，缘山田畴尽辟，厥状如梯，豆苗之属，勃然在石罅间也，民力可谓勤矣。冈陵陟降，凡五十里至五龙场，寻其脉络，犹与老君山相续也。十五里甘草岭，沿涂多柏，或值丛祠巨室，则丸丸济济，巢鸟和鸣。三十五里李家坝宿，蜀人谓平畴曰坝。

十四日(12月6日) 阴。蓬溪县城东距李坝二十里，倚山夹涧，庐市秩如也。城西饶盐井之利，其井大不及尺，深数十百丈不等，辘轳修绠，筒汲不绝。盐成洁白及远，自此至涪水东岸，咸以煮井为富矣。三十里槐花铺，铺南有冬笋沟，为程孝子孟宗故里，孟宗与姜诗并蜀产，故蜀之言孝思者有“程姜”之目。四十里宿党家铺。

十五日(12月7日) 三十里从大榆渡济涪水，所谓涪内水也。西岸为太和镇，地势开朗，衢交水陆，有城绕市，通判治之，产木棉，然仅仅不足给蜀人之求也。三十里高坟嘴，前后并石峦连缀，霜茅枯莽，衣山被谷。三十里宿景福院，与同行龙晓梧醝尹茗谈甚合。

十六日(12月8日) 三十三里观音桥，二十里鲁班桥有市，三日一会。四十里宿柏树垭，地当山脊微凹之处，居民数十户，自成村落，夕阳古柏，行旅仓黄，绕树依枝，何如巢鸟之得所也。

十七日(12月9日) 阴。二十里牛场,二十里大桑磁,列肆里许,东来授餐投宿,皆市肆众多之所,由巴东承平久,生聚藩也。五十里宿兴农场,值趁场之期,货贿充牣,交易者四集,沿街大概食物为多,蔗紫橘黄,风味尤胜。

十八日(12月10日) 阴。山王庙,庙名非山名也,山之上有庙祀山王,因以名。庙者名山,所谓山王殆山之神也。山东接兴农场,西达茶亭,绵亘凡三十里,磅礴郁积之气,视高梁、佛耳诸峰不及,然层峦拔地,幽岫吐云,中带陵谷,田畴秩秩,宜豆宜麦,亦山灵之傲岸者矣。自此大路乃出险就夷,十里赵家渡,江沱也,亦呼中江,中有巨洲,市其上殆满,济而西,二十里姚家渡,地濒中江,有桥跨江,南北巨制,为东来所无。三十里新店宿,四望平畴沃野,水木清淑,信为天府之国。

十九日(12月11日) 阴。四十里欢喜庵,三里升仙桥,以鱼凫王、张伯子俱乘虎飞去,故名,司马相如过此尝题其柱,故又呼驷马桥。七里抵成都,侨青石街。万县至此一千三百二十八里。

二十日(12月12日) 阴。易申之、刘奉禽过访,谈及蜀地四塞,山川阻深,土沃民勤,性巧而思隘。天下多故,往往为枭雄所窃据,若汉之公孙述,晋之李雄,唐之王建,后唐之孟知祥,元之明玉珍辈,皆假位号,恣肆自娱,然不久咸相继破灭,岂人谋之不臧,抑险远之无可恃也。

二十二日(12月14日) 阴。赁居张子静(寿荣)刺史处,备置日用诸器,经营琐屑,不堪劳碌。向晚,沈幼岚(秉堃)明府、张华廷(名杰)司马、饶星帆(榆龄)大令过谈。

二十三日(12月15日) 阴。往谒朱少桐太守(其煊)、崔玉侯观察(廷璋),并拜旷寿云明府(经钟)。初学修谒,若新妇之拜舅姑,颜之忸怩,殆难言状。

二十四日(12月16日) 阴。出谒何象山廉访(枢)、旭之观察(廷煜)、翁仪臣观察(道鸿)、程馥卿太守(鸿佑)。日暮,刘桂亭军门

(玉田)过谈。

二十五日(12 月 17 日) 阴。蜀本浩穰之国,咸同间屡经兵燹,元气未复,而人民之滋生者多益苦贫,至于宦况之饶,尝时天下艳称之,近自丁文诚帅蜀,悉裁州县夫马浮费,于是富人日益封殖,而官吏与贫民交受其病,又况包苴请托,何知其非,而凌暴杀掠之俗成于下也,吁可慨矣。

二十七日(12 月 19 日) 往谒锡侯方伯(崧蕃)、敦甫观察(承厚),并拜傅屏山(东藩)、王梅林(承业)、杨哲甫(燮吉)三同年,晤谈良久。日跌,刘桂亭招饮普准堂,本比丘尼清净之所也,以之公宴,既象教所不韪,亦龙女所难安矣。

二十八日(12 月 20 日) 阴。出拜钱云山(玉兴)、丁燕庭(鸿臣)两军门,马养斋(浩原)明府。省门之有金水河也,肇自唐白敏中,其水由西贯城而东,舟楫便民,历代修之,近乃强半湮塞,非唯舟不可入,而两岸多为民居侵占,以致坊市反苦夏潦。是日,中途偶见如此,敢附志之,以告有水利之责者。

二十九日(12 月 21 日) 阴。俞子雯大令(昌言)过谈,送王梅林同年之泸州鹾局。

十二月初一日(12 月 22 日) 雨。大吏于每月朔望分诣孔子庙,及祀,典诸神祠行礼,候补人员有分班随侍者,是日逐队以往,虽属当官之分,无解近谄之讥,不知扬眉疾走若甚得意者,又何心也。

初二日(12 月 23 日) 霁。出拜李春和(煦),并贺易申之新居之喜,高璞岑(维寅)、黄海春(昆)、易煦庵(家霖)三明府过谈。

初四日(12 月 25 日) 曀。锦城气候,冬夏无祁寒酷暑,连日寒气较重,羊裘一领,已足御冬。早年客昆明,谓其得中和之气,成都何复似之。

初五日(12 月 26 日) 霁,午后阴。

初六日(12 月 27 日) 过两湖公所,晤程汉章军门(青逢)、刘奉禽明府(介和)一谈,及今时贡院即王衍宣华之苑,而亦即明蜀藩府也，昔年故物，都不可寻，独其规制为特阔大耳。

初七日(12月28日) 夜，任积堂(鹤林)大令过我，大令官蜀中垂四十年，谈及近来宦味迥非昔比，其故在官吏日多，上之人不以人才为意，而下之人又日趋于奔竞也，贿援情托，辗转无穷，言之不禁慨然。

初八日(12月29日) 往谒刘仲良制府(秉璋)、仁山观察(安成)，归过罗少垣明府(振汉)茗话，少垣言人生得失有定，巧者之求而能得，未必非巧者所固有，求而不得，失人失言矣，亦阅历语。

初九日(12月30日) 湘中某有母死不归，复不礼于其兄者，是午，其兄乃招致同乡诸君论于两湖公所，某固官蜀而雄于财者也，不孝不友又富贵之，岂福善祸淫，天道不尽然耶？抑恶不甚者，罚不极耶？

初十日(12月31日) 阴。蜀人多巧思，组织尚矣，其他如瓷窑、纸帘、漆器、竹工之类，雅善摹仿，惟其精造恒谢吴越，市间百物惟备，人众取多，相尚以侈，日用之需，其贾常数倍不给，而豪纵者且自讳其艰也。夜，张茹侯别驾(声泰)过访。

十一日(1890年1月1日) 曀。周啸虹(启任)自长沙来会。

十三日(1月3日) 亭午，饶星帆招致同人为消寒之会，于时水仙腊梅次第开放，手谈拇战之馀，凭栏玩索，生机焕然，亦足永朋侪之逸致矣。归后，诗以谢之："薄宦三千里，相逢到岁寒。检书思上理，倾酒惜时艰。且喜乡音近，休歌蜀道难。腊梅如有意，留待雪霜看。"

十四日(1月4日) 徐南屏少尹(翰)自长沙来会。

十五日(1月5日) 谒宗室子惠将军(歧元)于满城，成都大城抑兼龟城、锦城、芙蓉城诸目，界其西偏为满洲兵驻防之所，故曰满城，即少城遗址也，《蜀都赋》"亚以少城，接乎其西"，《志》称二城，并创自秦惠王时矣。

十六日(1月6日) 成都属州县十有六，良田美荫，大有江南风景，惜乎奸宄之伦，渊丛其间，血刃胠箧，若忘其死。近日省垣某宅竟有白昼被劫者，寻常少女不敢独步，更掠妇孺要盟取赎，亦可以观世变矣。日中，出候张二南（庭诗）明府、张南湖（云骧）舍人，闻其言如此。

十九日(1月9日) 夜，张子静过谈及保甲，子静言早年权篆广安州，以保甲得民，大要协和士绅，乃保甲之先务，小民可与观成，难与虑始，必反复开导，使晓然知利害之所在。其次在勤与公，勤则不敢欺，而公则不我怨。夫保甲与团练，固不易之良法，然行之不善，亦滋流弊，若子静者，可谓能行其志矣。

二十日(1月10日) 曀。晤宗穆仲、叔坚兄弟，二君桂林人，以同宗之故，款洽逾分，伊家自其曾祖芸畦公以进士令蜀州县，世其家三代矣，亦吾宗之秀也。

二十二日(1月12日) 蜀郡天气外似和煦，而风劲水寒，每易召疾，连日起居违和，投以祛寒之剂，渐就痊可，气候使然也。

二十三日(1月13日) 阴，酉刻大风，微雨。同乡以长沙杨绍曾（巩）权篆华阳，合觞为贺，会者凡十有四人。

二十四日(1月14日) 夜风。

二十五日(1月15日) 夜大风。过高璞岑茗谈移晷，岁暮天寒，倍形萧瑟。

三十日(1月20日) 阴。蜀俗于除夕岁始务以灯火相称誉，市之闹者，每数十武，绰楔中街，悬灯殆满，远而望之，若火城千炬。忆丙戌春由济南赴都，及观德州一带元宵灯火之盛，是虽不及，亦得其仿佛矣。

光绪十六年(1890)庚寅春

正月初一日(1月21日) 阴。鸡初鸣，肃衣冠，望祀祖先，既毕，遂出，为各长官贺年，同僚济济，无虑数十百人，在上者既不辨谁何，在下者亦遽然莫知礼意之所在。官场如戏，乃至如斯。

初二日(1月22日) 夜,罗莲渠(云碧)司马过谈。

初三日(1月23日) 曀,夜雨。亭午,杨绍曾招饮,乘醉为叶子戏,人定始归。

初四日(1月24日) 微雨。

初五日(1月25日) 阴雨。

初六日(1月26日) 霁。晡时,高璞岑招饮燕鲁公所。

初七日(1月27日) 向晚,张子静招饮。

初八日(1月28日) 风。

初九日(1月29日) 过黄霓笙(应泰)明府,手谈数刻,霓笙特出新意,煮酒治蔬,淡而不厌,连日困于酒国,得此如笙歌狂沸,时忽闻清磬,合座为之爽然。

初十日(1月30日) 阴。日跌,会饮易申之处,申之为人明干,客蜀有年,于事益习,间或评量人物,如其所臧否,亦云智矣。

十一日(1月31日) 丁燕庭招饮,便过成都县治,云即杨雄故宅也,至蜀都旧迹,如君平卖卜之肆,赞皇筹边之楼,则无从凭吊矣。

十二日(2月1日) 阴。闻周云昆观察(振琼)至自夷陵,早饭后,与周啸虹出北门迎之,并晤周兰荪(翊运)别驾。

十三日(2月2日) 晨雨,旋止。出拜王子藩(元晋)、龙际云(锡光)两太守,归值王栗臣、唐吉生先后招饮,未赴。

十四日(2月3日) 同僚以夏竹轩(旹)观察至自泸州,相约往牛市候之,牛市距东门外五里,列肆累百,土人以一五七日相聚贸易。

十五日(2月4日) 俗以是日群游城上,临风掷李,以为笑乐,谓之游百病,亦上元佳话也。夜宴徐乂臣处,步月归来,顿滋清兴。

十八日(2月7日) 同乡诸君岁有团拜之礼,是日,公宴两湖公所,湖南北文武会者凡百馀人,永乡曲之好也,弦歌樽酒,人定始散。

十九日(2月8日) 夜大风。

二十日(2月9日) 曀。俗谓此日为谷王诞,以阴晴卜米价。谚云:“正月二十晴,米价颠倒行;正月二十雨,米价渐渐起。”

二十三日(2月12日)　过宗穆仲、叔坚，谈次，叔坚出其曾祖芸畦(穗)大令制艺，及其伯曾祖(增熉)太史诗草墨迹见示，兄弟竞爽，想见当年。

二十五日(2月14日)　夜宴张华臣处。

二十七日(2月16日)　大风。日跌，黄海春招饮。

二月初一日(2月19日)

初二日(2月20日)　柬招刘桂亭、张子静诸君日暮会饮。

初三日(2月21日)　会城棉花街有湖广会馆，栋宇宏邃，与两湖公所表里，乡之人燕饮及大祭祀集焉，馆之东偏祠文昌神，恒以是日致祭，因而张筵演剧，流连竟日。

初四日(2月22日)　午刻，微雨，旋止。窦子固(威重)同年来况，不晤。

初五日(2月23日)　曀。《淮南子》"鼓舞者非柔纵"，注："鼓舞即今盘鼓者。"《事物绀珠》："盘鼓，或石臼，或大缸，各于手掌足底跳弄之。"是日，过张华臣，及见此戏，奏伎皆妇人，节以金鼓。又蜀童多以面具相夸，亦谓之鬼面，春初尤甚。又影戏即傀儡之类，常以灯前演之，蜀人有卜昼者。又蟠龙舞狮诸戏，行处有之，蜀中舞狮特擅缘高冲狭之伎，见者莫不为之危险，彼殊自若。

初六日(2月24日)　过华阳县，为杨绍曾校观风卷连日，佳卷不过十之二三，而《竹枝词》尤俚俗可笑。

初七日(2月25日)　日中，饶星帆招饮。是日，奉委邓井关盐局差使，地属富顺县，朋辈多来贺者，且云得差不易，有听鼓多年，或尝不能一试其技矣。

初十日(2月28日)　阎少林(靖)二尹招饮。

十五日(3月5日)　阴雨。青羊宫在西郭外，相传老子过函谷关，与关令尹期会成都青羊肆上，后尹至蜀，果遇童子骑青羊而前，言讫不见。今辟其地为香火场，与韩吕二仙庵基址正接，蜀俗恒以二月之望，市聚于此，曰花市。田况诗"花市春风绣幕牵"，裙屐婆娑，恒历十馀日也。

十六日(3月6日) 阴,夜雨。出南门过万里桥,而南二里馀有武侯祠,修篁古柏,苍翠如沭,祠分前后两楹,后楹塑武侯遗像,前祀昭烈帝,两庑并列章武时龙从诸将佐,循廊西北甬道数百步,惠陵在焉,遗封巍然,崇墉四周,堂其前南向,更朱其门,閟宫千载,瞻仰如新,方之漳河疑冢,得失为何如耶。西北距祠可四五里,为草堂寺,即梵安寺,后人以杜少陵尝辟草堂于此,更筑其侧,引浣花溪水,潆洄于内,错以亭台花木,殿祀少陵,而以黄山谷、陆放翁为之配,少陵之咏武侯也,尝曰"丞相祠堂何处寻,锦官城外柏森森",何知千百年后,草堂乃相望于郊乎,毋亦忠君爱国之气所默为感召矣。万里桥以费祎使吴,丞相亮祖之,祎叹曰"万里之行,始于此桥",得名。归值余鹿苹直牧(维岳)招饮。

十七日(3月7日) 高璞岑、易申之谂余有邓井关之役,先后致饯。

十八日(3月8日) 雨止。

十九日(3月9日) 雨。连日往各处辞行,夜,张子静治酒言别。

二十日(3月10日) 雨,夜大风。向晚,饮饯杨绍曾处。归涂大雨如注,当在席间,谈及成都在昔声伎之盛,《志》称成都东门外有红布街,明时为青楼旧业,杜甫诗"锦城丝管日纷纷,半入江风半入云",今皆无睹,间有流伎,又复陋劣不堪。然则兴废之感,不徒烟销金屋,咽青溪之流水,声断玉箫,负扬州之明月矣。

二十一日(3月11日) 大雪。成都气暖,冬春不恒见雪,二月垂尽,乃复飞花。异哉!亭午雪止,嘱晋生及儿辈以行箧上船,因过易申之叙别,留宿,甚寒。